나무 새 꽃, 느림의 미학

나무 새 꽃, 느림의 미학
숲에는 천 개의 아르고스 눈이 있다

초 판 1쇄 인쇄 2025년 5월 7일
초 판 1쇄 발행 2025년 5월 21일

지은이 민병일
펴낸이 정중모
펴낸곳 열림원

편집장 서경진

Art Director Lee, Myung-ok

등록 1980년 5월 19일 (제406-2000-000204호)
주소 경기도 파주시 회동길 152
전화 031-955-0700 | 팩스 031-955-0661~2
홈페이지 www.yolimwon.com | 이메일 editor@yolimwon.com

ⓒ 민병일, 2025
ⓒ Fotografie 민병일
Printed in Seoul, Korea

ISBN 979-11-7040-338-8 03810

이 책의 판권과 사진 저작권은 지은이와 열림원에 있습니다.

이 책은 저작권법에 의하여 한국 내에서의 보호를 받는 저작물이므로 무단 전재와 복제를 금합니다.
이 책 내용의 전부 혹은 일부를 이용하려면 반드시 지은이와 열림원 양측의 서면 동의를 받아야만 합니다.

책값은 뒤표지에 있습니다.

이 도서는 광주광역시 광주문화재단 2024년도 원로예술인창작지원사업에 선정되어 발간한 작품집입니다.

나무 새 꽃, 느림의 미학

숲에는 천 개의 아르고스 눈이 있다

민병일 산문집

열림원

프롤로그

별에는 아름다운 지도가 그려져 있다
숲에는 존재의 뿌리가 자라나고 있다

"별이 빛나는 창공을 보고, 갈 수가 있고
또 가야만 하는 길의 지도를 읽을 수 있던 시대는
얼마나 행복했던가? 그리고
별빛이 그 길을 훤히 밝혀 주던 시대는
얼마나 행복했던가?

Selig sind die Zeiten, für die der Sternenhimmel
die Landkarte der gangbaren und zu
gehenden Wege ist und deren Wege das Licht
der Sterne erhellt."

-게오르크 루카치(Georg Lukács)의
『소설의 이론Die Theorie des Romans』에서

별에는 우주가 처음 열리던 찰나의 길이 숨겨져 있다.
　별이 반짝이는 것은 그 길이 보내는 신호다. 별의 신호에 감응하면서도 그곳에 갈 수 없는 것은 아득한 거리 때문이기도 하지만 꿈을 꾸지 않아서다. 이성적으로 닿을 수 없는 시간을 허물고 우리를 별로 인도하는 것은 문학적 상상력이다. 별에 난 길은 현상을 인식하는 게 아니라 몽상이나 먼 곳에 대한 외경, 성찰로 마음의 눈을 떠야 볼 수 있다. 별에 난 길을 보기 위하여 빛의 그물 무늬를 따라 마음에 난 길을 찾았다. 250만 년 전에 안드로메다은하를 출발한 빛이 암흑의 우주를 지나 내 눈에 도착하기까지 별은 헤아릴 수 없는 길을 만들어 왔다. 별을 바라보면 꿈을 꿀 수 있었다. 별똥별이 떨어지는 밤이면 숨죽인 체 별 꼬리에서 눈을 떼지 못했을 어떤 네안데르탈인처럼 인간은 별 앞에서 만난다. 별빛이 먼 곳을 지나온 것처럼 언젠가는 나 또한 먼 곳에 이르며 빛을 낼 것이라는 막연한 기다림에 두근거렸다. 언제부터인지 모르지만, 내면으로 가는 길에는 별이 빛났고 그럴 때마다 나는 희미한 옛사랑의 기억처럼 별에서 온 사람일 것이란 생각을 하게 됐다. 어쩌면 카이퍼벨트 밖 아주 먼 우주를 떠돌던 별에서 왔을지도 모르고, 태양에서 1.5광년 정도 떨어진 프록시마 센타우리나 태양계 가장자리 오르트 구름에서 떨어져나온 혜성에서 온 것인지도 모른다. 내가 별의 방랑자라고 여기게 된 것은 아르튀르 랭보의 「나의 방랑」에 나오는 "하늘의 내 별은 정답게 살랑거리는 소리를 냈지"란 시구 때문이다. 환상적인 어둠에 귀를 기울이면 별들이 살랑거리는 소리가 들렸으니 태어나기 전에는 별의 위치를 찾던 점성술사였을 것이란 생각도 했다. 낙타에 짐을 싣고 사막을 건너가거나 초원을 지나가던 캐러밴의 행렬에서 북두칠성을 보고 행로를 찾던 별의 길잡이가 아니었을까 하는 추측도 별을 향한 몽상에서 나온다. 지난 생에서는 별의 창문을 닦던 청소부였을 수도 있으니 어쩌면 나는 별과 연이 닿은 그 모든 것이었을지도 모른다.

별로 가는 길이 초현실적인 동경을 통해 열린다면, 숲으로 향하는 길은 느림의 사색을 통해 열린다. 내가 꿈꾸는 초현실적인 동경이란 유토피아적인 허무가 아니라, 현실에 존재하면서 수많은 물음을 던지는 헤테로토피아 적인 것이다. 초현실주의자들이 가졌던 이상처럼 나 역시 "현실을 초월하는 게 아니라, 현실을 보다 깊이 자각하고, 세계를 더 뚜렷이 그리고 정열을 가지고 바라보는 일종의 태도"로 꿈을 꾼다. 숲길은 초현실적인 몽상의 공간이면서 생명체들이 치열하게 살아가는 현장이다. 나는 문학적 꿈을 꾸고 생명이 숨 쉬는 신비를 느끼기 위하여 숲을 찾아간다. 세월이 지나면서 내 안에는 어떤 식으로든 편견이 쌓여갔다. 편견은 일종의 합리화와 정당화를 위한 도구로 정신을 궁핍하게 만든다. 문학은 삶을 비추는 거울이라고 생각했기에 문학을 통해 선한 의지를 갖는 사람이 되고 싶었다. 먼지처럼 쌓인 편견을 털어버리고 내면에 비어있는 공간을 만들기 위하여 숲길을 산책한다. 마누엘 폰세(Manuel Ponce)의 <작은 별 Estrellita>을 연주하는 알프레도 캄폴리(Alfredo Campoli)의 바이올린 소리만으로도 별에 이를 수 있고, "가능한 한 가만히 앉아있지 마라. 자유롭게 움직이며 나오지 않는 생각은 절대 믿지 마라. 모든 편견은 마음속에서 비롯된다."라는 니체의 언어만으로도 편견은 깨질 수 있다. 그러나 내가 찾은 길은 음악과 철학에 기대는 게 아니라, 파란 하늘과 나무와 새와 꽃이 있고, 흙냄새 정겨운 숲이다. 한 십 년 지켜보기! 라는 마음으로 숲길을 걸었다. 내가 만약 좀 더 인간적일 수 있고, 글쓰기로 아름다움에 대해 삶을 숙고할 수 있다면 그것은 모두 숲이 베푼 것이다.

　숲길을 걸을수록 내가 보였다.
　목적지를 가기 위해서가 아니라 숲을 두 발로 느끼기 위해서 걸었다. 걷는 기쁨은 걷는 사람만이 알 수 있는 쾌감이다. 에피쿠로스 철학자들이 행복의 필수 조건이며 철학의 궁극적 목적으로 생각한 '흔들림이나 동요가 없는 고요한 마음의 상태'인 '아타락시아(ataraxia)'를 숲길을 걸을 때 느낀다. 걷다 보면 삐죽삐죽 돋아났던 생각의 잔가지들과 몸에 쌓였던 군더더기가 빠져나가 마음이 맑아졌다. 느릿느릿 걸으며 숲을 보고 나무들을 만지고 풀 냄새를 맡고 새소리를 듣다 보면, 영감도 떠올랐고 문학적 상상력이 저만치 다가오는 게 느껴졌다. 길을 걸을 때 온몸의 감각이 열린다는 것은 숲의 맥박을 들었기 때문이다. 걸으면서 꿈을 꾸었고 걸으면서 나의 길을 찾아갔다. 사람과 사람 사이의 신호도 좋지만, 시간이 흐를수록 눈부시게 빛나는 햇빛과 푸른 공기가 있는 숲과 나 사이의 신호가 더 좋아졌다. 조븟한 숲길에 있는 바위를 보고서 '철학자의 길(Philosophenweg)'이라고 이름 붙이곤, 걷다가 쉬어가며 산들바람을 느끼고, 초록 잎을 환히 비추는 햇빛을 뭉근히 바라보았다. 어느 해 봄날은 헨리 데이비드 소로의 책을 펼쳐 "내 다리가 움직이기 시작하면 내 생각도 흐르기 시작한다."를 읽고서 다시 걸어갈 힘을 냈다. 그늘진 나무 아래 쉬어가던 여름에는 누구보다 걷기를 사랑한 산책자 로베르트 발저의 책을 보았다. "나는 아무것도 갖지 않았고, 아무것도 갖고 싶지 않다. 우리가 뭔가를 갖고 있으면 가진 게 아니며, 뭔가를 소유하고 있으면 이미 잃어버린 것이다. 우리가 그리워하는 것만을 소유하고 가질 수 있다. 우리가 한 번도 되어본 적이 없는 어떤 존재, 그것이 우리 자신이다."에 밑줄을 그으면 마음이 고요해졌다. 낙엽 물드는 가을날에는 바위에 걸터앉아 셰이머스 히니의 시 「땅 파기」를 음미했다. "내 손가락과 엄지 사이엔/몽당한 연필이 놓여 있다./내 그것으로 땅을 파리라."라는 시구에 전율하기도 했다. 장 자크 루소의 『고독한 산책자의 몽상』이란 말이 내 자화상 같았다. 산목련나무 밑에서 이 책을 본 적이 있다. 만년에 건강이 안 좋아 산책을 체념한 루소의 글이 나를 돌아보게 했다. "언제 보아도 내 가슴을 울리는 이 아름다운 풍경, 이 숲, 이 호수, 이 작은 숲, 이 바위들, 이 산을 다시는 보지 못하겠지. 하지만 이 행복한 지방을 맘껏 달릴 수 없는 지금도 내 식물도감을 펼치기만 하면 금세 그곳으로 옮겨간다"라는 회한 깊은 노 산책자의 말에는 비애가 짙게 배어 있었다. 숲길을 걸으며 그것 역시 통과의례처럼 껴안아야 할 삶이라 여기니, 지금 이 순간이 더 고귀하게 보였다. 숲길에서 느끼는 작은 행복과 고독해지는 시간까지 부르크하르트의 말처럼 나에게 숲은 '정신의 교역장'이다.

그해 봄 산불이 났다.
숲에는 검은 연기가 치솟았다. 오래된 소나무와 떡갈나무, 잿빛 숲을 환하게 꽃 피우던 산벚나무와 산목련 나무도 불길을 피하지 못했다. 숲에서 만났던 사슴벌레와 달팽이, 무당벌레, 다람쥐 소식은 끊어졌고, 봄날을 유혹하던 제비꽃과 은은하면서 고혹적인 찔레꽃 향기와 애련한 진분홍 싸리꽃은 사라져 갔다. 십 년 넘게 숲길을 산책하다 보니 산의 내막을 잘 아는 은둔자가 되어갔다. 새가 날아오고, 꽃이 피는 자리, 눈이 내리면 더 고고하게 보이는 메타세쿼이아가 있는 풍경, 노을이 아름답게 걸리는 나무, 아카시아꽃 흩뿌려진 두 갈래 길 앞에서 가지 않은 길을 못 내 아쉬워하던 마음, 감꽃이 숲길을 덮었을 때 발을 떼지 못하던 처연함, 눈을 감고도 무엇이 어디에 사는지 그릴 수 있던 내 마음의 숲지도는 폐허가 됐다. 나는 갈 곳 잃은 사람처럼 길을 찾지 못했다. 숲에 불이 났는데 삶이 흔들리다니! 한참 동안 숲을 찾을 수 없었다. 내 몸에 난 숲길은 예전 그대로인데, 갑옷 같던 나무껍질은 불에 타서 떨어져 나가고 우듬지만 겨우 남았다. 검은 숲, 검은 나무에선 검은 엘레지가 들려왔다. 불탄 나무는 존재하지만, 생명이 느껴지지 않는 '무대상의 세계(Die Gegenstandslose Welt)' 앞에서 아무 말도 할 수 없었다. 19세기 후반 북독일의 예술가 마을 보릅스베데에서 젊은 날을 함께 보낸 화가 파울라 모더존 베커가 너무 이른 죽음을 맞았을 때, 시인 라이너 마리아 릴케가 그녀를 위한 시 「친구를 위한 레퀴엠Requiem für eine Freundin」을 쓴 것처럼, 나는 숲길의 나무와 새와 꽃들을 위하여 '친구를 위한 레퀴엠'을 쓴다.

숲길을 걸으면 존재의 뿌리가 느껴졌다.
흙에는 엄청난 미생물로부터 수많은 생명이 숨 쉬고 있어서 걷기만 해도 거대한 자연이 내 안에서 꿈틀대는 것 같았다. 대지처럼 생명을 품으면서 죽음마저 받아주는 곳이 어디 있을까? 영원회귀하는 시간 속에 '마음대로 지배할 수 없는 어떤 것(ein Nichtbewältigtes)'이 대지 말고 또 어디 있을까. 아무리 숲길을 걸어도 그 길은 언제나 봉인을 뜯지 않은 보물처럼 내 앞에 나타난다. 신비에 싸인 히말라야의 미답봉을 향해 설산을 걸어가는 사람처럼 숲길은 경이로움을 보여준다. 늘 걷는 길이지만 대지에 뿌리내린 나무들은 영혼의 창문이 되어 아름다움이 무엇인지 존재로 증명한다. 오랜 세월 존재만으로 아름다움을 보여주는 것은 나무가 유일하지 않을까 싶다. 나무의 아름다움이란 '자기 안에 고요히 머물러 있다는 점'이다. 오백 년, 천 년을 사는 나무의 뿌리를 보고 싶을 때가 있다. 땅속 깊이 뻗은 뿌리를 투명하게 볼 수 있다면 한번 쓰다듬어주고 싶은 것은 존재의 뿌리가 나보다 앞서 살아간 사람과 도래할 사람을 우리 안에 고요히 머무르도록 연결한다는 데 있다. 사람과 자연을 매개하는 자리에 있는 나무는 대지에 속해 있으면서, 대지를 포근히 감싸며 존재한다.

나무의 아름다움을 하이데거 적으로 말하면 '사물로 하여금 자신의 사물 존재 속에 스스로 고요히 머무르도록 놓아두는(das Ding in seinem Dingsein auf sich beruhen lassen)' 것이다. 이 점이 나무를 지상의 거룩한 우주목으로 만든다. 지상에 존재하는 생명체 중에서 나무만큼 신뢰성(Verläßlichkeit)을 주는 사물이 또 있을까? 사람이든 나무든 자기 안에 고요히 머무를 힘은 진실로 통하는 신뢰성을 주기 때문에 사람에게선 믿음을, 나무에게선 '고요(Ruhe, 평안)'를 느끼게 된다.

숲길에서 마르틴 하이데거의 『숲길Holzwege』을 볼 때가 있다.
그러나 『숲길Holzwege』에는 '나무 새 꽃, 느림의 미학'을 보여주는 자연의 숲길은 보이지 않고, 형이상학적인 사유만 무겁게 들어차 있다. 『숲길Holzwege』에 '숲길'이 없다니 모순이라고 생각했지만, 숲길을 걸으며 진정 소망한 것은 풍경을 감상하는 게 아니라, 숲길에 은폐된 '숲' 혹은 '나무'에 대한 이중적 의미(Zweideutigkeit) 즉 눈이라는 거울에 비친 숲길의 이면을 보고 싶었던 게 아닐까 싶다. 내가 사랑하는 숲길은 나와 마주할 수 있는 사유의 풍경이 그려지는 공간이다. 숲길에서 나무 새 꽃을 통해 만나고 싶었던 것은 존재와 인간 본질에 대한 사색이었으며, 숲길을 걸으며 '존재물음에로(Zur Seinsfrage)' 나아가는 것이었다. 나무 새 꽃은 어쩌면 인간의 또 다른 삶을 보여주는 것인지도 모른다. 가만히 생각해 보면『숲길Holzwege』에 심미적 인식을 할 수 있는 사유의 숲이 빼곡히 들어서 있는 게 맞는다는 결론에 이른다.

『나무 새 꽃, 느림의 미학』은 2025년 프랑스의 아르망 콜랭(Armand Colin) 출판사에서 출간된『Le baobab et le vagabond바오밥나무와 방랑자』를 쓰면서 산책자로 숲길을 걸었던 소박한 명상록이다. 아쉬운 점이 있지만 부족한 내용은 모두 박재(薄才)한 나의 탓이려니 여기고, 일상에서 꿈을 꾸는 사람들과 숲길을 걸으며 아름다움을 발원하게(entspringen) 하고 싶은 사람들과『나무 새 꽃, 느림의 미학』을 함께 하고 싶다.

초현실주의 시인 자크 프레베르의 시「고엽」은 이브 몽탕이 노래한 샹송으로 잘 알려져 있다. 가사에 "그러나 말 없고 변함없는 나의 사랑은/언제나 웃음을 짓고 인생에 감사한다네"라는 내용이 있는데『나무 새 꽃, 느림의 미학』을 내면서 인생에 감사하다는 말을, 지금의 내가 있게 도와주신 모든 분께 사랑의 인사를 드린다. 오랜 시간 동안 숲길 산책의 동반자였던 숲속의 모든 생명체, 지금은 굴착기 소리 들리는 산허리에서 터전을 잃고 서성이고 있을 숲속 생명체들에게 미안함과 연민, 안타까움을 느끼며 위로를 보낸다. 그들이 아니었으면 『나무 새 꽃, 느림의 미학』은 세상에 나올 수 없었을 것이다. 우리는 모두 연결되어있음을 기억하며 감히 그들의 '행복과 안녕'을 기원한다.

"길들은 저마다 뿔뿔이 흩어져 있지만 같은 숲속에 있다. 종종 하나의 길은 다른 길과 같은 것처럼 보인다. 그러나 그렇게 보일 뿐이다. 숲에는 길이 있고 길 속에는 또 하나의 숲이 있다."

2025년 5월
숲길을 걷다

차례

프롤로그 · 4

1부

눈 덮인 무등산 숲길 바위에 그려진 식물들과 나무의 기하 추상,
파울 클레의 추상 미술 · 25

봄이 오는 나무 바위 햇빛 숲길 걷기!
-'철학자의 길Philosophenweg'에서 '현존재Dasein'를 생각한다 · 51

풀숲의 시간 여행자 방아깨비와 나팔꽃 · 63

가을 숲길에는 천 개의 아르고스 눈이 있다 · 71

해거름 녘 나무에 앉은 역광 속의 새는
헤테로토피아로 가고 있다
-미셸 푸코의 낯선 유토피아 · 89

야생화의 위로, 쇼펜하우어와 꽃 · 95

숲의 빈집 벽을 타오르는 달팽이의 명상 · 113

검은 숲, 검은 나무, 검은 엘레지와 카지미르 말레비치의
<검은 사각형>, 무대상의 세계 · 121

나무, 그림자에 꽃이 피다
나무, 고독에 꽃을 피우다
-빛의 부재에서 빛의 은유로 · 135

달빛 속의 나무 길을 걷다
-소로와 드뷔시의 달빛을 생각하며 · 141

2부

숲길에 비스듬히 드리운 나무 그림자가 한 말,
"너의 별을 따라가거라!"
-단테 알리기에리『신곡』의 그 말, 자신에게 이르는! · 151

숲길 바위에 핀 식물, 패러독스 적인 환희 · 157

광야에서 홀로 사색에 잠긴 우주를 받친 나무, 생각하는 사람 · 163

완두콩 꽃, 흰색은 가능성으로 차 있는 침묵이다 · 171

새는, 발자국을 남긴다 · 177

능 비탈에 나무 서다 · 185

거룩한 나무 그림자 · 191

감꽃, 숲길을 덮다 · 198

백일홍 나무숲과 작은 연못가의 나르치스
-카라바조의 <나르치스>, 시간의 그림자가 남긴 얼룩 · 207

풍경의 발견
-숲길을 걷다 보면 낯설지 않은 풍경에 낯설어질 때가 있다 · 219

3부

비스듬히 산벚나무 한 십 년 지켜보기,
프란츠 카프카의 「꿈을 꾸듯이 꽃이 매달려 있었다」 · 225

눈 덮인 겨울 숲은 '엘리시움'이다
-프란츠 카프카의 시 「나무들」,
 우리가 눈 속에 파묻힌 나무들과 같기 때문 · 231

해거름 녘 조붓한 오솔길에서 만난 사슴벌레 ·
-에드거 앨런 포의 「큰까마귀」와 어둠의 색 · 249

원초적 푸른 하늘과 연둣빛 물드는
메타세쿼이아 나무 숲길, 직선의 미학
-가브리엘 가르시아 마르케스 『백 년의 고독』, 나무의 고독 · 255

불가능한 것에 부딪히는 아름다운 유희, 나무들
-라이너 마리아 릴케의 『두이노의 비가』와 아름다움,
 가지 않은 숲길 · 269

화순 진달래꽃 숲과 고인돌,
침잠과 망아와 명상이 오는 시간 · 277

거꾸로 사랑해 숲의 때죽나무꽃, 그래도 삶은 피어난다!
-에두아르 마네의 낯설게 보기 · 283

냉이꽃의 '정언명령kategorischer Imperativ'과
옥타비오 파즈의 책
-임마누엘 칸트의 선하고자 하는 의지와 꽃과 나 · 293

이름 모를 야생화가 등불 켜준 숲길
-르네 데카르트 '코기토 에르고 숨'의 광채 · 301

4부

해석되지 않는 색깔, 싸리꽃
-다자이 오사무 소설 『사양斜陽』의 여주인공이 말한 희망 · 311

앵두나무에 빨간 등불 켜지면
내 안에서도 잠든 불이 눈을 뜬다 · 315

겨울 고해소 · 327

구멍가게 같은, 나무와 숲길 사이 찔레꽃 · 333

땅속에 묻어둔 꿈을 찾는 새, 어치! · 341

무꽃이 쏘아 올린 작은 신호 · 347

숲의 비경, 해사한 얼굴 같은 호수에 비친 숲-나무들
-슈베르트의 <물 위에서 노래함>을 듣는 시간 · 353

빛-어둠, 먹빛 진창의 숲길 언덕 · 361

숲길, 나와 마주하는 시간
-페데리코 가르시아 로르카의 「악몽의 로맨스」,
 파랗게 사랑해, 파랗게 · 367

5부

산벚나무 상처를 보며 아름다움을 생각한다 · 381

숭고한 겨울나무, 메타세쿼이아 · 387

두꺼비는 아주 오래된 시간에서 왔다. · 393

가장 낮은 자세의 나무, 그루터기 · 397

할미꽃, Ecce homo-이 사람을 보라! · 407

아름다움은 돌을 뚫고 나온다 · 413

연초록 식물의 숨소리, 얼음 왕국을 허무는 기적 · 417

독 안에 든 나무와 파란 하늘 · 423

나무가 이파리를 비우면 신은 아름다운 불꽃을 채워주지
-장 폴 사르트르의 '실존은 본질에 앞선다', 나무의 말 · 427

6부

나무의 얼굴
-셰이머스 히니의 시「땅파기」, 나무의 땅파기 · 433

고성 바닷가에서 만난 '해변 청동풍뎅이'는 초록 별에서 왔다
-동물원의 <혜화동> 골목길에서 만난 풍뎅이 · 447

숲길 빛살무늬로 생을 수선하는 제비꽃 · 453

나무 그림자에 취하다 · 461

뿌리를 보면 알게 되는 것들 · 467

꽃의 화석
-숲길에서 가져온 미적 명상 · 471

초원을 달리고 싶은 말의 침묵,
누구에게 내 슬픔을 이야기하랴?
-안톤 체호프의「우수」를 말하고 있는 말(馬) · 477

길과 길 사이의 낯선 길, 허물 · 481

나의 디오게네스 나무 · 491

1부

눈 덮인 무등산 숲길 바위에 그려진
식물들과 나무의 기하 추상,
파울 클레의 추상 미술

무등산 숲길에 우뚝 선 바위들은 불덩이였다.
산이었을지, 나무였을지, 강이 흘렀을지 모르지만, 화염에 휩싸인 거대한 불구덩이였다. 불의 산은 가늠하기조차 어려울 만치 장대했으며, 멈출 줄 모르고 솟구치는 불기둥은 세상을 삼키러 나온 지옥의 화신 같았다. 모든 게 암흑으로 변했다. 검은 비가 내렸다. 끝도 없이 먹물 같은 비가 쏟아졌고 화산 잿가루가 뭉친 빗방울은 헤아릴 수 없는 화살처럼 날아왔다. 깊은 땅속 마그마 방에서 터져버린 불의 바다는 세상을 태우며 멸망으로 몰고 가려 했을 것이다. 지평선 너머까지 타오르는 유황 불기둥 속에 생명체들은 멸종과 멸절 사이에서 연기처럼 사라져갔다. 불의 분노를 잠재우려는 듯 검은 비가 쏟아졌을 것이다. 한 달, 두 달, 석 달, 불이 지나간 자리에 비를 퍼부으며 신은 대지를 위로하려 하였을 것이다. 불이 흘러갔던 자리마다 물이 들어서고 대지는 혼돈의 시간을 가졌다. 용암이 냉각 수축하면서 중생대 백악기의 뜨거운 불바다가 무등산자락마다 거대한 바위에 꽃을 피웠다. 용암의 꽃이 가장 오래된 촛대봉과 백마 능선은 약

눈 쌓인 오후 무등산 중턱에서 캔버스가 된 거대한 바위는 시간에 지친 기색도 없이
장엄한 무늬를 그려내고 있다. 내 생애 가장 아름다운 추상화!

8,700만 년 전 이전에, 입석대 서석대는 8,500만 년 전쯤, 마지막으로 불을 뿜었을 천왕봉과 지왕봉은 8,500만 년 전 이후 무렵, 거대한 돌의 꽃을 피웠다.

나는 지금, 1억여 년 전의 불과 물과 바람이 피운 돌의 꽃을 보며 풍화된 바위를 만지고 있다.

무릎 가까이 푹푹 빠지는 눈 쌓인 무등산 숲길은 원시적이다.

설악산과 오대산, 지리산, 덕유산, 한라산의 눈 쌓인 숲길을 걸으면서도 환희와 위대한 자연 앞에서 숭고의 감정을 느꼈었지만, 겨울 무등산 숲길은 조금 달랐다. 무등산은 화순과 담양에 걸쳐 있지만, 빛고을을 품고 있는 모성적인 산이다. 넙데데한 산세로 인해 머리가 하얗게 센 시골 어머니 같은 무등산을 보며 느끼는 완만한 구릉의 아름다움이란 아타락시아(ataraxia)적인 지고 미이다. 장터 바닥에 정겹게 있는 콩 자루나 팥 자루 같기도 하고, 그 앞에 오도카니 앉아 있는 어머니 같기도 한 무등산.

경복궁 옆 서촌에서 태어나 친구들과 인왕산 언저리에서 곤충 채집한 게 전부인 빈곤한 나의 상상력에 야생을 입힌 건 무등산이다. 모정 깊은 이 산은 서울에서 내려와 마음 붙일 곳 없는 나를 반갑게 맞아주었다. 그해 겨울 눈 덮인 산을 처음 찾았을 때 어마어마한 바위들과 수령 깊은 나무의 정령들에게 낯선 방랑자의 입산을 허락해 달라고, 이 도시와 사람들과 산과 숲, 나무와 정 붙이고 잘 살게 해 달라고 빌었다. 그 순간, 미스트랄 같은 바람에 나뭇가지에 쌓인 눈송이가 흩날렸다. 허공으로 사라지는 것들, 바위 쪽으로 날아간 것들 속에 얼굴에 부딪힌 눈가루는 햇빛을 받아 영롱하게 반짝였다. 그 바람 속에서 산의 정령들이 하는 말을 들었다.

무등산자락 큰 바위 얼굴에 내린 눈은 순결하고 새파란 하늘과 나무, 나무 그림자와 조화 이룬 풍경은 고결하다.

무등산자락 바위의 꿈

무등산 겨울 숲길, 내면으로 가는 길에 만난, 길과 길 사이의 낯선 길

겨울 숲길의 무언가

바위에 그려진 형이상학적인 무늬를 보았다. 1억여 년 불덩이가 식어 만들어진 거대한 돌에 살고 있는 줄기식물과 이끼, 햇빛과 바람이 만든 숭고한 예술이다. 거기에 외로운 나무가 비스듬히 그림자를 보탰다. 무등산 바위 그림은 마음의 균열을 보여주는 기하 추상화다.

숲에서 산길이나 오솔길, 얼어붙은 시냇가를 아무 생각 없이 걸으면, 아무것도 볼 수 없고, 아무것도 느낄 수 없다. 무언가에 마음을 빼앗겨 나를 잊어버리는 망아(忘我)에는 얼이 빠진 듯한 멍한 상태도 들어가지 않을까 싶다. 그러나 숲길을 산책할 때면 나무와 들풀과 꽃과 바위가 전해주는 야생의 싱싱한 기운과 맑아지는 심상을 얻을 수 있다. 특히 눈 덮인 겨울 산이 아름다운 것은 그 모든 것들의 씨앗을 품고 있기 때문이다. 눈 속에 황금색을 숨긴 얼음새꽃, 가지마다 흰 눈이 쌓여 있지만, 산기슭 양지바른 곳에서 노란 털실 보푸라기처럼 피어날 생강나무꽃, 언 땅을 뚫고 가녀린 줄기를 밀어 올릴 자줏빛 제비꽃, 눈밭 어딘가에서 지쳐가는 겨울을 위로해 줄 것 같은 청초한 흰색의 눈풀꽃…… 그것들은 희망은 멀지 않은 곳에서 움트고 있다는 것을 보여준다. 파란 하늘을 찌를 듯 뻗어 오른 나무의 우듬지도 고개 들고 쳐다보고, 이름 모를 들풀도 만져보고, 언제나 그 자리에서 변함없는 모습으로 산책자를 맞아주는 바위에도 앉아 말 걸어보고, 얼음장 밑으로 졸졸 흐르는 시냇물 소리도 들어보고, 깨질 것처럼 투명한 설경 속의 공기는 또 얼마나 상쾌하던가! 숨을 크게 호흡하는 것만으로도 숲과 교감하는 마음을 나눌 수 있다. 숲에서는 누구나 마법 같은 시간을 보낼 수 있다. 그리스어로 아타락시아(ataraxia)는 흔들림이나 동요가 없이 고요한 마음 상태를 의미하는데, 에피쿠로스 철학에서 행복의 필수 조건이며, 철학의 궁극적 목적이다. 숲길을 산책할 때면, 특히 눈 쌓인 숲길을 걸을 때면, 나는 아타락시아 상태에 빠지는 삶의 철학자가 된다. 일상에서 숲만큼 고요한 마음의 상태를 갖게 하는 공간이 또 어디 있을까? 진리는 고상하고 숭고한 텍스트 속에만 있지 않고, 야생을 보고, 느끼고, 마음의 정전을 불러오는 숲의 풍경 속에도 있다.

산을 오르던 중 조붓한 숲길에서 본 커다란 바위 앞에서 숨이 멎는 것 같았다. 바위에 붙어 겨울을 나고 있는 줄기식물과 메마른 이끼가 갈색 기하 추상을 그리고 있었다. 오랜 시간 동안 꿈을 꾸어온 바위에는 군데군데 금이 가 있고, 이끼가 살고 있지만 알 수 없는 지도 모양의 흔적도 보였다. 이끼가 풀과 나무가 등장하기 이전, 4억 년 전에 등장하여 지금까지 살고 있다니 놀랍기만 하다. 바위에 넓게 그려진 지도 같은 흔적은 이끼가 씨를 퍼뜨려놓은 종족의 영토이다. 북방의 강대한 제국으로 군림한 고구려 영토 같은 이끼의 지도를 보자니 묘한 감흥이 일어난다. 무용총과 쌍용총의 고분 벽화를 보면 오랜 세월에 색이 지워지고 얼룩진 모습만 남은 것조차 벅찬 감동에 회한이 밀려오곤 했는데, 바위 위에서 빛바랜 연분홍과 연초록색으로 흔적만 남은 이끼의 제국은 아름다워 보인다. 바싹 말라 있어도 빗방울이 떨어지면 다시 살아나는 게 이끼의 생존 방식이다. 이끼는 지금 때를 기다리는 중이다.

　나도 모르게 '숭고(das Erhabene)하다!'란 말이 절로 나왔다.
　1억여 년 전에 불덩이가 식어 만들어진 무등산자락 바위는 웅장했지만, 시간에 지쳐 빛이 바랬고, 색색깔의 이끼도 모든 것을 다 내려놓아 자신조차 잊은 듯한 무아의 자세였다. 나는 바위에 그려진 거룩한 그림이 포스트모던 철학자 리오타르가 말한 숭고미로 보였다. 그는 숭고를 '현시 불가능한 것의 현시'로 정의했는데, 바위에 그려진 그림이 그렇게 보였다. 바위에 자연이 그린 줄기식물과 이끼, 이끼의 흔적, 생명체가 살고 있을 지도의 모습, 바위에 생긴 균열, 폭설 내린 날에도 바위를 비추는 햇살, 바람, 그리고 변해가는 시간에 기대 비스듬히 바위에 새겨진 나무 그림자. 나는 풍경을 놓치지 않으려고 바람이 부는 대로 시간의 옷자락을 따라가며 바위에 어리는 두 개의 나무 그림자를 영원에 새겼다. 기다림이 필요했고 순간을 낚아채는 마음이 있어야 하는 겨울 공간에서 처절할 만큼 고독했고, 시간이 스쳐 가면 사라지고 말 풍경 앞에서 허무했다. 산속의 겨울 햇살은 미투리만큼 짧았다. 바위의 추상화는 하나의 문체 혹은 텍스트처럼 다가왔다. 숭고론의 효시라 할 수 있는 롱기누스는 『숭고에 관하여』에서, "숭고한 문체(텍스트)란 듣는 이를 설득하는 게 아니라 우리를 일순간에 사로잡는 강력한, 경탄하게 만드는 저항할 수 없는, 정신을 뒤흔드는 힘이 있어서 듣는 이들을 모두 제압한다" 라고 말했다. 즉 숭고한 문체(텍스트)에 의해서 우리는 무아지경(ekstasis)에 빠진다는 말인데, 바위에 그려진, 그려지고 있는 추상화는 숭고의 무아지경에 빠지게 한다.

바위에 그려진 추상화를 보면서 파울 클레(Paul Klee)의 걸작인 <물고기 마법Fish Magic>(1925)이 떠올랐다. 해발 1,187m의 깊은 산중에서 바위에 그려진 이미지를 보고 생각한 게 <물고기와 마법>이라니 조금 낯설어 보일지 모르지만 나도 모르게 그런 느낌을 받았다.

이 그림은 꿈결처럼 깊은 어둠 속에서 흘러나와 순간 나타났다간 다시 마법의 세계로 사라지는 장면을 포착한 것이다. <물고기 마법>의 색은 신비롭고 환상적이다. 파랑, 주황, 초록, 빨강, 노랑, 분홍 등 밝은색을 여러 겹으로 칠한 다음, 어두운색을 덧칠해 뾰족한 도구로 표면을 긁어, 다채로운 색이 나타나게 했다. 클레는 형광색으로 효과를 내지 않고 원근법으로 그린 것도 아니지만, 물 속 생물들의 색상이 입체적이고 생생하고 부드러우며 눈앞에서 물결치는 것처럼 보이는 것은 색을 매혹적으로 썼고, 깊이감을 표현하기 위해 흥미롭게도 캔버스에 천 조각을 붙였기 때문이다. 그런 의미에서 이 작품은 그림이라기보다 콜라주라고 보아도 될 듯싶다.

<물고기 마법>에는 환상적인 색깔의 물고기들과 수생식물들과 꽃들, 해와 달과 별, 그리고 행성, 외계인처럼 보이는 두 얼굴을 가진 사람과 고깔을 쓴 어린이, 선과 기하학적 도형들 그리고 동그란 시계의 모티브가 어둠의 심연에서 떠오르는 것 같다. 색 속의 색, 그림 속의 그림이 겹치며 나타나는 이미지는 우리 안의 마법 같은 세계를 찰나적으로 포착한 느낌이다.

무등산 바위 추상화에서 클레의 작품을 떠올린 것은 신비롭고 매혹적인 느낌 때문이다. 바위에서 자라는 줄기식물과 이끼와 돌의 균열과 비스듬히 겹쳐진 나무 그림자 그리고 지도처럼 번진 생명체의 얼룩, 이 모든 것들의 몽환적인 흔적이야말로 마법의 세계 아니겠는가. 초자연적인 신기한 힘이 마법이라면, 바위에 그려진, 그려지고 있는 저 그림은 산의 몽유 진경일지도 모른다. 바위 그림을 보노라면, 눈에는 보이지 않지만, 무등산 계곡 맑은 물속에 사는 크고 작은 물고기들, 식물도감에도 없을 것 같은 처음 보는 꽃들, 바위 속에도 살 것 같은 햇살 노란 해와 빛 푸른 별과 뭉근한 흰 달, 클레의 그림 한가운데 있는 시계처럼 시간의 언덕을 넘어가고 있을 어둠의 그림자, 고깔모자를 쓰고 놀았던 유년의 내 모습도 돌 어딘가에 박혀 있을 것 같다. 바위에 그려진 그림은 아주 오래전에도 있었고 아주 먼 훗날에도 남아있을, 존재하는 것들의 덧없음과 부재하는 것들의 환생으로 가득 차 있다.

추상미술(Abstrakt kunst)이라는 것도 자연주의적 재현, 구상표현보다 비구상적인 표현과 영성을 중시하는 마음과 동경 저 너머를 그리는 것이기에 클레의 그림들은 암호 같은 삶의 기억을 추적하고 도래할 신비를 포착한다. 클레의 그림에도 그가 태어나서 자란 알프스 풍

파울 클레(Paul Klee), <물고기 마법Fish Magic> 1925.

경이 들어 있을 것이다. 무등산 바위에 그려진, 햇빛과 별빛과 달빛에 따라 그려지고 있는, 식물들의 흔적과 돌의 균열이 심오해 보이는 것은 형이상학적인 '신지핌 혹은 황홀(enthousiasmos)'을 경험할 수 있기 때문이다. 자연의 사물은 인간을 넘어서는, 인간이 다가갈 수 없는, 인간이 파악할 수 없는 그 무엇이 있다. 글로 쓸 수 있는 것도 아니고, 인간의 상상으로도 헤아리기 불가능한 것, 무대상의 신호이며 심미적인 기호일 뿐이다.

 무등산 바위 그림은 정화된 밤이라고 할까, 정화되지 않은 불협화음이라고 해야 할까. 야생에서만 들을 수 있는 원시성의 소리가 들려왔다. 순결한 흰 눈을 덮고 있는 산의 소리, 바위의 노래, 식물들의 흔적의 무한에 이르는 소리를 듣는다. 나의 유한으로는 중생대 백악기 때 탄생한 바위의 무한을 파악할 수 없다. 갑자기 무한에 대한 공포가 일어나면서 두려움의 감정이 불러내는 소리를 들었다. 그것은 거대한 원시성에 남겨진 공허, 어두움, 침묵에 차 있는 절대적인 고독의 소리이다. 조성이 없는 무조음악을 만든 아르놀트 쇤베르크(Arnold Schoenberg. 1874-1951)의 현악 6중주 <정화된 밤 Verklärte Nacht Op. 4>의 소리 같았다. 이 곡은 쇤베르크가 무조음악으로 나가기 전 후기 낭만주의 그림자가 배어있어서 탐미적인 색채도 보이고 달밤 숲을 걸어가는 연인의 신비를 느낄 수 있는 곡이지만, 해석되지 않는 불확실성이 매력이다. 그런데도 이 곡은 선율의 불확실성이 일순 정지되는 것 같은 낭만적 서정성이 묻어난다. 쇤베르크는 시인 리하르트 데멜(Richard Fedor Leopold Dehmel. 1863-1920)의 시집 『여인과 세계 Weib und Welt』(1896)에 수록된 5절의 시 「정화된 밤 Verklärte Nacht」을 소재로 작곡했다. 데멜은 표현주의를 포함한 당시의 젊은 시인들에게 엄청난 영향을 미쳤고, 훗날 노벨문학상을 수상한 젊은 토마스 만(Thomas Mann)도 그의 시에 영감을 받았다. 이 곡에서 연정 깊은 선율이 묻어나는 것은 이 시가 데멜의 주요 주제인 '사랑과 성 Liebe und Sexualität'(에로스 Eros)를 다루고 있기 때문일 것이다. 시 「정화된 밤 Verklärte Nacht」은 이렇게 시작한다.

> 두 사람이 벌거벗은 차가운 숲을 걷고 있다.
> 달이 따라오고, 그들은 달을 바라다본다.
> *Zwei Menschen gehn durch kahlen, kalten Hain;*
> *der Mond läuft mit, sie schaun hinein.*

중생대 백악기 때의
거대한 바위를 포근하게
덮고 있는 순결한 눈.
2월 4일

　벌거벗은 나목의 계절, 차가운 숲길을 거닐다 보면 무등산 바위 그림에서는 해석할 수 없는 '정화된 밤'의 냄새가 났다. 우주를 떠도는 시간의 고결한 소리만이 직조할 수 있는 정화된 소리! 현악 6중주를 넘어, 현악 8중주, 정화된 밤을 지나 심화된 소리의 내면으로 가는 불협화음의 고요! 바위에 그려진, 순간의 빛과 바람에 의해 그려지고 있는 아우성…….
　허무의 소리였다. 무(無)에 이르는 소리, 무로 영원회귀하는 소리였다.

　바위는 말이 없다.

하얀 바위의 꿈

　눈 덮인 바위는 아주 오래전부터 있었고, 공깃돌만 하게 남아있을 때까지 저 자리에서 침묵하며 있을 것이다. 그러나 바위는 고독에 대하여, 핍진(乏盡)해지는 삶에 대하여 은유적으로 반짝이며 말을 하고 있다. 바위에도 티끌만 한 불성이 있을 것만 같았다. 나는 애니미즘 신봉자는 아니지만 뮈토스(Mythos)적인 신화와 예술의 상상력에 기대어 바위에서도 신성을 느낄 수 있다고 생각한다. 다만 바위의 말은 워낙 무거워서 나의 가벼움으로는 그 언어를 감당할 수가 없다. 나는 바위의 무거운 말을 바라보며 길을 찾는 중이다. 살아가며 찾아야 할 말의 길, 길 속의 길을 눈 덮인 바위 앞에서 묻고 있다. 설원의 산에서 숲길을 걷다가 좀 기름한듯하면서 평평한 바위에 덮인 눈을 보면 누구라도 걸음을 멈추고 조금은 철학적인 생각에 잠긴다. 태고의 바위와 인간의 근원에 대한 생각부터 바위는 숲길을 걷는 이들에게 무엇을 생각해 보라고 하는 것인지…… 오래전 이 숲을 서성였을지 모를 어느 네안데르탈인도 저 눈 덮인 바위를 보았을 수 있을텐데 그는 무슨 생각에 잠겼을까 라든지…… 시공을 초월한 거대한 바위를 보고 있으면 숭고하다는 감정이 든다. 그러나 내가 생각하는 숭고란 눈 덮인 바위가 거대하고 경이로워서 느끼는 감정이 아니다. 단순히 자연의 대상이 절대적인 것을 표상한다고 숭고하다고 말할 수 있을까? 자연의 어떤 대상이 무한한 것은 아니지 않는가? 왜냐하면 우리의 "감각적 인식의 대상이 될 수 있으면서 실제로 무한한 사물은"[1] 존재하지 않기 때문이다. 롱기누스와 버크 같은 철학자는 자연의 위대하고 무한한 것, 절대적으로 큰 것이 숭고의 감정을 불러일으키는 대상이라고 했지만, 칸트는 『판단력 비판Kritik der Urteilskraft』에서 이성을 통해 숭고를 말한다. 칸트에 따르면 숭고는 자연의 사물들에서 찾을 수 있는 것이 아니라 오직 우리의 마음(이념)에서만 찾을 수 있다고 한다. 그러므로 나는 숭고를 '미적(ästhetisch)' 상상력과 이성 사이에서 생기는 마음(감정)으로 판단하여 눈 덮인 원시 같은 무등산 바위를 아름다운 것이 아니라 숭고한 것이라 말하고 싶다.

    바위는 바위이다. 바위 스스로는 숭고하다고 여겨본 적도 없을 것이다. 그냥 존재할 뿐이고, 숭고한 것이 있다면 실존하는 것일지 모른다. 어쩌면 숲길 옆에서 바위가 비를 맞고 폭설에 덮인 자세로 저렇게 한 천 년, 한 오천 년, 한 일만 년쯤 존재하는 것은 눈 쌓인 숲길에서 잠시 생이 정지된 것 같은 순간을 누려보라는 의미인 것 같다.

---

1) E. Burke, A Philosophical Enquiry into the Origin of our Ideas of the Sublime and Beautiful, ed. C.Eliot, P. F. Collier & Son, 1969. 『숭고와 아름다움의 관념의 기원에 대한 철학적 탐구』 김동훈 옮김. 마티. 2007. 124.

햇빛과 나무들.
1월 4일.

　겨울 숲의 나무들이 해의 위로를 받고 있다.
　밑동은 눈의 성곽에 갇혀 있고 강인한 모습의 아름드리 고목은 정월 한낮의 해를 바라보고 있다. 얼마나 많은 시간 동안 눈 부신 해를 바라보고 있는 것일까. 얼마나 많은 시간 동안 서 있어야, 얼마나 많은 시간의 풍상을 겪어야 나무는 비로소 나무가 되는 것일까. 나무는 볼 때마다 여전히 신비하다. 무등산 같은 큰 산에 와서 숲길을 걷다 보면 매우 다양한 나무들을 만날 수 있다. 장대처럼 곧게 뻗은 나무들의 수려한 모습과 자유분방하게 굽고 꺾인 예술적인 자세의 나무, 딱따구리가 몸에 큰 구멍을 뚫어 상처처럼 보이는데도 아무렇지 않게 살고 있는 나무, 우듬지까지 휘감아 오른 덩굴식물과 더불어 살고 있

밑둥은 눈의 성곽,
나뭇가지는 빛의 눈부심
1월 27일

는 나무, 이들은 묵묵하게 자기 삶을 살아가며 누군가를 또 깃들어 살게 한다. 나무는 어떤 철학자나 시인보다도 더 위대한 묵언으로 말을 한다. 빈 가지에서 반짝이는 햇빛에서도, 줄기를 스쳐 가는 바람에서도 나무의 말을 들을 수 있다.

나무들은 제 몸 안에 고해소를 품고 있어서 사람들의 말을 들어주고, 사람들은 숨겨둔 말을 나무에게 함으로써 스스로 치유 받는다.

다시 무등산 숲길을 찾았다.
숲에 폭설은 사라지고 부스스한 잿빛 겨울이 늦가을의 정취처럼 느껴졌다. 낙엽 위에 떨어지는 쓸쓸한 햇빛과 붉은 잎을 달고 있는 나

거대한 바위에
나무 그림자 드리운다.
바위가 시간의 날개를 타고
저 먼 외계로 날아가는 시간.
1월 27일

 무들이 만추의 정서를 불러냈다. 거대한 바위를 중심으로 전개되는 나무들과 숲, 바위 옆에 뒹구는 와당 조각과 수북하게 쌓인 낙엽까지, 이것은 한 폭의 풍경화가 아니라 정물화로 보였다. 나무들의 그림자가 수런거리는 모습과는 정반대로 무거운 침묵에 싸여 면벽 수도 중인 선승이나, 봉쇄수도원 작은 방에서 침묵의 언어로 신과 대화하는 수도사처럼 존재만으로 순간을 압도하는 바위. 숲길을 산책하다 이런 풍경 앞에서는 걸음을 멈춘다. 무등산은 바위산이라서 그런지 어디를 가더라도 신령스러운 커다란 바위를 만날 수 있다. 7천만여 년 전, 중생대 백악기 때 분출된 용암이 식으면서 수축해 만들어진 오각형이나 육각형 모양의 기둥 바위, 주상절리대를 찾아 올라가면 그곳에서 우

바위의 얼굴

리 별의 비기 서린 낙원을 볼 수 있다. 폭설이 내렸을 때 두 번, 폭설이 사라졌을 때 두 번, 1월에서 2월 사이 네 번 동안 무등산 숲길을 찾은 것은 두툼하게 바위에 덮인 흰 눈을 보기 위해서다. 인적 드문 숲길에서 만난 거대한 바위에 덮인 흰 눈과 아무 일 없었다는 듯 눈이 사라진 바위는 나에게 '고요한 위대(stille Größe)'를 느끼게 했다.

독일어로 정물화를 뜻하는 슈틸레벤(Stillleben)은 '고요한'을 의미하는 형용사 still과 '살아 있다', '삶'을 의미하는 동사 leben이 합쳐진 말이다. 삶의 고요한 순간을 포착한 정물화, 슈틸레벤(Stillleben)이 저 바위가 있는 풍경이다.

땅거미가 내리는 저녁 6시 20분 무렵 원효사 쪽으로 내려가는 길

나무 돌 그리움 깃든 길

에는 아무도 없었다. 흰색의 설원은 어둠에 물들어 갔고, 고요함은 점점 더 진공상태에 갇혀, 건들기만 하면 큰 산을 고요의 아수라로 몰아갈 만큼 공포가 밀려들었다. 거대한 산에 혼자 고립된 것 같은 생각에 발걸음이 빨라졌지만, 어둠이 내려오는 속도가 더 빨랐다. 낮과 밤이 교대하는 설원의 숲은 미지의 세계였다. 걸음을 옮길수록 가늠할 수 없는 동화의 세계로 빠져드는 것 같기도 하였지만 무엇보다 길을 가로막는 것은 어둠의 적요였다. 사람이라곤 보이지 않는 겨울 산, 눈, 어둠, 두려움이 혼재해가는 공간에서 내 안에 숨어 있던 원초적인 야성이 발톱을 내밀고 있었다. 설령 눈알이 샛별처럼 빛나는 야수가 나타나더라도 놀라지 않을 것이라는 의지를 확인이라도 하듯이 말이

삶의 무늬, 눈 덮인 숲길

초록 숲으로 가는 눈길

다. 멀지 않은 숲 언덕에선 달빛에 잿빛 털이 빛나는 황야의 이리가 고개를 쳐들고 원시성에 가득 찬 울음소리를 낼 것 같았다. 다시 눈이 내리기 시작했다. 산속의 눈발은 하나둘 떨어지다가 낭만을 즐길 사이도 없이 소나기처럼 갑자기 퍼붓기 시작한다. 좁은 숲길, 돌과 돌 사이 눈 쌓인 길을 미끄러지듯이 내려왔다. 나무들이 병풍처럼 둘러선 거대한 능선은 점점 먹빛으로 칠해지고 있었다. 그러나 설원 숲의 회색 어둠은 묘한 뉘앙스를 품고 있었다. 보이지 않는 세계 밖에서 들려오는 색다른 어둠의 소리가 눈발에 실려 오는데, 이 거대한 산에서 나 혼자 그 음색을 듣는다는 건 황홀한 아름다움의 극치였다. 미친 세상과 작별이라도 하려는 듯 어둠이 끌어당기는 설원으로 점점 더 빨려 들어갔다. 원효사 가는 길은 보이지 않고 폭설 속에서 나는 눈사람이 되어갔다.

봄이 오는 나무 바위 햇빛 숲길 걷기!

- '철학자의 길Philosophenweg'에서 '현존재Dasein'를 생각한다

숲길을 걸으면 내가 보였다.

톱니바퀴처럼 세속과 맞물려 있는 내가 아니라 원초적인 내가 보였다. 먼 옛날, 강인한 어깨 다부진 체격에 머리를 길게 늘어뜨리고 곰 발바닥처럼 두툼한 발로, 이 길을 걸어갔을지 모를 네안데르탈인처럼 야생의 기운이 느껴졌다. 뇌수와 심장과 다리 근육 깊은 곳에 박혀 있을 유전자를 열어보면 숲과 초원과 설산을 누볐을 어느 원시인의 걷기 DNA가 존재할 것만 같다. 나무 사이를 걸을 때면 영혼도 걸어 나와 눈부신 초록 햇살을 받았다. 엄혹한 겨울 동안 움츠려있었을 영혼도 봄이 오는 숲길에서는 자유다. 봄이 오는 연초록 숲은 거울처럼 물오르는 나무들과 바위와 오솔길, 풀과 흙, 돌멩이, 사람까지 비춰준다. 잿빛 나무에서 봄 나무로 변신해 갈 무렵 나무들은 우리가 경험하지 못한 숲의 신세계로 인도한다.

봄이 오는 숲길은 사색의 공간이다.

가만가만 오솔길을 걸으며 연둣빛 새순을 살그머니 만져보기도

연초록 물오른 나무 바위 햇빛 숲길 걷기의 행복.

봄이 오는 길목 숲길
나만의 '철학자의 길(Philosophenweg)' 작은 바위에 앉아 삶에 그려지는 시간을 바라본다.

하고, 어린 나뭇가지를 쓰다듬으며 겨울 동안 얼지 않고 여린 잎을 내주니 고맙다고 말도 건네고, 막 물이 오르느라 파르스름한 빛깔을 내는 거미줄 같은 잔가지에 입을 맞춰본다. 사색은 망아의 침잠 속에도 있지만, 숲길에서의 한가함 속에도 있다. 숲길을 걷다 보면 시상이 떠오르고, 산문의 얼개가 만들어지고, 미처 생각하지 못했던 글에 대한 기획이 술술 풀린다. 내 글의 원천은 바로 숲에 있었다. 숲 산책자가 된다는 것은 자기만의 낯선 별에서 미지의 시간을 만들 수 있다는 것이고, 마음에 나무를 심고 시냇물을 흐르게 하고, 새가 깃을 치며 노래 부르게 하고, 나와 마주하게 하여 꿈을 꿀 수 있게 하는 일이다. 오솔길 옆 나무와 꽃과 풀이 자라는 흙 속에서 꿈을 꾸고 있을 씨앗처럼 내면에서 꿈틀거리는 꿈의 언어를 감지할 수 있는 곳이 숲이다.

숲길 작은 바위가 있는 오솔길을 '철학자의 길(Philosophenweg)'이라고 이름 지었다.

오래전 하이델베르크의 '철학자의 길(Philosophenweg)'을 산책할 때 보았던 '뱀길(Schlangenweg)'처럼, 내가 다니는 숲 오솔길도 구불구불하다. 숲길의 아름다움은 뱀처럼 구비가 있어야 사색의 깊이에 이를 수 있다. 비록 하이델베르크의 '철학자의 길'처럼 괴테나 헤겔, 하이데거, 에리히 프롬, 카를 야스퍼스, 막스 베버가 걷던 길은 아니지만, 스스로 괴테의 문학과 헤겔의 정신을 표상하며, 하이데거의 '존재와 시간Sein und Zeit'을 음미하며 산책하고 있다. 하루도 거르지 않고 숲을 찾아 산책을 즐기는 것은 오솔길에서 만나는 나무와 햇빛, 푸른 공기와 바람 한 줄기, 돌멩이, 벌레, 새, 곤충, 바위, 숲 사이로 보이는 하늘과 구름, 오르막길, 그 모든 것이 철학보다 더 철학적이고 문학보다 더 문학적이기 때문이다. 닫혀 있던 마음을 열고 숲 생명체들에게 말

봄이 오는 백일홍 나무(배롱나무) 아래 산책길

여름날의 두 갈래, 가지 않은 길과 작은 바위

뿌리가 드러난 산책길

노을 지는 산책길

을 건널 수 있는 상상력이야말로 숲이 지닌 동화적 매력일 것이다.

'존재란 무엇인가?(Was ist Sein?)'

마르틴 하이데거의 물음을 곱씹으며 숲길을 산책한다. 숲길만이 사람을 원초적인 상태에 놓이게 하여 좀 더 인간적인 모습을 갖게 한다. 숲에서 나는 하이데거가 말하는 '현존재(Dasein)'를 인식하게 된다. 도시에서는 톱니바퀴에 맞물려 시계추 따라 돌아가는 삶이기에 생각할 시간이 많지 않고 파편적이다. 그러나 숲에서는 온전히 나와 마주할 수 있는 시간이 주어지고, 나라는 자아가 벌거벗겨진 상태에서 무방비로 노출된다. 세속에서 쓰고 있던 가면을 벗으면서 조금 더 인간적인 것을 되찾는다고 해야 할까. 하이데거가 말하는 '현존재'란 '인간'을 의미하는데, 이는 존재 물음을 지닌 인간을 의미한다. 결국, 나라는 현존재는 끊임없이, '궁극적으로 물음이 밝히고자 하는 것(das Erfragte)'에 대한 질문을 던지고 사색하는 존재인 것이다. 숲으로 가면 일상에서 잃어버린 시간을 찾을 수 있고, 내 안에서 걸어 나오는 또 다른 나를 만날 수 있다. 초록 잎을 투과한 햇빛이 몸에 닿으면 마음이 차분히 가라앉고 사색에 들고 자신의 세계에 몰입하게 되는 것도 숲길이다.

숲에서 자기만의 길을 갈 수 있는 사람은 행복하다.

계절이 바뀔 때면 나뭇잎을 물들이는 숲의 마법을 볼 수 있고, 바람이 불어오는 숲의 소리는 언제나 내면으로 가는 길을 만든다. 숲에는 차이코프스키의 교향곡 6번 <비창Pathetique>, op.74 중 1악장 아다지오 알레그로 논 트로포(Adagio-Allegro non troppo)처럼 밝음과 어둠, 쓸쓸함과 비애미를 느끼게 하는 이미지와 베토벤의 피아노 소나

산벚나무가 봄에 내린 은빛 눈가루처럼 꽃을 피웠다.
이 길을 걷는 사람은 생의 환희를 느낄 것이다. 저 길 끝에는 무엇이 있을까?

타 No.8, op.13 <비창Pathetique> 중 2악장 아다지오 칸타빌레(Adagio Cantabile)처럼 한없이 스며드는 그리움을 자아내는 선율이 흘러 다닌다. 한 공간에서 차이코프스키 적인 '비창'과 베토벤 적인 '비창'의 선율을 혼재해 들을 수 있는 곳은 아마도 숲밖에 없을 듯싶다. 그 속에서 귀를 기울이면 타레가의 <알함브라궁의 추억Recuerdos de la Athambra>처럼 연민 깊은 회한의 소리도 들려오고, 초저녁별이 뜰 때면 마누엘 폰세의 <작은 별Estrellita> 소리가 별빛보다 더 여리게 묻어날 것이다. 숲에는 위대한 음악가들도 미처 감지하지 못한 선율이 살고 있어서 조금 더 오감을 열고 걷게 된다.

 숲길은 어디로 이어질지 모르는 미궁의 연속이다.
 산벚나무가 환하게 꽃을 피운 길을 따라 걷다 보면 어느새 벚꽃 휘날리는 무중력의 공간 속으로 빨려들어 간다. 한 번도 보지 못한 풍경 어딘가에는 숲길만이 줄 수 있는 자유와 즐거움이 있고, 산책자를 유혹하는 동화 속 요정도 만날 것만 같다. 숲길에서는 엉뚱하고 불가능한 상상을 마음 가는 대로 할 수 있어 좋았다. 만약에 나무가 되어 숲에서 살게 된다면 어떤 마음일까. 옴쭉달싹 못하고 생을 한 자세로만 살아야 한다면, 그 고독한 공포를 어떻게 감당할 수 있을까. 딱따구리가 나무 쪼는 소리야말로 숲을 청아하게 만드는 것이라 했는데 나무로 변신한 내 몸에 새가 어른 주먹만 한 구멍을 뚫는다면, 너그러워질 수 있을까. 문학적으로든 사람들에게든 나무는 아름다운 존재라고 찬미했건만, 어느 날 내가 나무로 살아가야 한다고 신이 말한다면, 도망가고 싶은 패러독스한 현실을 어찌할까. 숲에서 이런저런 생각에 날개를 달고 다니다 보면 갑자기 나무에 대한 깊은 연민이 들기도 하고, 도둑처럼 찾아온 상상은 잠시나마 현재의 삶을 돌아보게 만든다. 내가 숲에 오는 이유는 존재하기 위해서다. 도회지에서는 유혹에 넘어가지 않기 위해 정신을 차려야 하지만, 숲에서는 나무와 바위와 길과 새와 물소리와 바람 공기의 유혹에 쉽게 넘어간다. 바위틈에 핀 솔체꽃을 보며 감탄하고, 정신줄을 느슨하게 풀어 영혼을 정화하고, 낙엽 속에서 한겨울을 난 무당벌레한테도 손짓하며 가만가만 돌아다닌다. 자동차와 소음이 질주하는 거리를 빠져 나와 봄이 오는 나무 바위 햇빛 숲길을 걸으며 나만의 '철학자의 길 Philosophenweg'에서 '나'라는 '현존재 Dasein'를 생각한다.

풀숲의 시간 여행자
방아깨비와 나팔꽃

    연분홍 입술을 다소곳이 오므린 나팔꽃이 방아깨비를 바라보고 있다.
    오랜 친구 사이인지 둘은 햇빛의 진동을 이용해 이야기를 나눈다. 꽃과 곤충의 언어는 다르지만, 자연에 사는 생명체들은 햇빛이나 달빛 별빛에 자신의 언어를 실으면 우리 눈에는 보이지 않는 빛의 미세한 파동이 두 개체 간에 교감을 나누게 한다. 자연이란 신비한 세계이며 우리가 알지 못하는 미지의 영역이다. 숲길을 오랜 세월 산책하다 보면 나 역시 햇빛에 사람의 언어를 실어 나무나 꽃, 새, 바위에 말을 걸 때가 있다. 그럴 때면 두 팔을 벌려 나무를 포옹한다거나, 나팔꽃을 부드럽게 만져보기도 하고, 방아깨비나 무당벌레, 딱따구리, 바위에 말을 걸며 나는 너의 친구라는 마음을 전한다. 그들 역시 살아있는 외로운 생명이고 고독한 생에 잎을 틔우고 꽃을 피워 열매를 맺으려 애쓰는 존재이기 때문이다. 누구든지 먼저 신호를 보내다 보면 나무는 바람에 잎을 흔들어 보이고, 꽃들은 바람에 흔들리면서도 향기를 내고, 새들은 유연한 날갯짓을 하며 비상하는 법을 보여준다.

나팔꽃 잎을 갉아 먹은
방아깨비

 칠월이 들어서자마자 방아깨비는 여행에 나섰다. 방아깨비가 가려는 곳이 어딘지 아무도 모르지만, 햇살 맑은 날 길을 찾고 있는 이 작은 곤충은 자유로운 영혼을 지닌 것 같다. 아무래도 먼 길 가려면 든든히 먹어야 하는지 수풀을 스치는 바람 한 점 없는 뙤약볕 아래 방아깨비가 널찍한 나팔꽃 잎을 갉아 먹고 있다. 방아깨비가 놀라지 않게 가만히 앉아 광경을 지켜본다. 그 작은 입을 오물거리는 방아깨비는 금세 큼직한 구멍을 길게 내며 잎을 갉아 먹고 있다.

 잎에 예리하게 구멍을 낸 방아깨비는 입술을 반쯤 다문 것 같은 나팔꽃 위에 살포시 앉아 있다. 싱그러운 수풀과 빛과 그림자가 교차한

나팔꽃에 사뿐히 앉은 방아깨비

나팔꽃에 앉아
친밀한 이야기를 나누는
방아깨비와 나팔꽃.
나를 기억해줘!

방아깨비는 갉아 먹은 잎에
기하추상을 남겼다.
아, 저 기막힌!

보라색 나팔꽃과 방아깨비가 갉아 먹은 잎.

세계 속의 구도는 묘한 뉘앙스를 주는 정물화 같다. 한낮의 여름 햇볕과 바람 한 점 없는 날의 고요 속에 방아깨비는 어디로 가려는 것인지 궁금하다. 숲을 가만가만 다니며 나팔꽃에 한 번 더 눈길을 주니 방아깨비도 보이고, 잎줄기를 바삐 타오르는 칠성무당벌레와 풀숲에서 나무로 날아가는 풍뎅이도 볼 수 있다. 오래전 잊고 산 정겨운 이름들을 마주할 때면 동심을 되찾은 것 같은 소소한 즐거움을 느끼곤 한다. 숲속 작은 곤충들을 볼 때마다 유년의 골목이 생각나 먼 하늘을 볼 때가 있다.

보라색 나팔꽃을 찾아간 것을 보면 방아깨비는 존귀한 색깔을 알아보는 것 같았다. 보라색은 고대 로마제국에서도 황제가 입었던 옷 색깔이라는데, 방아깨비는 신비하면서도 형언하기 어려운 빛의 실체를 궁금했던 것인지 한참 동안 나팔꽃을 바라보고 있다. 방아깨비는 나팔꽃 님프에게 구애하는 것인지, 친구가 되어달라는 것인지, 고개를 쳐들고 꽃만 쳐다본다. 누구를 연모한다는 것은 가슴 뛰는 일이다. 도시에서 살다 보면 순수한 마음 한 자락 내비치기 쉽지 않고, 가슴 뛰는 경험을 할 기회도 별로 없다. 보라색 나팔꽃을 뚫어지게 바라보고 있는 방아깨비가 신기해 보였다. 사람과 사람 사이에서, 금가고 깨지고 상처 많은 일상에서 속도만 쫓아가는 사람들에겐 나팔꽃 한 송이, 방아깨비 한 마리는 별 게 아닐 것이다. 하지만 숲 산책길에서 만난 나팔꽃과 잎을 갉아 먹고 생의 여정을 쉬고 있는 방아깨비는 잠시나마 삶을 돌아보게 한다. 우리는 어디에서 와서 어디로 가고 있는지, 나는 누구인지, 산들바람을 따라 그런 생각들이 스쳐 갔다. 나팔꽃은 나팔꽃대로 꽃의 우주를, 방아깨비는 방아깨비대로 자신만의 우주를 그리고 두 생명체를 바라보며 '그래, 오늘 만나서 반가웠어. 무엇인지

그해 가을 나팔꽃 씨

는 잘 모르지만 나에게 산다는 것의 의미를, 삶이란 어떤 조건에서도 살아갈 수밖에 없다는 진리를 알게 해준 너희들에게 고마워!'라고 말 건넨다. 나의 우주에 미지로 이어지는 숲길을 낼 수 있었으니 얼마나 감사한 날인가!

　그해 가을 나팔꽃 씨를 보았다.
　먼 여행길에 나선 방아깨비는 보이지 않았고 하늘은 파랗게 물들어 말을 하면 말의 씨앗까지 물이 들 것만 같았다. 나팔꽃 꼬투리를 열어보면 반달 같은 씨앗들이 꿈을 꾸고 있을 것이다. 비바람에 혹은 껍질의 힘이 약해져 꼬투리가 벌어지면 씨앗은 땅으로 툭 떨어지거나 용수철처럼 어디론가 튀어나갈지 모른다. 씨앗은 대지에 뿌리내려 나팔꽃을 피울 것이며 칠월 칠석이 아니더라도 방아깨비를 불러 맛있는 잎을 내어주고 겨우내 못다 한 이야기 보따리를 풀어 놓을 것이다. 흰 눈에 묻혀 아무것도 보이지 않더라도 꿈을 꾸며 여름날의 뙤약볕을 기다릴 것이다. 식물들과 곤충들은 엄혹한 추위를 견디며 꿈을 꾸고 기다리다 보면 어느 순간 때가 돌아온다는 것을 잘 알고 있다. 나팔꽃과 방아깨비는 생이 기다림의 미학이라는 것을 알고 있다.

숲길을 산책하며 배운 것들이 생을 밀고 가는 힘과 지혜가 된다는 것을 알기까지 십 년이 걸렸으니 숲길에서 한 십 년 지켜보기 만에 얻은 나의 도(道)는 아직도 멀었다.

가을 숲길에는 천 개의
아르고스 눈이 있다

　가랑잎을 밟으면 기억 이전 낯선 별에서 걸었을 것 같은 오래된 소리가 들려온다.
　아주 먼 옛날 나무들이 어느 별에서 왔는지 알 수는 없지만. 마른 잎을 태울 때 나는 잿빛 연기에서는 별의 냄새가 났다. 가랑잎 덮인 숲길을 걸으면, 어느새 해왕성 바깥 카이퍼벨트(Kuiper Belt) 소행성 파란 별이나 나뭇잎 별 오솔길을 걷는 것처럼 낯설고 신비한 느낌이 든다. 숲길 가득 쌓여가는 가랑잎은 시적인 감흥과 고요한 사색을 불러일으켜 나를 문학적인 세계에서 형이상학적인 세계로 인도한다. 보스락보스락 나뭇잎 밟는 소리에는 존재의 허무가 스며있어서 철학적으로 삶을 각성시키는 요소가 있는 것 같다. 나무들은 햇볕이 내리쬐는 시간과 온도, 습도에 따라 잎을 변색시켜 미련 없이 생의 다음 시간으로 넘어간다. 이 무렵은 자연이 순환의 숨을 고르는 시간이며 인간에게는 성찰의 순간이다. 나뭇가지에서 떨어지기 직전의 나뭇잎들은 찰나적 아름다움의 절정에 있다. 오지 않는 사랑에 대해선 미련을 갖지 않고 도래할 시간에 대한 기대로 생을 밀고 가는 나무들만큼

가을 숲길, 나무의 영혼이 색색깔로 드러나는 길.

생을 관조하는 사물이란 찾기가 쉽지 않을 것이다. 나무들이 허물 벗듯 잎을 떨구는 것은 눈에 보이는 현상은 끊임없이 생겼다가 소멸하는 것임을 알기 때문이다. 숲길을 걸으며 색즉시공(色卽是空) 쓰인 가을 숲의 텍스트를 넘겨본다.

    가을 숲은 두고 온 시간이나 잊고 지낸 시간, 잃어버린 시간을 찾아가기 좋다. 빨갛게 물든 단풍과 노랗고 불그스름하게 변해가는 잎을 달고 동화 속 착한 거인처럼 서 있는 나무들은 무슨 말을 하려는 것 같고, 파랗게 드리운 하늘과 땅을 덮은 갈잎의 노래는 돌아오지 못할 시간을 숲에 새기고 있다. 가을이 오면 색색으로 물든 자기의 영혼이 어떻게 빛나는지 보여주는 이 황홀한 광경 앞에서 나는 침묵한다. 잎이 떨어진 자리에 생긴 떨켜는 수분이 빠져나가는 것과 미생물의 침입을 막아준다. 붉게 물든 잎이 지면 나무의 잎자루와 가지가 붙은 곳에 생기는 떨켜처럼 내 몸에도 헤아릴 수 없는 떨켜가 있다. 가만히 삶을 되새겨 보면 존재하기 위해 생긴 상처-떨켜란 얼마나 아름다운 흔적인지, 나무가 들려주는 이 가을의 서정 짙은 형이상학적인 시에 귀를 기울인다. 안개처럼 잘 보이지 않던 인생의 얼굴이 또렷해지고, 쇳덩이처럼 느껴지던 인생의 무게가 깃털만도 못하다는 걸 알게 되는 것도 숲길을 산책할 때다. 나무들은 언제나 그 자리에서 나무다운 얼굴로 살아가고, 꽃을 피우고 열매를 맺는 데 집중한다. 불꽃 튀는 화덕에서 막 꺼낸 시뻘건 쇠붙이를 모루 위에 올려놓고 큰 망치로 두드리는 대장장이처럼 살아가는 나무들은 생존을 위한 투쟁의 시간을 나이테에 기록하며 침묵할 뿐이다. 나무가 저절로 살아갈 리가 없다는 걸 아주 조금씩 깨닫게 되는 숲길은 인생의 지혜를 배우는 교역장이다. 의도하지 않아도 영감을 불러일으키고 바라보는 것만으로 삶

그루터기가 있는 가을 숲길

의 진실을 헤아리게 하는 나무들.

 아르고스의 눈을 찾아서 가을 숲길 깊숙이 걸어갔다.
 가을로 빛나는 숲에는 나를 여러 겹의 눈으로 바라보는 아르고스가 있을 것 같다. 언제부터인지 모르지만, 숲길을 산책할 때면, 숲의 정령이 나타나서 맑은 정신과 순수한 마음을 잃지 않고 살아가는 사람의 영혼에 아르고스의 눈을 심어 줄 것이란 상상을 했다. 삶이 나를 속이고 지치게 하더라도 세상을 아름답게 하려는 꿈을 잃지 않고 살아가는 사람한테는 숲의 나무들이 아르고스의 눈을 빛나게 해 줄 것이란 믿음이 있었다. 비록 그런 상상이 메르헨(Märchen.동화)이나 신화적 언어로서의 뮈토스(Mythos) 세계에서나 가능할지라도 상상의 세계를 즐기며 숲길을 걸었다. 숲은 모든 게 실재였으나, 나에게는 문학적, 예술적, 철학적으로 아르고스의 눈을 가진 이가 볼 수 있는 가상공간 같았다. 숲의 정령은 내게 아르고스의 눈을 심어주진 않았지만, 그 눈이 없더라도 있는 것처럼 숲을 산책했으니 어쩌면 나는 오래전부터 아르고스의 눈을 소유하고 있었는지 모른다. 행여 내가 티끌만 한 아르고스 눈으로 나와 세계와 문학을 볼 수 있는 초현실적인 상상 그 너머 깨어있는 마음을 갖고 있었다면, 그것은 오로지 가을 숲길이 베푼 것이리라.

 부르크하르트 볼프(Burkhardt Wolf)의 『파놉티즘Panoptismus』에 따르면 그리스 신화 속 아르고스(Ἄργος Árgos고대 그리스어. Argus라틴어)는 독일어로 '반짝이는 자(der Schimmernde)' 또는 '모든 것을 보는 자(der Allesseher)'라고 한다. 오비디우스(Ovid)는 아르고스가 온몸에 백 개(혹은 그 이상)의 눈을 가지고 있어서 모든 방향을 볼 수 있었다고 한

흙 위로 드러난 숲길 나무의 또 다른 얼굴.

다. 특히 한 번에 한 쌍의 눈만 잠을 자고 있었기 때문에 잠들면서, 잠들지 않는 괴물이 아르고스였다. 가을 숲길에선 아르고스의 눈이 반짝인다. 그것은 대지의 품에 안긴 노랗고 빨간 나뭇잎일 수 있고, 숲길을 걷는 이에게 "친구, 아르고스의 눈을 갖고 싶지 않은가? 하고 말 건네는 나무들일 수 있고, 적당한 탄력과 보드라운 윤기를 잃지 않는 흙일 수도 있고, 공중으로 날아올라 지저귀는 종다리, 산책자의 상상력을 길어 올려주는 바람일 수도 있을 것이다. 숲의 은둔자처럼 나무들과 새, 꽃, 바위, 길, 벌레, 바람, 눈, 비, 햇빛 그리고 그림자들을 가까이하며 살다 보면, 이곳에서 느껴지는 모든 것은 어느새 아르고스의 눈이 되어 나 자신을 바라보게 한다. 내가 숲에서 배운 것은 누구에게나 아르고스의 눈은 있고, 누구에게도 아르고스의 눈은 없다는 것. 왜냐하면, 숲속의 나무들은 은둔 중인 차라투스트라처럼 우리에게 침묵의 언어를 반짝이곤 사라지기 때문이다. 나무들이 삶의 철학을 느끼게 하는 방식이란 혹한 속에서도 생장을 멈추지 않고 살아가는 법, 여름날의 햇빛을 받으면서 열매를 붉게 익히는 법, 무성한 나뭇잎 사이로도 솔바람이 지나는 통로를 남겨두는 법, 시간의 위대함 앞에서 겸손해지는 법이다.

숲 가장자리에서 빨갛게 익은 청미래덩굴 열매가 늦가을 볕에 빛난다. 이 덩굴나무는 사람들이 잘 다니는 숲속 오솔길이나 시냇가 풀숲에서도 반갑게 만날 수 있다. 봄날 노란색 풀색 꽃이 모여 피고 나면 연초록빛을 띤 열매가 동들 동글하게 맺히는데 숲을 싱그럽게 하는 보슬비라도 내린다면 에메랄드보다 더 청초한 색으로 느껴진다. 여름에 들어서며 진초록색으로 짙어진 열매에 날개 돋친 듯 달린 잎사귀는 감잎처럼 도톰한 데다 윤기까지 흘러 산책자의 몸에서도 그

가을이 오기 전의 싱그러운 청미래덩굴

덩굴 한 잎이 돋을 것만 같다. 초록색 열매를 하나 따서 입에 넣으면 야생의 맑은 기운을 맛볼 수 있어 좋았다. 청미래덩굴 붉은 열매에는 내가 헤아리기 어려운 여름날의 장마와 천둥과 번개가 준 시련, 불볕의 뜨거움을 그 작은 몸으로 받아낸 고통의 시간이 고스란히 들어 있다. 아주 작은 빨간 열매 속에 담긴 거대한 우주를 생각할 때마다, 심장 한구석을 가시로 찌르는 것 같은 전율이 느껴진다.

호기심에 청미래덩굴 열매를 유심히 살피고 있다 보면 길 가던 할머니가 "뻘 건 맹감 이쁘다! 근디 고놈보고 뭐하는당가?"라고 웃으시며 한 말씀 하신다. 산에 지천으로 있는 열매 앞에서 한참 동안 궁리를 하듯 있으니 그러신 것 같다. 전라도에서는 이 덩굴을 '맹감나무', 혹은 '명감나무'라 고 부른다. 경상도에서는 '망개나무'라고 한다는데 충북과 경북 일부서 자란다는 희귀수종인 망개나무와 이름이 같아 혼동한 적도 있다. 예전에 구례 운조루 집 할머니한테 쑥부쟁이 어린 순을 나물로 먹는단 말을 듣고 직접 해 본 적이 있는데, 청미래덩굴 어린잎도 나물로 먹는다고 한다. 다 자란 청미래덩굴 잎사귀로 떡을 싸서 찌면 독특한 맛과 향이 풍긴다. 어린 시절 경복궁 앞에서 물지게 모양의 기다란 막대기를 한쪽 어깨에 메고 다니는 떡장수를 본 적이 있다. 기다란 막대기 앞뒤로는 직사각형 유리 상자 안에 반달 모양 잎에 싸인 떡이 가지런히 있었고, 눈깔사탕만 한 팥 경단이 드러나 있어서 보는 이의 침샘을 자극했다. 작년 여름인가 경복궁 지하도를 걸어가는데 어릴 때 보았던 망개떡 장수가 바닥에 털썩 앉아 쉬고 있었다. '이게 진짜 얼마 만인지!' 사라져버린 줄 알았던 고릿적 떡장수를 21세기 서울 한복판에서 다시 보다니 그렇게 반가울 수가 없었다. 단순히 추억을 되살려주어서가 아니라 오래된 전통이 아직 끊어지지 않았다는 게 가슴을 두근거리게 했다. 모든 게 전광석화처럼 변해가는, 변해야만 한다는, 변하지 않으면 소외당하는 속도 사회라서 안쓰러운 마음에 시 한 구절이 떠올랐다.

> 역사는 아무리
> 더러운 역사라도 좋다
> 진창은 아무리 더러운 진창이라도 좋다
> 나에게 놋주발보다도 더 쨍쨍 울리는 추억이
> 있는 한 인간은 영원하고 사랑도 그렇다
>
> -김수영 시 「거대한 뿌리」 부분

늦가을 해가 뉘엿뉘엿 기우는 해으름녘 서럽게 아름다운 망초꽃

루비 색깔처럼 영롱한
청미래덩굴 새빨간 열매

을 보았다. 들녘, 길가, 산언덕, 철둑길, 계곡, 시냇가 어디에서나 흔하게 볼 수 있는 게 망초꽃이라지만, 아무도 눈길 주지 않는 십일월 숲길에 핀 꽃은 왠지 서럽게 아름다워 보였다. 해거름을 전라도에서는 해으름으로 쓰는데 망초꽃이 핀 숲길 저물녘 분위기에는 해으름이라는 토속어가 더 문학적 은유가 있어 보이고 땅거미가 내려오는 분위기에도 잘 어울리는 것 같았다. 어둑어둑해지는 산골에서 연분홍빛을 띤 흰색 망초꽃은 나를 잊지 말아 달라는 듯 환한 빛을 발한다. 꽃들은 치열한 영역 다툼과 색과 향과 씨앗 퍼뜨리기로 종족을 보존하고 있다. 하루도 거르지 않고 숲길을 산책하는 것은 나무와 꽃과 흙길과 바위를 보며 선한 의지를 배우기 위해서다. 프리드리히 니체(Friedrich Nietzsche, 1844-1900)가 『우상의 황혼 Götzen-Dämmerung』에서 말한 것처럼 "본성을 잃어가는 인간보다 더 추한 것은 없다." 인간적인 미소를 잃지 않고 좀 더 인간적인 마음을 숲에서 배우려 한다. 세상이 각박하고 살기 힘들다하여도 인간적인 미덕을 잃지 않은 사람들이 많은 것은 숲에서 나무들에게서 아름다움을 느끼며 그들처럼 살려는 마음을 갖고 있기 때문이 아닐까.

비가 내린 오후 숲길은 적요했다.
인적 없는 가을 숲은 온전히 나만의 공간으로 변신했고 공기는 상쾌했다. 허공에서 잘 보이지 않던 추상화 같던 빗줄기는 산에 걸리면서부터 나무와 꽃과 풀과 길, 바위에 닿으면서부터 만물을 소생시키는 원소로 변한다. 내가 화가라면 잿빛 하늘에서 무엇을 말하고 싶은지 수도 없이 떨어지는 빗방울의 허무가 검은 산에 막 걸리기 시작하는 풍경을, 숲에 닿아 변화하는 색깔의 빛남을 그리고 싶다. 특히 고불고불한 오솔길 가에 무더기로 자리 잡은 수풀에 맺힌 영롱한 빗방

해으름녘 애련한 모습의 망초꽃

오솔길 가의 수풀 위 빗방울 진주.
시인 김수영에 의해 위대한 「풀」로 거듭난.

울을 포착하고 싶다. 그 많은 이름의 나무들과 별별 예쁜 이름을 가진 꽃들과 달리 풀, 혹은 잡초라는 이름으로 아름답지도 않게 피어 숲을 장식하는 풀 말이다. 풀을 볼 때면 끈질긴 삶의 의지와 강인한 생명력에 탄복한다. 세상 끝 어디가 되더라도 한 줌의 흙만 보이면 종족을 퍼뜨리는 그 무서운 기세를 누가 따를 것인가. 풀은 슬픔마저도 삶의 변증법으로 치환시키며 지금 이 순간에 최선을 다한다. 지난 시간은 안드로메다은하로 간 지 오래고, 도래할 시간은 미지일 뿐 실존이 될 수 없다. "숭고한 것은 오직 현재뿐이다."라고 말하는 풀잎에서 알알이 맺힌 시간의 진주를 보았다.

다시, 가을 햇살 받으며 숲길을 산책하다 보면 어제 보이지 않던 풍경을 볼 수 있다. 숲은 하늘의 색깔, 구름이 흘러가는 모습, 바람의 세기, 나무와 꽃들의 흔들림, 햇빛의 반짝임, 아침 한낮 오후 저물녘 풍경, 봄 숲에서 겨울 숲으로 진행되는 시간의 무늬 따라 비와 천둥, 폭설에 따른 숲의 얼굴은 한순간도 같은 적이 없다. 그러나 변화하는 자연계 속에서도 뿌리 깊은 중심으로 산처럼 살기! 나무처럼 살기! 꽃처럼 살기! 무게 중심 깊은 바위처럼 살기, 산짐승 벌레 새들, 그리고 사람까지 이 모든 것들이 함께 숨 쉴 수 있는 숲처럼 살기! 를 나는 지금 배우는 중이다. 가을 숲은 그림자에 숨어 있던 또 다른 내가 나와 길을 함께 걸어간다. 스스로 질문하면 그림자가 대답하고, 햇빛 한쪽에 비켜선 그림자가 물어보면 내가 답을 하는 두 겹의 발자국 따라 걸어가는 길. 나무들의 생존방식이 경이로운 것은 햇빛을 숭배하면서도 그늘을 만든다는 사실이다. 나는 햇빛을 따라 걸었지만, 그림자가 나보다 앞서 걷거나, 비스듬히 혹은 뒤 쳐져 따르거나 하며 동행한다는 것을 새삼스레 깨닫는다. 혼자가 아니라 항상 누군가 함께 있다

나의 또 다른 내가 몸에서 나와 햇빛 옆에 그림자를 만들었다.
나무 그림자 내 옆에서 서서 이야기 나누는 가을 숲은 아르고스의 눈이 바라보는 사색의 길이다.

는 사실 말이다. 도시에서는 내 그림자를 만날 겨를이 없었는데 숲에 오니 나의 또 다른 존재가 보인다. 가던 길을 잠시 멈추고 있으니 나무 그림자 옆에 내 그림자도 함께 서 있다. 빛의 시간 말고 그늘이 있는 오후는 한결 더 웅숭깊다.

해거름 녘 나무에 앉은 역광 속의 새는
헤테로토피아로 가고 있다

-미셸 푸코의 낯선 유토피아

    새는 지금 헤테로토피아로 가는 중이다.

    숲길을 산책하다 보면 가끔 낯선 별, 혹은 낯선 세계에 불시착한 게 아닐까 하는 생각이 들 때가 있다. 해거름 녘, 감빛으로 물드는 나무에 앉아 세상을 바라보는 역광의 새를 볼 때가 그랬다. 새는 불그스레 물드는 먼 하늘을 바라보고 있었다. 새는 어딘가에 두고 온 그리움을 헤아리는 중일까, 땅거미가 내리기 전에 돌아갈 곳을 생각하는 중일까. 검붉은 시간을 응시 중인 새와 그 풍경을 물끄러미 쳐다보는 나 사이에는 아름다움이 스쳐 가고 있었다. 해 저무는 숲에는 우리가 아직 찾지 못한 비경이 나무와 새 사이, 길과 꽃 사이, 스러지는 빛과 일어서는 어둠 사이 숨어있을 텐데 찾을 수가 없다. 월든 호숫가에 오두막을 짓고 살았던 소로가 자연의 다양한 모습을 보기 위해 밤 산책을 즐겼다는 것과 달빛 속을 거닐며 깊은 감동을 받았다는 사실은 미지의 길을 걷는 탐험가처럼 마음을 설레게 한다. 소로처럼 숲속 호숫가에 오두막을 짓기는 쉽지 않겠으나 밤 산책과 달빛 속을 걷기는 해보고 싶다.

해거름 물드는 나무에 앉은
역광 속의 새

조금 더 높고 먼 곳을
바라보는 새

　서녘 하늘이 곱게 물들고 있었다. 이즈음 나무들은 내면에서 붉은 등을 켠다. 어둠보다 먼저 어둠을 감지하는데 익숙한 나무들은 해상박명종(海上薄明終.EENT), 즉 일몰 시부터 48분 후까지의 시간, 가장 어둡다는 이 무렵 안쪽에서 등을 켜는 것이다. 나무들의 바깥은 어둠에 물들지만 안은 차마 잠들 수 없는 혼의 불을 밝힌다. 이 순간, 새가 날아온 것이다. 새는 나뭇가지 사이 등을 돌리고 앉아 해거름 녘 먼 곳을 바라보고 있었다. 새는 생각에 잠긴 듯 노을 저 바깥을 물끄러미 보고 있었다. 어지럽게 얽힌 나뭇가지 사이에서 박제된 모습으로 굳어버린 것 같은 새가 나의 분신처럼 여겨졌다. 세상 바깥 어딘가로 가고 싶지만 갈 수 없는 새의 처지가 나 같다는 생각이 들었다.

유토피아(Utopia)가 사람의 상상 속에만 존재하는 완벽한 혹은 이상적인 세계라면, 헤테로토피아(Les Heterotopies)는 현실에 존재하면서도 현실 바깥에 있는 세계다. 우리 안의 낙원이라고 할까, 우리가 머무는 공간 어딘가에 있을지 모를 낯설면서 낯설지 않은 장소라고 해야 할까. 노을 지는 나뭇가지가 새에게는 헤테로토피아일지도 모른다. 미셸 푸코는 "현실에 존재하는 장소이면서도 그 밖의 다른 온갖 장소들에 대해 '이의제기'를 하고 그것들을 전도시키는 장소, 말하자면 실제로 위치를 갖지만 모든 장소의 바깥에 있는, 일종의 '현실화한 유토피아'"가 헤테로토피아라고 했다. 그의 말에 따르면 "다락방, 인디언 텐트, 목요일 오후 엄마 아빠의 침대, 거울, 도서관, 묘지, 휴양촌……" 등이 우리 안의 깊숙한 곳에 위치한 헤테로토피아다. 우리의 감성적 밀도를 높여 경이로움, 아름다움, 낯섦, 이름 모를 공포, 숭고, 취향 등을 불러일으키는 장소가 현실화 된 유토피아로서의 헤테로토피아는 아닐까 하는 생각이 들었다. 시간에 의해, 기억에 의해 부식되지 않고 시간과 기억 바깥에서 우리를, 새를 유혹하는 바로 그곳.

시간에 의해 붉게 물드는 세상 바깥이 새의 헤테로토피아라면, 노을 속 나뭇가지에 앉아 그리움 짙은 이미지를 보이는 새가 있는 풍경이 나에게는 헤테로토피아다. 무지개 너머 있을 것 같은 헤테로토피아를 숲에서 만난 오늘, 지금 이곳이 바로 현실화한 유토피아, 즉 헤테로토피아라는 생각이 들었다. 새가 나를 그곳으로 인도한다. 영화 속 <오즈의 마법사 The Wizard of Oz>(1939)에서 주인공 도로시 역을 맡았던 주디 갈랜드가 불렀던 <Over the rainbow>를 새에게 들려주고 싶어졌다. "Somewhere over the rainbow, way up high/…/And the dreams that you dare to dream really do come true·어딘가 무지개 너머, 아주 높은 곳에…그리고 감히 꿈꾸는 그 꿈들이 정말로 이루어져요."라는 노래를. 새에게 들려주며 말하고 싶은 게 있다. "묵상하듯 노을 속에 물들어가는 역광 속의 친구여! 멜랑콜리 하게 앉아 먼 곳만 동경하지 말기를. 날개를 펴고 날아오를 수 있는 지금 여기가 어쩌면 헤테로토피아인지도 모르니까."

야생화의 위로,
쇼펜하우어와 꽃

   겨울 대지는 씨앗을 품어 따뜻했다.
   이른 봄은 저만치 다가와서도 추위 그늘에 웅크린 채 더딘 걸음이었고. 바람 할미의 심술인지 삼월에도 가게 간판이 덜컹거렸으며 난초가 얼기도 했다. 거리에는 여전히 털목도리를 두르고 벙어리 장갑을 낀 사람들이 보였지만, 햇살이 한 뼘 더 길어질 때마다 씨앗 속의 시계는 시한폭탄처럼 꽃씨를 폭발시킬 마음에 팽팽해져 갔다. 눈과 얼음으로 뒤덮인 겨울 왕국은 함락이 불가능해 보였지만 균열이 일어나는 것은 거대한 힘이 아니었다. 풀잎을 스치는 부드러운 바람 한 줄기만으로도 눈의 요새는 흔들렸고 잠든 씨앗이 싹을 틔운 실오라기 같은 연둣빛 새순으로 하여 꽁꽁 언 땅은 풀려갔다. 대지에 머무는 해의 긴 꼬리가 처마 끝에서 창문을 열고 방안 깊숙이 들이쳤고, 달은 둥그스름하게 부풀어 올랐으며, 별은 우듬지에 빛나는 시간이 미투리처럼 짧았다. 뒷산에 사는 찌르레기도 동틀 무렵이면 첫 비상의 날개를 펴 모이를 찾았고 쪼로롱 또로롱 노래하는 방울새 소리도 좀 더 오래 들을 수 있었다. 언덕에서 흔들리는 아지랑이를 보는 날이면 마

광대나물꽃

음 깊은 곳에서도 미세한 떨림이 감지되곤 했는데, 버려진 것 같은 잿빛 들녘에서 무엇인가, 무수한 것들이 꼼지락거리는 게 느껴졌다.

대지에 햇살처럼 찾아온 봄의 언어가 땅에서 움트는 게 아닌가.

광대나물꽃과 별꽃과 봄맞이꽃, 주름잎꽃, 금창초, 참꽃마리 등은 어디서든 볼 수 있지만, 어디서든 보이지 않는다. 들녘으로 가면 지천으로 자라는 게 꽃이지만, 이 꽃들은 워낙 작아서 마음으로 보아야 한다. 첫사랑의 순정 같은 별꽃은 처음 본 게 3월 8일이니 아마도 2월 말이나 3월 초에는 이미 꽃이 피기 시작했을 것이다. 깨알만 한 흰 점들이 군집을 이루어 핀 별꽃은 우리 모르게, 우리 곁으로 온 별의 영혼처럼 빛나고 있다. 아름다운 것들은 말없이 자기만의 세계를 창조 중이다. 별꽃 말고도 봄맞이꽃, 주름잎꽃, 금창초꽃, 참꽃마리 등 야생에서 우리 모르게 피었다 지는 생명은 꽃들의 영혼이 저마다의 모습으로 착색된 것처럼 보인다. 지상에 내려온 순결한 별의 모습을 한 별꽃의 흰색은, 연초록 잎과 부스스한 나뭇잎, 아직 윤이 나지 않는 흙 사이에서 광휘로운 빛을 내고 있다. 특히 풀밭 어디서든 융단을 깐 것 같은 별꽃들을 보면 빛의 잔치에 가슴이 벅차오르는 희열을 느끼곤 한다. 행복은 무지개 너머 있는 게 아니라 발밑, 흙을 딛고 선 자리에 있다는 사실을 알게 해주는 것은 새봄의 별꽃이다. 산과 들뿐만 아니라 작은 뙈기밭이나 흙 한 줌만 있는 곳이면 야생화 씨앗은 뿌리를 내려 꽃을 피우길 주저하지 않는다. 태양만 비추고 공기가 춤추고 물기가 있는 곳이라면 어디서든 살 수 있다는 야생화 씨앗들은 흙 한 톨에도 경의를 보내며 생존하려는 의지로 몸을 섞는다. 어디서든 자연을 탓하지 않는 친화력으로 야생화들은 꽃을 피운다.

이른 봄 바위에 기대 핀 별꽃

무리 지어 핀 별꽃

야생화들은 한시라도 삶의 투쟁을 멈춘 적이 없다. 한 발자국이라도 영토를 늘려 종족을 번식하려고 애를 쓴다. 싹을 틔워 꽃을 피우고 씨앗을 퍼뜨리는 원초성은 무엇일까 생각해 본다. 꿈일 수도 있겠고 희망일 수도 있겠지만, 야생화가 삶을 밀고 가는 힘은 아마도 '의지'가 아닐까.

쇼펜하우어도 "삶의 의지는 모든 생물의 가장 내적인 핵심이다"라고 말하지 않았던가. 해를 향해 뻗어 오르던 거대한 줄기가 잘려나간 그루터기도 존재 의지로 새순을 밀어 올리고, 딱딱한 씨앗의 껍질을 뚫고 나오려는 탯줄 같은 연둣빛 새싹은 가장 순도 높은 생의 의지로 충만해 있다. 『의지와 표상으로서의 세계 Die Welt als Wille und Vorstellung』로 잘 알려진 철학자 쇼펜하우어가 어느 날 들꽃을 발견하고 그것의 아름다움과 모든 부분의 완벽함에 놀라워하며 소리쳤다.

"이 꽃 속의 모든 것이, 이와 같은 수많은 것이 아무런 주목도 받지 못하고, 때로는 누구의 눈에 띄지도 않은 채 화려하게 피어 있다가 시들어버리지."

쇼펜하우어는 안타까운 마음에 한참 동안 꽃을 보다가 발길을 돌리려 했다. 그러자 꽃이 철학자를 비웃기라도 하듯 말했다.

"이 바보 같으니! 내가 남들에게 보이려고 꽃이 핀다고 생각하느냐? 다른 자를 위해서가 아니라 나를 위해서 꽃이 피는 거야. 내 마음에 들기 때문에 꽃이 피는 거야. 나의 즐거움과 나의 기쁨은 꽃이 핀다는 데에, 내가 존재한다는 데에 있어."

꽃은 철학자에게 삶의 논리학을 강의하듯 하늘과 바람과 산과 강 이야기를 들려주었다. 실바람이 철학자와 꽃 곁에 머물기도 했고, 햇빛이 윤기 나는 들녘 향기를 싣고 오기도 했다. 철학자와 꽃 사이에 침묵의 대화가 일어나고 있었다. 꽃이 쇼펜하우어에게 한 마지막 말

무등산 수만리 산기슭에 핀 참꽃마리

무등산 수만리 바위 곁에 핀 참꽃마리

은 무엇이었을까? 철학자의 말보다 꽃의 말이 더 궁금해졌다. 철학자는 세계를 진리 인식으로 파악하지만, 꽃은 실존 의지로 돌파하기 때문에 꽃의 말이 더 듣고 싶었다. 형이상학적인 논증으로 세계를 인식한다는 건 철학자의 몫이다. 마침내 꽃이 쇼펜하우어와 헤어지며 마지막 말을 했다.

"이히 빈 이히(Ich bin Ich), 나는 나다!"

'의지'를 '세계'에 '표상'하는 것이 인생이라고 말하던 쇼펜하우어는 꽃의 말을 듣고서 무슨 생각에 잠겼을까. 중학교 1학년 까까머리 시절에 쇼펜하우어의 『의지와 표상으로서의 세계』와 알베르 카뮈의 『이방인』과 춘원 이광수의 『사랑』, 괴테의 『젊은 베르테르의 슬픔』 등을 읽었었다. 쇼펜하우어 책을 보았던 것은 여섯 살 때 영원한 세상으로 떠나가신 서른 살 어머니에 대한 그리움을 극복하기 위한 철학적 호기심이었고, 카뮈 책은 젊고 패기만만하시던 오두범 국어 선생님의 권유 때문이었고, 춘원과 괴테의 책은 사춘기의 통과의례로 읽었다. 철학과 문학에 흥미가 많던 나에게 쇼펜하우어의 『의지와 표상으로서의 세계』는 신세계였다. 특히 책을 펼치면 나타나던 첫 문장, "세계는 나의 표상이다."는 풋풋한 청춘의 장막에 드리운 염세주의적 번민을 고귀한 곳으로 인도하는 것 같았다. 쇼펜하우어를 어른이 되어 다시 보다가 철학자와 꽃이 나눈 대화 앞에서 묘한 카타르시스를 느꼈다. 철학자도 꽃의 무언가(無言歌) 같은 예지의 말을 당해내지 못하니 말이다. 먼 길을 돌아와 다시 쇼펜하우어를 만난 것이 야생화 때문인 것을 생각하면 조금 낯설기도 하지만 철학자에게 삶의 지혜를 전해준 꽃의 말은 상상이 메마른 불임의 시간에 생각의 씨앗을 심어주었다.

무등산 금창초꽃

꽃이 철학자에게 한 말을 곰곰이 되새겨본다.

쇼펜하우어가 말한 '삶에의 의지(der Wille zum Leben)'를 꽃은 "나의 즐거움과 나의 기쁨은 꽃이 핀다는 데에, 내가 존재한다는 데에 있어."라고 말하고 있다. 꽃의 이 멋진 말을 쇼펜하우어 적으로 말하면, "의지가 없으면 표상도 세계도 없다"일 것이리라. 야생화 씨앗의 의지가 어둠 속 불확실한 세계를 벗어나 엄혹한 시간을 뚫고 나와 마침내 꽃을 피우고 있다. 갓난아기 새끼손톱보다 작은 야생화들은 눈에 잘 보이지도 않지만, 일상의 삶에 휘둘려 살아가는 사람들 역시 이름조차 모를 야생화들에 관심 두기가 쉽지 않다. 꽃들은 언제나 계절을

화순 주름잎꽃

주름잎꽃에 민들레 홀씨가 날아와 앉았다

무등산 봄맞이꽃

무등산 봄맞이꽃과 연한 하늘색 참꽃마리와 보랏빛 금창초꽃이 한데 어울려 사이좋게 피었다.

순환하며 오고 가기 때문에 늘 그 자리에서 피고 질 것이라 여기기 때문이다. 하지만 꽃은 오직 지금 이 순간만을 위해 존재하는 것이며 두 번은 없다. 도시를 걸어가다가도 보도블록 틈이나 건물 시멘트와 아스팔트 사이 미세한 공간을 뚫고 나와 꽃을 피운 야생화를 보면, 흙 한 숟가락 있는 곳이라면 어디든 가리지 않고 작은 꽃을 피운 야생화를 보면, 삶의 신비와 경이로움을 느낀다. 가던 길을 멈춘 채 앙증맞은 꽃을 만져보고 감탄을 하는 것은 생명의 환희를 느끼기 때문이다. 야생화라고 해서 쉽게 세상에 나올 리 없고 이유 없이 세상 여행을 할 리가 없다. 씨앗으로 존재하며 우리가 잘 알지 못하는 위대한 투쟁을 거쳐, 어쩌면 우리의 상상이 미치지 못하는 우주를 한 바퀴 돌아, 세상에 온 것인지도 모른다.

<작가와 함께하는 나를 성장시키는 글쓰기> 강의를 마치면 수업을 듣는 사람들과 함께 들르는 곳이 있다. 오래된 가정집을 수리한 소박한 공간인데 카페 이름이 '아기 코끼리 다리를 건너다'이다. 동화 속 숲에서 외나무다리를 앞에 두고 잠시 고민에 빠진 아기 코끼리 생각도 나고, 다리를 건넌 아기 코끼리가 숲을 지나 새로운 세계로 모험을 떠날 것 같기도 한 카페는 동네 골목을 몇 개 지나야 마주친다. 시나몬 가루를 눈송이처럼 소복이 뿌려주는 카푸치노 커피 맛이란 사물이나 추억에 대한 노스탤지어를 느끼게 할 만큼 깊고 그윽하다. 파두 선율 구슬프게 들리는 리스본 선창가의 낡은 카페에서 음미하는 커피도 이국적이겠지만, 아기 코끼리 생각나는 카페에선 예가체프 고원의 햇볕과 바람 냄새가 커피 향에 스며들어 낯선 그리움이 느껴졌다. '아코다' 카페에서 우리가 앉는 자리는 긴 탁자가 놓인 곳이다. 탁자 위에는 언제나 싱싱한 꽃다발이 든 꽃병이 놓여있고, 커피 잔향

'아기 코끼리 다리를 건너다' 카페 창밖 광나무

타르코프스키의 영화 <거울>의 한 장면

나무 새 꽃, 느림의 미학

같은 음악은 맑은 시냇물처럼 다가와 마음속으로 스며든다. 탁자 앞에 앉으면 직사각형의 큰 창이 눈에 들어오는데 창밖에는 광나무 한 그루가 사계절 싱그럽게 서 있다. 흰 페인트칠해진 건물과 건물 사이 서 있는 나무는 징검다리를 건너온 초록빛 아기 코끼리가 햇빛을 받고 있는 모습 같다.

이 나무를 볼 때마다 안드레이 타르코프스키(Andrei Tarkowski)의 영화 <거울Der Spiegel. 1975> 속 한 장면을 보는 것 같아서 신선한 영감을 받곤 한다. 대사가 거의 없거나, 아예 없는 긴 장면들이 몽환적이고 초현실적으로 펼쳐지는 영화 속, 무의식의 흐름 한 장면이 유리창 밖 나무에 겹쳐진다. 분홍빛 노을 물드는 들녘의 나무와 지평선을 바라보는 영화 속 여자는 "말로는 사람의 감정을 제대로 표현할 수 없습니다. (Words can't really express a person's emotions)" 말하는데, 창밖 나무도 그렇게 말할 것 같았다. "말로는 나무의 감정을 제대로 표현할 수 없습니다." 봄 햇살 가득 받으며 서 있는 나무가 나에게 건넨 말이다. 카페 창밖 나무는 사물로서의 나무가 아니라 눈과 마음을 열어주는, 지각을 현상해주는 철학적 나무이다.

창밖 나무를 보며 강의실에서 못다 한 문학 이야기를 주로 하지만, 어제는 이른 봄부터 피기 시작한 야생화로 대화의 꽃을 피웠다. 나는 이른 봄 무등산자락과 화순, 담양, 고서, 우리 동네에서 만났던 광대나물꽃, 별꽃, 참꽃마리, 금창초, 주름잎꽃, 봄맞이꽃, 개불알풀꽃, 괭이밥, 긴병꽃풀 등 들녘에서 별처럼 반짝이는 야생화 사진을 보여주며 꽃 이야기를 했다. 사람들은 야생화를 가까이 두고도 무척 놀라는 표정을 지었다. 우리는 보석상자보다 더 귀한 야생화로 마법의 문을 열며, 정현종 시인의 「모든 순간이 꽃봉오리인 것을」, 문태준 시인의

오래전, 식영정에 오르던 선비들이 있었을 것이다. 노을 지는 풍경을 바라보다,
서책을 넘기며 세상의 도와 사람의 덕을 구하려던 의를 품은 선비도 보았을 식영정 오르는 돌 가에 핀 제비꽃.

흰제비꽃   무등산자락 제비꽃

개불알풀꽃   송알송알 피고 있는 개불알풀꽃

「산수유나무의 농사」와 이진명 시인의 「봄날」 시에 관한 이야기로 시간 가는 줄 몰랐다. 사물로서의 야생화란 얼마나 문학적이고 예술적인 삶을 살고 있는지!

<우리는 어디서 왔는가? 우리는 누구인가? 우리는 어디로 가는가? (Woher kommen wir? Wer sind wir? Wohin gehen wir?)>는 미술사에서 가장 철학적인 명제를 가진 폴 고갱의 그림 제목이다. 보도블록 틈에서, 집 주변, 산과 들, 강가에 핀 들꽃은 우리에게 무엇일까? 하는 생각이 들 때가 있다. 3월로 접어들면서 동네 길가나 밭에 핀 긴병꽃풀, 개불알풀꽃, 씀바귀, 피나물꽃, 괭이밥…… 초등학교 때 식물도감에서 본 것 같은 야생화들을 만나면 정겨운 마음에 얼굴이 밝아진다. 어느

봉오리 맺힌 긴병꽃풀 　　　　　　　　　아스팔트와 시멘트 틈, 불모지대에 핀 괭이밥

씀바귀 　　　　　　　　　　　　　　　피나물꽃

나무 새 꽃, 느림의 미학

고서 식영정 바위에 핀 이끼

새 그 막막한 시간을 깨고 나왔
는지, 어떻게 그 작은 몸으로 세
상을 환하게 할 수 있는지, 꽃 하
나하나 볼 때마다, 꽃의 우주구
나! 하는 생각을 한다. 야생에서
삶에 대한 뜨거운 열망으로 새순
을 밀어 올려, 마침내 꽃을 피우
고야 마는 생명의 의지란 희망을
만들어 가야만 하는 꽃의 숙명
때문이라고 믿고 있다.

피나물꽃

꽃이라고 의미 없이 세상을 다
녀가는 건 아닐 텐데…… 그런 생
각을 하다 보면 고갱의 명제를 변
주해, 들꽃은 어디서 왔는가? 들꽃은 무엇인가? 들꽃은 어디로 가는가?
(Woher kommen Feldblume? Wer sind Feldblume? Wohin gehen Feldblume?)
라는 조금 엉뚱한 질문을 하며 동화적 상상 혹은 초현실적 동경을 할
때가 있다. 예술적인 명제를 비틀어 야생화나 나무 같은 사물을 내 안
의 거울에 비쳐 예술적인 '것'으로 재생산하는, 키치 적일지도 모르는
유희는 문학의 대상을 낯설게 만들어 가는 재미일지도 모른다. 꽃과
나무 주위를 배회하다 보면 심미적인 영감을 받을 때가 있다. 그 순간
이란, 나에게 아름다움이 오는 때다.

야생화가 사람들처럼 살아가는 것 같다고 생각할 때가 있다. 색깔
과 향기, 생김새, 쓰임새가 저마다 다른 식물들은 세상에서 가장 강
인한 유기적 생명체로 사람의 또 다른 생을 살고 있다. 사람이 지상

에 살기 훨씬 전부터 자신들만의 영토에서 종족을 번식하며 살아가는 모습은 희망이란 얼마나 아름다운지 사람에게 보여주는 것 같다. 겨울이 물러가기 전의 빈 들에서, 공터에서, 쓰레기 더미에서, 존재할 수 없다고 여겨지는 바위에서, 아스팔트와 시멘트벽이 맞물려 공기만 겨우 빠져나갈 것 같은 보이지 않는 틈에서, 세상의 모든 사이에서 야생화는 살고 있다. 무엇 때문에 살아갈까, 야생화는? 해마다, 다시 돌아오는 계절마다 화두처럼 생각에 잠길 때면, 야생화의 힘이란 알아듣기 힘든 외침일 수 있고, 우레 같은 각성일 수 있고, 어둠을 여는 빛일 수 있지만, 그 무엇보다도 원초적 대지에서 솟아나는 희망이라고 믿고 싶다. 야생화에 내재한 희망이란 사람의 의식 밖에 있는 인식 불가능한 '물자체(Ding an sich, 物自體)'로, 다만 나는 감관미(感官美)를 통해 현상만을 짚어볼 뿐이다.

  소멸하지 않는 야생화의 희망을 나는 생각한다.

숲의 빈집 벽을 타오르는
달팽이의 명상

달팽이에게 벽은 거대한 세계다.

풀잎을 갉아 먹고, 수풀 사이를 여행하고, 안개 낀 나무 오솔길 지나 새벽이슬 맞으며 별을 뭉근히 바라보면서, 봄비 내린 숲길 따라 무지개를 찾아가는 달팽이들은 정해진 틀에서 살아간다. 어른 키보다 높은 벽을 오르는 달팽이를 보았다. 숲에는 오래된 빈집이 있었는데 벽 아래 싱싱한 풀을 갉아 먹던 달팽이 한 마리가 벽을 오르기 시작했다.

벽을 오른다는 것은 달팽이에게 작은 우주의 문을 여는 것만큼이나 어려운 일이라는 생각이 들었다. 시간의 풍상에 닳아 살점이 떨어져 나가고 금 간 벽은 표면 밀착력이 탁월한 달팽이에게도 쉽지 않아 보였다. 엄지손톱만 한 몸으로 중력을 이기고 수직으로 상승하려는 달팽이에게 타고 넘어야 할 벽은 대체 어떤 의미일까?

한나절 가까이 벽 앞에 서서 달팽이를 지켜보았는데 달팽이는 쉬지도 않고 수평으로 이동하다가 수직으로 벽을 오르기도 하고, 어떤 때는 대각선으로 방향을 틀어 가기도 했다. 벽을 오르는 데는 달팽이

벽에서 꿈을 꾸는 달팽이.

만의 법칙이 있는 것 같았다. 금이 심하게 가 협곡처럼 보이는 곳에서도 장애물을 피하기보다는 거침없이 제 갈 길을 갔다. 직선으로 벽을 오르는 게 힘들게 느껴질 때면 수평으로 이동하며 숨을 고르고, 뭉툭한 곳에서는 잠시 쉬어가기도 했으며, 벽의 매끄러운 감촉이 느껴지는 곳은 빠른 속도로 벽을 오르는 지혜를 보여주었다. 시간의 풍상을 견디지 못하고 벽의 살점이 떨어져 나가 요철이 생긴 곳이나 큰 웅덩이 같은 벽의 구멍 앞에서 달팽이는 더듬이를 길게 늘어뜨리고 촉수에 전해지는 감각으로 그 어려운 험지에 길을 냈다.

달팽이는 더듬이 밑에 두 개의 눈을 갖고 있는데 사물을 구별하는 눈이 아니라 빛의 유무와 감도를 인식하는, 명암을 구별하는데 특화된 눈이다. 색상 인식도 어려울 텐데, 좁은 시야로 물체를 보기도 힘들 텐데, 오로지 빛의 변화만을 감지해 위험을 파악하며 살아가는 달팽이의 생존전략이 놀라웠다. 시각 대신 촉각과 후각이 발달 되어 있어 주변을 탐색할 수 있다고 하지만, 사방이 적으로 둘러싸인 야생에서 살아간다는 건 두려운 일이며, 움직임도 느려서 딱정벌레, 새, 고슴도치, 개미 같은 천적들로부터 자신을 보호하기란 쉽지 않다.

초록 잎 세상에서 꿈을 꾸던 달팽이는 먼 방랑의 길에 나섰다.

거친 표면과 틈을 타 넘으며 벽을 오르는 달팽이

배를 발로 사용하여 온몸을 밀면서 벽을 오르는 달팽이가 돌틈 사이를 건너가고 있다

길을 찾는다는 것은 무엇일까. 먼 곳을 볼 수 있는 좋은 시력의 눈이 있다고, 지각이 뛰어나다고, 달팽이 보다 걷는 속도가 빠르다고, 삶의 길을 잘 찾는 것은 아닌 것 같았다. 달팽이만의 속도와 달팽이만의 삶의 방식으로 살아가는 것이 중요함을 달팽이는 보여준다.

달팽이들의 유희!

수풀 밑 벽의 다른 곳에는 또 다른 달팽이 무리가 있었다. 달팽이들은 무슨 생각을 하는지 벽에 붙어 꼼짝 않기도 했다. 어쩌면 면벽 수도하는 선승처럼 자기 앞의 생을 숙고할지도 모른다는 생각이 들었다. 달팽이들은 인간보다 더 오래된 삶의 역사를 갖고 있다. 그러나 누

풀잎을 갉아 먹으며
살을 찌우는 것을 즐기는
달팽이와
꿈을 찾아 방랑 길에
오르는 달팽이도
있을 것 같다.

누군가를 공격할 힘과 속도를 갖고 있지도 않고, 껍질 속에 숨는 것 외엔 특별한 방어 능력도 없으면서 장구한 시간 동안 살아남을 수 있는 비결이 무엇일지 궁금했다. 벽을 기어오르는 달팽이, 풀잎에 붙어 있는 달팽이, 어디론가 가고 있는 달팽이를 무심히 쳐다보고 있으면 그중 하나가 말을 하는 것 같았다. "지구에서 인간보다 더 오랜 세월 존재할 수 있는 비결 같은 건 없어. 자연 속에서 다른 생명체들과 함께 살아가는 것밖에는!" 잎을 갉아 먹으면서 느릿느릿 달팽이가 길을 찾고 있다.

　달팽이가 잎을 갉아 먹는 모습을 보기도 하고, 손끝으로 살며시 아주 살며시 달팽이 껍데기를 쓰다듬기도 했는데, 그럴 때면 촉감을 느낀 달팽이는 부드러운 몸을 껍데기 속으로 쓰윽 집어넣은 뒤, 죽은 듯

벽을 타오르는 달팽이는 주저 없이 존재론을 쓰는 중이다

가만히 있더니, 살그머니 더듬이를 내밀어 무엇인가 탐지하려고 했다. "나는 아주 먼 곳 파란 별에서 왔어. 네 친구가 되고 싶어서 말이야." 하고 말하면서 다시 한번 달팽이 껍데기를 애정 어린 손끝으로 쓰다듬었다. 낯선 두 개체가 친구가 되려면 조금 더 시간이 필요했다. 산들바람을 타고 멀리 강둑에서 불어오는 라일락 꽃향기가 났다. 라일락 향에 말을 실어 보내며 진심이 전해지기를 기다렸다. 달팽이도 꽃 향기를 맡았는지 더듬이를 움직이는 게 어떤 말을 내게 하는 것 같았다. 나와 달팽이 사이에는 무언가(無言歌) 같은 선율의 말, 해독되기 어렵지만 해독하기 불가능한 것은 아닌, 따뜻한 신호가 오갔다. 언어와 언어 사이에서 라일락 향기가 피어올랐다. 나의 말이 달팽이에게 촉촉한 윤기가 되기를 소망했다.

달팽이는 지금도 벽을 오르고 있을 것이다.
저만치 벽을 오르다 별이 뜨면 이름 모를 그리움에 잠이 들고, 새벽 이슬 내리면 물빛에 눈을 뜨고 싱싱한 풀잎 갉아 먹으며 다시 먼 길을 떠날 것이다. 달팽이 무리에서 떨어져 나와 험난한 여행길에 오른 달팽이를 생각한다. 벽을 타오른다는 것은 무엇일까? 잎이나 갉아 먹으며 풀숲 덤불에서 살아야 할 운명을 타고난 달팽이가 벽을 타오른다는 것은 삶의 각성이 아닐까. 세상을 조금 낯설게 보고 싶다는 호기심, 생을 조금 더 밀고 나가기 위하여 모험하려는 정신의 반짝임은 아닐까.
소설 지나 흰 눈이 내리면 돌 틈 작은 동굴에서, 혹은 낙엽 덮인 수풀 사이에서 깊은 잠에 들 달팽이를 생각한다. 눈 속에 노란 복수초가 피거나, 꽃에서 은방울 소리가 날 것 같은 설강화 향기가 날 때면 봄 꿈을 꾸고 있을 달팽이를 생각한다.

검은 숲, 검은 나무, 검은 엘레지와 카지미르 말레비치의 <검은 사각형>, 무대상의 세계

숯검정으로 새까맣게 탄 검은 소나무 앞에서 나무라는 대상이 보이지 않았다.

검은 나무를 올려다보긴 하는데 아무것도 보이지 않는 것은 절망 때문일까, 비애 때문일까, 아무 말도 할 수 없었다. 십 년 넘게 지켜보며 다닌 숲길 두 갈래 오솔길 앞에 선 거대한 소나무는 숲에서도 정신적인 지주목처럼 숲의 우주를 떠받치고 있었다. 눈보라 속에서도 늘 푸르게 자기를 만들어간다는 것은 '제 빛깔을 잃지 않는 것이지'라면서, 나에게 잠들지 말고 깨어있으라던 소나무를 보는 것만으로도 의미 있는 나날이었다. 나의 디오게네스 나무로 삼을 만큼 올곧게 마음의 중심을 잡아주는 친구였다. 소나무를 지나면 얼마 못 가서 산 감나무 한 그루가 있고, 활처럼 휘어지는 오솔길은 내면으로 가는 길이란 이렇게 에둘러 돌아가는 것임을 느끼게 했다. 이 숲에서 가장 아름다운 곳이라 할 수 있는 길에는 나무들을 보며 잠시 사색을 즐길 수 있는 바위 하나 동그마니 놓여 있고 그 뒤로 다시 두 갈래 길이 이어진다. 아카시아 꽃잎이 뒤덮여 차마 그 길을 가지 못하고 오랫동안 풍

산불에 탄 소나무는 검은 침묵으로 우뚝 솟은 채 새봄을 기다리고 있다.
새까맣게 타서 껍질마저 다 떨어져나간 우듬지에도 연둣빛 새순이 올라올지.
살아있는 나무의 속살을, 그을음이 화인처럼 찍힌 나무의 알몸을 처음 보았다.

시꺼멓게 불탄 껍질은
떨어지고 나무의 뽀얀
속살마저 검게 그을렸다

경만 바라보는 황홀함에 눈물 한 방울이 핑 돌기도 했다. 산불로 인해 살점이 거의 다 떨어져 나가기 전의 거인 같은 소나무는 숲의, 내 마음의 로만틱 가도(Romantische Straße)의 출발지이고 일상을 탈출하여 낭만적인 꿈(Romantische Träumereien)에 젖을 수 있는 기착지였다.

나무는 신화적인 언어로서의 뮈토스(Mythos)적인 존재다. 저 홀로 있는 자가 아니라 언제나 사람들의 신화 속에 존재하는 공동체로 인간보다 더 인간적인 존재다. 나무들은 시간의 풍상 속에서도 올곧게 외길을 걷는 사람처럼 서 있고, 까마득한 절벽 가장자리에서는 구불구불한 자세로 자연과 어울리며 살아가고, 폭염에도 누군가를 위

해 그늘을 만들어준다. 엄혹한 겨울을 이겨내고 꽃을 피우고야 마는 매화나무의 고절한 정신과 때가 되면 아낌없이 잎을 떨굴 줄 아는 무아의 미학이란, 나무가 우리를 인간적인 오디세이로 인도하는 항해사 같은 존재라는 것을 의미한다. 아득한 과거에 대한 집단적 기억을 전해주는 신화의 언어 뮈토스에 걸맞은 사물이 담장과 나무라고 생각하는데 우리 별에서 나무만큼 원초적인 신비함을 지닌 것은 없을 것이다. 나무야말로 살아 숨 쉬는 유기체로서 인간과 함께 신화 세계를 만들어왔다. 신화(Mythos.고대 그리스어μῦθος)란 '소리, 단어, 말, 이야기, 멋진 이야기(Laut, Wort, Rede, Erzählung, sagenhafte Geschichte)' 로서 원래 의미는 '이야기(Erzählung)'를 말한다. Mythos의 형용사 'mythical'은 구어체에서 '동화 같은 모호함, 공상 또는 전설(fairytale-vague, fancy or legend)'의 동의어로 쓰이니 나무만큼 동화 같은 모호함이나 공상, 전설을 간직하고 있는 사물이 또 어디 있을까? 나무의 신화 연구자인 자크 브로스(Jacque Brosse)는 "고대 종교들을 연구하다 보면 우리는 거의 모든 종교에서 그들이 신성하게 여겼던 나무에 제의를 올리고 있음을 발견할 수 있다"라고 하니 나무는 신화적 존재이며 인간 신화의 비의를 간직한 사물인 것 같다.

집 안과 밖을 경계 짓는 담장이 오랜 세월 식구들의 삶의 이야기를 간직한 무생물로서의 뮈토스적인 존재라면 마당, 뒤뜰, 동구 밖, 우리 집 앞산과 뒷산으로부터 지리산 소백산 설악산 한라산 백두산에 이르기까지 숲을 만든 나무들은 생물로서 인간의 삶과 연결된 뮈토스적인 존재다. 나의 삶에 깃든 일상 속 나무들은 숲길을 산책하는 공간에서 만난 혈육 같은 친구이며, 어떻게 살아야 하는지를 인도하는 나침반이며, 철학적으로 영혼의 설계자이고, 문학적 은유로 상상력과 낯섦을 베푸는 심미적 대상이다. 그러니 저렇게 산불에 탄 나무를 바라보는 마음이란 먹먹하기 짝이 없다. '나무의 정령이시여 올봄에 다시 소생하시는 마력을 보여주소서. 새봄의 위대함으로 연둣빛 새순을 가지마다 밀어 올리는 거대한 희망을 보여주소서. 나무여, 나의 나무여!'

카지미르 말레비치의 <검은 사각형Das Schwarze Quadrat>을 보면 검은 사막을 액자에 가둔 것 같다. 팽창할 곳 없는 암흑 물질은 침잠하여 앙금이 가라앉아 있고 검은 심연은 보일 듯 보이지 않아서 신비한 흑화술(黑化術)을 보는 느낌이다. 프랑스 낭만주의 화가인 외젠 들라크루아(1798-1863)와 사실주의 화가인 장 프랑수아 밀레(1814-1875), 귀스타브 쿠르베(1819-1877)는 화려한 색채로 자유롭게 감정을 표현

카지미르 말레비치(Kasimir Malewitsch,1879-1935), <검은 사각형Das Schwarze Quadrat>, 1915
작품 속의 검은 심연은, 동네 뒷산 숲길 산불에 탄 검은 소나무 껍질 같다.

한다거나, 사실적인 현실을 배경으로 노동하는 인간의 존엄성을 재현하여 명확한 메시지를 전달했다. 그러나 말레비치는 19세기에 대한 반동으로 자연이나 일상적인 풍경을 재현하는 회화이기를 거부하고 다양한 색채에서 해방되어 대상을 기하학적 형태나 구도의 단순함을 표현했다. 말레비치는 "이전의 회화 양식들은 냉정히 말해 모두 시각적 리얼리티의 모방에 불과하다. 이 때문에 본질적으로 원시

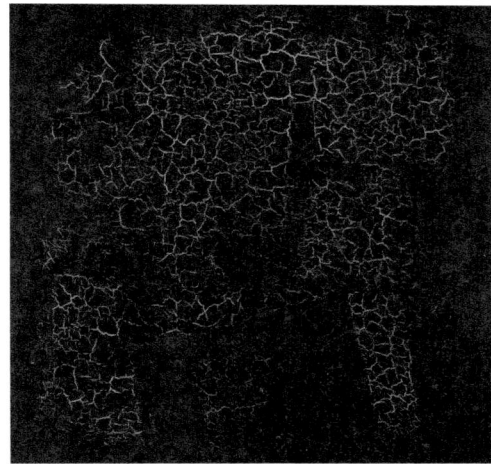

불에 탄 소나무 껍질.

말레비치의 <검은 사각형>

산불에 탄 소나무 껍질이,
말레비치의 <검은 사각형>에서
보았던 검은 심연 같다.
나무라는 대상 앞에서
보이지 않는 나무,
'무대상의 세계.'
검게 탄 수피에도 봄은 올 것인가,
봄은 오고 있는가.

인의 동굴벽화에서 나아진 것이 없다. 인식 가능한 사물의 형태를 찾아볼 수 없는 순수한 인간 정신의 표현인 절대주의만이 새로운 시대에 걸맞은 진정한 미술이다."라고 이야기한다. 그가 말한 절대주의(Suprematismus)란 사물의 형태를 단순화시켜 정신의 순수함을 표상한 무한 공간의 이미지, 혹은 자연과 인간을 초월한 '무대상(無對象)'

으로서의 예술을 의미한다.

말레비치의 <검은 사각형>에서 주목한 것은 '무대상의 세계(Die Gegenstandslose Welt)'다. 순수한 색과 단순화된 형태의 기하 추상 예술을 추구하게 되면서 말레비치는 재현과 모방으로서의 예술을 무대상화했다. 그러나 예술은 대상을 없애고 추상화하더라도 예술적인 '것'의 이미지는 감지할 수가 있다. 사각형 안에 검게 칠해진 모노크롬(Monochrom)의 세계는 아무리 대상을 제거해 순수화된 정신의 이상을 표현하더라도 아방가르드 혹은 포스트모더니즘적인 이미지가 들어 있게 마련이다.

검게 불탄 나무 수피도 말레비치의 <검은 사각형>처럼 무대상의 세계로 변하고 말았다. 하지만 예술적 변화가 아닌 재해이기에 불탄 나무가 보여주는 검은 이미지는 캔버스에 색칠된 무대상의 세계처럼 미를 느끼고 지각할 수가 없다. 어느 순간 생이 불타 버린 나무는 아름다움도 파괴당했다. 불에 탄 나무껍질의 참혹함은 인간으로 하여금 무엇인가를 읽을 수 없게 대상마저 소거시켜 버린다. 계절마다 생기가 돌던 나무껍질에서는 더 이상 줄기가 돋지 않고 꽃도 피지 않고 이끼도 살지 않았다. 슬픔마저 까맣게 타버린, 어쩌면 영원히 소생하지 않을지도 모를 절망 앞에서 나무는 검은 고독의 침묵에 휩싸여 있다. 그런데도 숯검정을 칠한 것 같은 나무에서 예술을 초월하는 '무대상으로서의 세계'를 느낀다. 예술적인 무대상이야 아무리 대상을 지워도 예술가의 정념 혹은 예술가의 미적인 정신이 캔버스에 현상되겠지만, 불탄 나무가 보여주는 무대상의 세계란 무(無)다. 보이진 않건만 가능성으로 차 있는 무. 나무의 생명 의지만 가득한 무. '무'란 사물에 개개의 자성(自性)이 없는 상태이니 공무(空無)라고 해야 할까,

석양이 진다. 힘내라고, 내일에는 또 다른 내일의 해가 뜰 것이니
검게 탄 나무여, 그대도 내일에는 내일의 생명을 얻으라고.

텅 빈 상태, 보이지 않는다.

　누가 나무의 슬픔을 이해할 수 있을까? 나는 말 대신 침묵의 빛으로 스며들어 두 팔 벌려 나무를 꼭 안은 채 가만히 있었다. 고동치는 인간의 가슴과 불에 탄 나무의 가슴이 맞닿아 일으키는 영혼의 교감이 어떤 말보다 더 진실할 것으로 생각했다. 한참 동안 그렇게 가만히 서 있었다. 꺼멓게 탄 나무껍질에 뺨을 대고 있으니 시간의 숨소리가 들려왔다. 나무의 물관을 따라 흐르는 맥박은 잡힐 듯 잡히지 않았지만, 가끔 아주 여린 소리가 느껴졌다. 얼마나 시간이 지났을까. 눈을 감고 있는데 순간, 별처럼 빛나는 섬광이 일어났다가 사라졌다. 찰나였다. 생성과 소멸이 동시에 일어난 것 같은 반짝임 사이 나무가 전하는 것 같은 침묵의 언어가 무지개처럼 서리는 것 같았다. 환영일까, 환각일까. 보이지 않는데 들려오고, 들리지 않는데 보이는 나무의 언어가 내 안의 공간에 침묵의 언어, 빛-언어로 쌓이고 있었다.

　"삶에 대한 절망 없이 삶에 대한 사랑도 없다.(Il n'y a pas d'amour de vivre sans désespoir de vivre.)"란 카뮈(Albert Camus)의 말을 불에 타서 절망만 남은 것 같은 나무로부터 듣다니!

　나무는 소신공양(燒身供養)으로 성불했다.
　세상의 모든 금불(金佛)을 비웃기라도 하듯 새까만 숯덩이로 우뚝 솟은 소나무가 부처처럼 보였다. 나무는 자기 몸을 불살라 부처 앞에 바치며 부처가 됐다. 가장 비참해 보이는 것이 가장 성스러울 수 있다면 불에 타서 철갑 같은 껍질이 떨어져 나가 몸뚱이마저 먹빛으로 변한 나무가 거룩해 보였다. 한 곳에 뿌리내려 세상을 푸르게 하는 나무는 중심을 잡고 사는 게 무엇인지, 삶은 어떻게 푸르러지는지, 때가

검은 나무의 눈물

비극적인 너무 비극적인 나무의 추상 예술

한쪽은 검게 타고 한쪽은 검은 살갗이 떨어져 나가고.

숯처럼 새까맣게 타버린 비스듬히 나무 밑동

검게 탄 소나무에 기대 생을 타오르는 줄기 식물이 새봄을 기다리고 있다. 아, 희망의 빛!

검게 탄 나무는
겨울날에도 푸른 죽순을 보며
힘을 얻을 것이다.

되면 그 많은 나뭇잎을 남김없이 떨구어야 하는지, 폭설이 내리고 물이 불어 흙이 씻겨 내려가더라도, 천둥 번개가 치더라도 삶은 견뎌내야 한다는 것과 침묵의 언어로 말하는 법, 햇빛을 기다리는 지혜를 보여준다. 세상의 모든 나무는 철저하게 대지의 생명체를 순환시키고, 새와 벌레와 짐승과 그리고 인간에게 모든 걸 아낌없이 내주고, 마침내 베어져서도 인간을 위해 다시 사니 불에 탄 검은 나무까지 '성(聖)나무'라고 부르고 싶다.

겨울날의 마른 줄기 식물이 검게 탄 밑동에서부터 강인한 생명력으로 뻗어 오르는 것을 보았다. 한 줄기로 나무를 붙잡고 껍질을 타오르던 생명체는 어느 지점에서는 두 갈래로, 다시 생을 확산시키는 또 다른 자리에서는 세 갈래로 도래할 봄을 위한 시간을 준비하고 있다. 죽은 것 같지만 죽지 않은 채 꿈을 꾸고 있는 마른 줄기 식물과 어떤 조건에서도 생장을 멈추지 않는 한 나무는 죽지 않는다. 까맣게 타서 한쪽 나무껍질이 떨어져 나간 또 다른 소나무는 눈물을 흘리고 있지만, 초록 잎을 찬란히 틔운 대숲을 보며 언젠가는 새순을 틔울 것이다. 검게 타버린 나무의 속살을 파고 들어가면 나무 속에는 또 하나의 나무가 있고, 그 나무 속에는 헤아릴 수없이 많은 나무가 있고, 그 나무의 어머니와 어머니와 어머니가 우리는 상상조차 할 수 없는 태초의 길에서 불과 함께 살아있음을 느낄 수 있다.

    오늘 내가 만난 것은 나무가 아니다.

나무, 그림자에 꽃이 피다
나무, 고독에 꽃을 피우다

-빛의 부재에서 빛의 은유로

나무가 그림자에 꽃을 피웠다.

꽃을 볼 때와 그림자 꽃을 볼 때의 미적인 생각은 조금 다르다. 산수유나무를 노랗게 물들인 꽃을 보거나, 붉은 자태가 고혹적인 장미꽃, 화려한 색이 사랑스러운 칸나꽃을 보면 아름답다고 말하지만, 검은 심연을 드러낸 그림자 꽃은 사색의 대상으로 철학적이다. 봄이 오는 삼월 중순 나무가 제 몸에 그림자 꽃을 피운 시간은 오후 3시 44분이다. 그림자 꽃을 나무에 영원히 박제해두고 싶은 마음에 카메라 셔터를 눌렀다. 꽃이라는 사물이 빛을 가리어 사물 뒤에 나타난 검은 형상은 어떤 꽃보다도 미적으로 보였고 내 영혼에 시들지 않을 꽃을 현상시켰지만, 이것은 꽃이 아니다. 이 꽃은 실체가 부재 하는 그림자일 뿐 향기도 없고 만질 수도 없다. 시인 김수영은 「공자의 생활난」에서 "동무여 이제 나는 바로 보마/ 사물과 사물의 생리"에 대하여 라고 말한 바 있는데 나 역시 나무가 드리운 그림자 꽃을 통해 사물과 사물 사이의 신호를 탐지 중이다.

나무, 그림자 꽃

그림자는 빛의 부재가 아니라 빛의 은유다. 빛은 존재가 두드러지는 현상이고 그림자는 빛이 가리어 검게 보이는 것이지만, 빛의 역설이다. 빛은 어디에도 있고 어디에도 없다. 그림자를 빛의 은유라 말하는 것은 빛이 그림자를 작동시키는 방식이 패러독스 하기 때문이다. 빛이 존재를 드러내는 방식이 앎의 세계, 진리를 보여준다면 그림자는 본질적으로 검은 그림자의 심연에 숨겨진 무의식적인 것, 초현실적인 것을 의미한다. 나무에 새겨지는 그림자 꽃을 보던 봄날 오후, 나는 동경하던 초현실 세계 어느 별을 산책하는 것 같았다.

나무도 고독 깊으면 그림자에 꽃을 피운다.
바람이 전하는 자연의 이야기와 햇빛의 따뜻한 위로, 조막만 한 가슴이 오렌지색인 되새가 부르는 앙증맞은 노래도, 겨우내 뜸했던 사람의 발소리도 나무의 고독을 헤아리긴 어렵나보다. 나는 목련꽃 그늘 아래서 그림자 꽃에 대하여 숙고 중이다. 꽃보다 아름다운 그림자 꽃에는 무슨 사연이 있는 것일까 궁금했다. 칼 구스타프 융(C. G. Jung)에 따르면 그림자는 페르소나 개념과 마찬가지로 빛과 그림자의 은유와 함께 작용한다고 한다. 사람의 그림자는 '순진한 자아상(naiven Selbstbild)'과 '연극적 가면(Theatermaske)'과 모순되는 것을 담고 있는데 나무도 꽃이라는 '순진한 자아상'과 달리 그림자 꽃에는 '연극적 가면(페르소나)' 같은 자신의 억압된 무의식을 담고 있는 게 아닐까 하는 생각이 들었다. 동화적 상상일지 모르지만, 나무가 사람 같은 생을 살고 있다고 믿고 있는 나로서는 이타적 삶에 아름다운 꽃을 피우는 나무도 자신의 선한 이미지와 모순되는 것을 표출하는 방식이 그림자 꽃 아닌가 생각해 본다. 그렇지 않고서는 나무도 꽃의 이면에 있는 자신의 심상을 표현할 방법이 없을 것 같다. 문제는 과연 나무가 자신

애련한 목련 한 송이가 나무 밑동 가까이에서
'나를 잊지 마세요! (Vergissmeinnicht)' 하고 얼굴을 내밀고 있다.

의 고민을 그림자에 담아내는가인데 이건 전적으로 문학적 허구의 세계, 동화적 상상으로 가능한 것이고 나는 지금 그것을 꿈꾸는 중이다. 아름다운 가상을 통해 초현실 어디쯤 있을지 모를 이데아를 꿈꾸는 것도 삶을 온기 있게 하고 숨 쉴 틈을 만드는 일이 아닌지 싶다. 융에 따르면 그림자는 개인의 정신 일부로서 종종 억압되거나 부정되는 무의식적 부분을 포함한다고 하는데 나무라고 실존에서 일탈하고 싶을 때가 없을까. 나무도 생명체로서 정신 혹은 영혼이 존재한다면 긴 생을 선 채로 꼼짝도 없이 지내며, 자연을 정화하는 선한 일을 할 때면 무의식 어딘가에는 억압된 그 무엇이 쌓여 고독한 그림자 꽃을 피우는 것은 아닐까 짐작해 본다.

목련 꽃봉오리보다 그림자 꽃이 더 황홀해 보이는 것은 나무의 고독을 헤아리기 때문일까. 나무만큼 고독 깊은 생을 사는 사람들은 알 것이다. 고독은 그림자에도 상심의 바다를 만들고 칠흑 같은 밤을 항해하게 만든다. 나무들은 사람보다 더 깊고 질긴 고독의 힘줄에 싸여 살아간다. 나무라고 고독이 좋을 리 없지만 봄만큼은 고독을 즐길 수 있는 시간이다. 나무에도 고독을 즐기는 시절이 있는데 설원에 꽃이 피는 우수 무렵부터 라일락이 저물고 장마가 오기 전 봄 꿈이 무르익을 때까지다. 때로는 고독으로부터 도피하고 싶을 때가 있지만 그런 생각마저 부질없다는 것을 나무라고 모르지 않는다. 도피한다고 해결되지도 않고 도피할 수도 없는 천형 같은 고독을 나무는 사람보다 먼저 알고 있다. 그래서인지 하늘 향해 두 팔 벌리고 무엇인가 염원을 희구하는 자세로 평생을 산다.

나무들이 그림자로 꽃을 피운 이유가 진정 고독해서인지, 존재와 불합리해 보이는 세계 사이에서 억압된 심정을 그림자로 표상한 것인지 알쏭달쏭할 때가 있다. 그러나 실재의 이면에 부재가 있듯 고독해서 그림자 꽃을 피운 이면에는 그 어떤 고독마저도 껴안고 살아갈 것이라는 나무의 고백록도 들어있으리라.

달빛 속의
나무 길을 걷다

-소로와 드뷔시의 달빛을 생각하며

우연히 숲길을 걸으며 달빛의 손을 잡은 적이 있다.

하얀빛이 닿은 나무를 만지면 원초적인 감흥에 정신이 풍요로워지는 것 같았다. 문틈이나 창가에서 보던 달빛과도 달랐고 수렵 생활을 하던 원시인의 유전자처럼 내 몸에서도 야생의 기운이 느껴졌다. 달빛 내린 숲길은 아주 신비로웠고 달무리 진 먹물 같은 밤하늘엔 별들이 총총 박혀있다. 특히 달의 왼쪽 주변에서 아스라이 빛나는 별들은 닿을 수 없는 곳에 대해 동경하게 한다. 기름한 별 무리 중에 반짝이는 별 하나가 지구에서 가장 멀리 떨어져 있다는 푸른 별 이카루스(Icarus)가 아닐까? 140억 광년 거리의 별이 사진에 박혀 눈에 보일 리 없지만 밤하늘은, 별은, 그리고 달은 나를 꿈꾸게 한다. 지상에서 은연하게 발산하는 빛은 밤하늘로 떠올라 어둠과 겹치며 회색지대를 만들고, 달뜨고 별이 빛나는 밤은 황홀한 검정으로 물들고 있다. 독일어 슈바르츠(Schwarz)는 흑, 검은 것, 검정을 뜻하고, 둔켈(dunkel)은 어두운, 뚜렷하지 않은, 거무스름한 의미가 있는데 슈바르츠와 둔켈의 뉘앙스 차이만큼 '먹먹한 색'이 펼쳐진 밤하늘이다. 나무들은 매일

달과 별과 나무가 보이는 밤하늘은 나를 꿈꾸게 한다

별이 빛나고 달빛 뭉근한 밤, 나무들은 꿈을 꾼다

나무 새 꽃, 느림의 미학

청보랏빛 밤하늘에서 은연히 빛나는 달빛 아래 숲길

밤, 수십 년, 수백 년, 혹은 천 년이라는 시간을 그 무한한 밤하늘을 보며 꿈을 꾸고 있다.

헨리 데이비드 소로도 나무들이 꿈꾸는 달빛 속을 걷기 좋아했다. 소로는 「달빛 속을 걷다」란 글에서 독일 소설가 리히터(Jean Paul Friedich Richter.1763-1825)의 글을 인용하면서 "밤이 되면 새장을 어둡게 하는데, 같은 이유로 지구는 매일 밤 장막을 친다. 낮에는 생각이 연기나 안개와 같다. 밤이 되면 생각이 빛나는 불꽃으로 타오르기 때문에 고요하고 적막한 어둠 속에서 조화로운 생각을 더 잘 알 수 있게 된다."라고 했다. 달빛 속 나무들이 꿈꾸는 길은 낮과는 다른 세계다.

어스름한 달빛에 잠긴 숲은 상념이 걸어갈 수 있게 어둠의 융단을 깔아주고, 낮에 생각하지 못한 것들을 깨닫게 한다. 밤과 함께 깊고 푸르러지는 나무들은 어둠이 쳐 놓은 장막 속에서 오롯이 생각의 불을 켜고 내면을 들여다볼 것이다. 어두운 방 안에 주홍빛 램프 불이 켜지면 내 생각에도 비로소 불이 들어와 발그스레해진 마음이 글을 쓰는 것처럼 뭉근한 달빛 비치는 밤이면 나무들도 생의 비망록을 쓰고 있을 것이다. 달빛 내리는 밤이 오면 나무와 사람의 영혼은 춤을 춘다.

달빛 비치는 밤하늘은 검은색이 아니다. 아무리 어두운 밤이라도 별이 숨 쉬는 한 밤하늘은 청보라 빛을 띠고 있다. 먹구름의 장막이 드리운 밤, 헤아릴 수 없이 많은 별 중에는 파란빛 노란빛 빨간빛을 살그머니 어둠 사이로 비친다. 마치 알베르 카뮈의 「시지프의 신화 Le Mythe de Sisyphe」에 나오는 주인공이 절망적인 운명, 부조리 속에서도 굴하지 않고 바위를 밀어 올려 참다운 인간상이 무엇인가를 말하려는 것처럼 별들은 영원히 반짝이는 것만이 희망을 향한 일임을 숙명처럼 보여주고 있다.

햇빛은 정신을 밝게 하지만 달빛은 정신을 깊게 한다. 햇살 눈 부신 창가에서 밖을 쳐다볼 때는 어딘가로 나가고 싶지만, 달빛 내린 창가에서 바깥을 바라보면 어느새 마음은 내면세계로 향한다. 달빛이 나무에 쌓이면 수형(樹形)이 뚜렷하게 드러나지 않고 아슴푸레하게 비치는 모습은 매력적이다. 검푸른 실루엣의 나무가 있는 밤은 적막마저 아름답다. 어둠에 잠긴 나무를 바라보면 마음이 치유되는 것은 나무가 거기 있기 때문이다. 언제 보아도 믿음이 가는 청신한 나무와, 나무처럼 살고 싶은 선한 사람의 윤곽 겹치는 달밤, 나는 내면을 향하여 깊어진다. 달빛 아래 나무의 모습은 사색에 잠긴 철학자의 모습이다.

제임스 맥닐 휘슬러(James McNeill Whistler,1834-1903), <검은색과 금색의 야상곡 Nocturne in Black and Gold-The Falling Rocket>, 1872-1877년 무렵.

    달과 나무가 있는 숲길을 걷다 보면 녹턴(Nocturne)을 들을 때처럼 밤의 서정적 아름다움을 느낀다. 달빛 좋은 밤은 눈에 보이지 않는 분위기에 매료당한다. 풍경이 드러나는 낮은 상상력을 제한하지만, 대상이 불분명해 보이고 무엇인가 감추고 있는 밤은 상상력이 커지는 시간이다. 달빛의 인상은 회화적이고 문학적이라서 어둠 속에 버티고 선 거무스레한 나무들도 예술적으로 보인다. 인상주의 작곡가 드뷔시는 제임스 맥닐 휘슬러의 그림 <녹턴> 연작에서 영감을 받아 <달빛 Claire de lune>을 작곡했다고 한다. 특히 휘슬러의 <검은색과 금색의 야상곡 Nocturne in Black and Gold-The Falling Rocket>(1875)은 별 무리가 명멸하는 것 같은 밤하늘의 추상을 그린 작품으로 드뷔시에게 깊은 인상을 남겼다. '녹턴'이란 말에는 밤의 고요한 모습과 달빛 내린 몽환의 이미지도 있지만, 숲속을 떠다니는 반딧불이 행렬처럼 사라져가는 아름다움이 숨겨져 있는 것 같다. 밤이 깊어가고 달빛이 이팝나무꽃처럼 피어나는 시간, 나무들이 달빛의 이야기를 들어주는 혹은 달빛이 고단한 생을 지고 있는 나무들의 이야기를 들어주는 밤의 정경을 좋아한다.

2부

숲길에 비스듬히 드리운
나무 그림자가 한 말,
"너의 별을 따라가거라!"

-단테 알리기에리 『신곡』의 그 말, 자신에게 이르는!

봄이 오는 숲길은 아직 겨울에서 벗어나지 못하고 있다.

가끔 초록이 보이기는 했지만, 숲은 잿빛에 눌려 있었다. 봄은 저절로 오지 않는다. 잿빛 숲의 나무들이 저마다의 색으로 존재의 폭발을 일으키기까지 곳곳에 숨어 있는 겨울은 패잔병처럼 모종의 음모를 꾸밀지 모르니까. 하지만 산과 들과 숲길에 들러붙은 겨울의 진득한 무게를 들썩이게 하는 건 점점 부풀어 오르는 공기이다. 흙을 부풀어 오르게 하고, 새를 부풀어 오르게 하고, 겨울잠 자던 다람쥐와 무당벌레도 부풀어 오르게 하고, 풀을 부풀어 오르게 하고, 나무를 부풀어 오르게 하고, 사람을 부풀어 오르게 하는 봄의 빛 너울. 봄 나무 빛깔로 조금씩 변신하는 삼월의 오솔길은 발걸음을 가볍게 한다. 어제는 숲에서 딱따구리를 보았는데 봄의 청신한 공기를 뚫고 들려오는 나무 쪼는 소리란 얼마나 경쾌했던지 한참 동안 바라보았다. 유난히도 폭설이 잦았던 겨우내 어디에서 어떻게 살았는지 모르지만, 숲에 나타나 예전처럼 봄의 소리를 들려주는 딱따구리가 그렇게 반가울 수가 없다.

3월 24일 오후 1시 봄이 오는 숲길에 기댄 나무 그림자

봄 햇빛이 한창인 숲길을 걷다가 발걸음이 움찔했다.

청년 시절 강원도 최전방 DMZ 지뢰밭에서 마주했던 전율처럼 발걸음이 얼어붙었다. 흰 눈이 녹으면서 그 뾰족한 뇌관을 살그머니 땅 위로 드러낸 대인지뢰란 얼마나 두렵던지. 옴쭉달싹 못하고 숨을 죽인 채 있었던 적이 있다. 그런 시간이란 생에 한 번 있을까 말까 한 사건인데, 봄 햇살 따뜻한 숲길에서도 비슷한 경험을 했다. 지뢰 앞에서와 마찬가지로 발걸음을 옮길 수 없는 무거운 정적에 휩싸였다. 발을 내딛다가 나도 모르게 무엇인가 밟으면 안 된다고 생각하여 순간 휘청거렸다. 한 발이 허공에서 춤을 추며 순간 중심을 잃었고 엉뚱한 곳에 착지하려니 넘어질 뻔했다. 대체 무엇 때문이었을까?

황톳빛 숲길에 드리운 검은 무늬는 아! 나무 그림자였다. 나도 모르게 탄성이 새어 나왔다. 겨울을 견뎌낸 나무가 봄 햇살에 슬그머니 긴 그림자를 드리웠다. 기적이 오는 시간이 펼쳐지고 있었다. 기적이란 불가사의한 일이 일어나는 것뿐만이 아니라 숭고한 감정에 휩싸이거나 미적 희열을 느낄 때도 일어난다.

이것은 나무 그림자가 아니다.

숲길에 드리운 것은 분명히 나무 그림자이며, 나무 그림자란 나무를 모체로 하니 틀린 말이 아니다. 그러나 이것은 나무 그림자가 아니라고 생각했다. 숲길이 휘돌아가는 저 모퉁이까지 서 있는 나무들은 저마다의 모습으로 긴 그림자를 드리운 채 깊은 침묵에 빠져있고, 아지랑이 피어오르는 봄볕은 우리를 영원히 높은 곳으로 인도하려는 듯 황톳빛 흙을 비춘다. 나는 나무의 고결한 정신이 현상된 것이라고 믿었다. 정신(Geist), 혹은 영혼(Seele)이 모습을 드러낼 때는 어떤 형태로든 이미지를 빌어 세상에 오게 마련인데 무엇인가 말하려 하는 나무의 이미지야말로 나무의 정신이 모습을 드러낸 것 같았다. "감각적 인식의 대상이 될 수 있으면서 실제로 무한한 사물"[1]이란 나무밖에 없을 것이다. 꽃은 매우 유한한 존재이며 바위는 광물로 생명을 꽃 피우지 못한다. 그러나 나무는 천 년이란 시간을 살며 꽃을 피우고 열매를 맺는 조금 특별한 사물이다. 대지에 뿌리 박고 서서 우주를 경배하듯 실존하며 무한한 정신을 표상하는 사물이란 점에서 나무는 사람의 또 다른 생을 사는 듯했다. 3월 24일 한 시 경에 본, 영원히 정지된 것 같은 숲길 풍경에는 그림자로 세상에 온 나무의 영혼이 내게 무언가를 전하고 있었다.

봄볕 내린 숲길은 흰 구름을 밟고 지나듯 몽실몽실 꿈을 꾸는 기분이지만 차마 나무 그림자를 밟고 걸어갈 수가 없었다. 아무도 없는 숲길에서 한참 동안 서서 나무 그림자가 비켜서기를 기다리다 보니 실제로 어떤 목소리가 들려오는 것 같았다. 그것이 문학적 상상력이나 문학적 은유로서의 환청이었을지도 모르지만, 산책자로 십 년 넘게 같은 숲길을 걷다 보면 나무와 풀과 꽃과 벌레, 새들, 바위조차도 내게 말을 걸고 있는 것처럼 느껴졌다. 오늘처럼 나무 그림자가 자신의 정신을 현상시켜 영혼의 이미지를 그려 보이며 말을 걸 때는 귀를 열어두는 것도 나무에 대한 예의였다. 선 채로 숲길을 덮은 나무 그림자를 바라보다가, 옆으로 비켜서서 또 바라보다가, 쭈그리고 앉아 손바닥으로 가만히 나무 그림자를 만져보았다. 흙에 드리운 나무 무늬는 직관으로 이해할 것 같으면서도 현시 불가능한 원시성이 느껴졌다.

---

1) E. Burke, A Philosophical Enquiry into the Origin of our Ideas of the Sublime and Beautiful, ed. C.Eliot, P. F. Collier & Son, 1969. 『숭고와 아름다움의 관념의 기원에 대한 철학적 탐구』 김동훈 옮김. 마티. 2007. 124쪽.

손을 대고 있으려니 "너의 별을 따라가거라!" 하는 소리가 묵음으로 들려왔다.

단테의 신곡 『지옥편』 15곡에 나오는 귀에 익은 문장이다. 환각이란 외부 사물이나 자극이 실제로는 없는데 마치 그 사물이나 자극이 있는 것처럼 느끼는 감각이니, 이것은 환각이라 할 수 없다. 나는 지금 흙에 손을 펴서 나무 그림자를 만지고 있으니 대상은 존재하기도 하고 존재하지 않기도 한다. 나무의 정신, 혹은 나무의 영혼과 이야기하는 방식은 이렇게 우리 안의 이성만으로는 해결되지 않는 무언가가 있기 때문이 아닐까? 어쩌면 불충분하고(unzulänglich) 부적합한(unangemessen) 방식으로 나무의 영혼과 인간의 영혼은 신호를 나눌지 모른다. 나무와 내가 주고받는 말이란 꿈의 언어, 상상의 이미지, 몽상의 시학이다. 우리는 이성의 벨트로 둘러싸인 세계 바깥에서 소통한다. 나무와 나는 서로의 실체를 직관하여 사물의 본질을 인식하는 방식으로 대화하는데 그 전제는 사랑이 아닐까? 멀뚱멀뚱 쳐다보고 스쳐 가는 게 아니라 그리운 마음으로 말을 거는 방식이다. 나무들도 아프고 상처받고 외로운 존재다. 폭염과 폭우와 폭설 속에서도 언제나 그 자리에 있어야 하니 존재를 부정하고 싶을지도 모른다. 그러나 나무들은 끊임없이 자기 자신을 넘어서는 존재의 변증법을 보여주고 있지 않은가. 단지 말없이 존재하는 것이 아니라, 말없이 존재를 만들어가고 있는 방식으로 말이다.

"너의 별을 따라가거라!"
언제나 내 마음속에서 아름다운 생의 지도를 만드는 문장이다. 별이 될 수는 없지만, 별의 행로를 따라가다 보면 언젠가 별빛 부스러기라도 정신에 붙어 반딧불처럼 깜박이지 않겠는가. 어느 봄날 숲을 찾았는데 황톳길에 드리운 나무 그림자가 나를 멈추게 했다는 건 순간, 우주가 깜박했다가 다시 반짝이는 일이다. 나무가 긴 그림자를 드리우고 명상에 잠겨있을 때, 나는 또 어떤 인연으로 잠시 바깥에 나온 나무의 영혼을 만나게 된 것일까.

숲길 바위에 핀 식물,
패러독스 적인 환희

바위에서 식물이 자라는 것은 지독하게 패러독스 적이다.

가을이 오자 숲길 바위에 핀 식물은 불그스레 물이 들며 자신의 생을 사랑스럽게 반추하고 있다. 식물의 생을 받치고 있던 초록 잎은 바위에 널브러져 있다. 삶의 역설을 말하려는 듯 바위에서 한 생을 살다 간 식물을 물끄러미 바라본다. 그리스어 사전에 따르면 고대 그리스어 형용사 παράδοξος parádoxos는 "기대와 달리, 일반적인 의견과 달리, 예상치 못한, 믿을 수 없는"[1]에서 유래했다. 패러독스란 "예상치 못한 방식으로 일반적으로 예상되는 것, 지배적인 의견 또는 이와 유사한 것에 반하는 발견, 진술 또는 현상이거나 관련 대상 또는 개념에 대한 일반적인 이해에 모순을 초래"[2]하는 것을 의미한다. 바위의 저 꽉 다물어진 틈에서 줄기를 밀어 올린 씨앗은 어떤 희망을 품고 있었는지 신비한 일이다. 바람에 흙먼지가 날아와 돌 틈에 쌓였기로서니, 빗방

---

[1] Wilhelm Pape, Max Sengebusch (Bearb.): Handwörterbuch der griechischen Sprache. 3. Auflage, Braunschweig 1914.
[2] Arnim Regenbogen, Uwe Meyer: Wörterbuch der Philosophischen Begriffe. Meiner, Hamburg 1997, ISBN 978-3-7873-1325-9.

2023년 4월 29일

2022년 10월 30일
바위에 핀 식물. 고통과 고통 사이의 환희

바위 위에 난 틈새 길. 길과 길 사이의 낯선 지도. 씨앗에게 저 틈은 위대한 생명의 길이다.

울에, 풍화에 사라져버리고 남은 몇 알갱이도 안되는 흙에서, 그것도 돌처럼 굳어버린 흙에서 생명을 피우다니 식물들은 우리가 알지 못하는 신비와 경이를 실천하고 있다.

어느 날 바람에 실려 온 씨앗들은 바위에 흩어진 것들도 있고 숲길 풀밭에 떨어져 흙의 기름진 양분을 흡수하며 행복한(?) 생을 보내는 것들도 있을 것이다. 단단한 돌덩이 위에 남겨진 씨앗들 일부는 바람에 밀려 바위틈에 갇힌 것도 있고 흙 한 톨 없는 바위 위에서 발아도 하지 못한 채 쓸쓸하게 말라버린 씨앗들도 많았을 것이다. 바위틈에 갇힌 씨앗은 하필 이런 곳에 떨어졌을까 생각하며 넋두리를 할 때도 있었을 것이다. '이곳은 너무 어둡고 추워. 물을 빨아들일 수가 없거든. 햇빛도 잘 찾아오지 않고. 친구들도 보이지 않으니 외로워. 고독이 밀려오는 별이 빛나는 밤은 잠 못 들고 어둠의 눈동자만 바라볼 수밖에……' 바위틈에 사는 씨앗에게 솜이불 같은 포근한 흙은 거의 없어 보인다. 그렇지만 씨앗의 유전자에는 좌절이란 말이 없다. 씨앗은 불가능한 형태(unmöglichen Formen)의 삶을 항상 미적 모티브(ästhetisches Motiv)로 만들어 생을 추동시켜 왔다. 특히 앙다문 것 같은 바위틈에서 생명을 발아시킨 씨앗은 패러독스한 세계에서 식물 줄기를 밀어 올렸으니 볼수록 신기한 생각이 들었다. 씨앗에게 펼쳐진 불가항력적 세계 앞에서 찬란한 초록의 시간을 보내고 불그스레한 빛으로 곱게 물들어가는 자태가 아름답다.

바위틈에서 씨를 발아시켜 초록 싹을 밀어 올린 식물은 시간의 틈을 헤집고 생명을 피웠으니 간극의 미학을 보여준다. 바위에서 시간의 틈 혹은 시간의 때를 헤집어 씨앗을 틔우고 싹을 지상에 선보이

바위가 사는 옆 마을에
쑥부쟁이가 피었다.
돌에 핀 식물의 오랜 친구다.

는 일은, "고통에 대한 관계없이는 존재할 수 없는 즐거움"[3]인 환희 (delight)를 보여주는 것이다. 그것은 바위틈이라는 고통과 고통 사이에서 우주의 문을 열고 생명을 얻은 씨앗만이 누릴 수 있는 환희다. 이 얼마나 패러독스 적인 환희인가. 바위에 앉아 돌 틈에 핀 식물을 오랫동안 바라보면 씨앗의 말이 환청처럼 들릴 때가 있다. 사물에 대한 연민 어린 시선은 가끔 동화적 상상력의 초현실 세계에 놓일 때가 있는데 지금, 이 순간이 그런 때인지 바위에 핀 식물의 말이 들려왔다.

---

3) E. Burke, A Philosophical Enquiry into the Origin of our Ideas of the Sublime and Beautiful, ed. C.Eliot, P. F. Collier & Son, 1969. 『숭고와 아름다움의 관념의 기원에 대한 철학적 탐구』 김동훈 옮김. 마티. 2007. 81.

"저는 패러독스가 매우 매력적이라고 생각합니다. 이런 것을 보고 이해하려고 하시나요? 이게 어떻게 말이 되는 걸까요?! 그것조차도 패러독스적입니다. 나는 패러독스를 무척 사랑하지만 동시에 그것을 지우고 싶어 합니다!" [4]

나는 먼지를 뭉쳐놓은 것 같은 작은 씨앗이 위대하고 지혜로우며 현명한 삶의 투쟁 방식을 안다고 생각한다. 그렇지 않고서야 꽁꽁 언 땅에서, 틈이라곤 보이지 않는 바위틈에서 죽은 듯 지내다가 봄의 기척을 알아차리고 새싹을 틔우는 일이 어떻게 가능한가. 씨앗은 자신의 삶이 아무리 패러독스 적이라도 매력이라고 생각하고, 생명을 꽃피우는 일에만 집중한다. 삶의 의미 속에는 헤쳐가야 할 고난이 전제되어있음을 인간보다 먼저 터득한 씨앗이기에 시련마저도 일상이 된 것이리라. 틈조차 보이지 않는 바위에서 생명을 발아시킨 씨앗처럼 패러독스에서도 꽃을 피우는 일이 바로 삶이 아닐까.

내 안에서 숨을 쉬고 있을 패러독스 속의 씨앗에게 물을 주었다.

---

4) Gábor Paál, Was ist schön?: Ästhetik und Erkenntnis 2003, S. 194-206

광야에서 홀로 사색에 잠긴
우주를 받친 나무, 생각하는 사람

   나무들은 생각하는 사람이다.
   오귀스트 로댕의 <생각하는 사람Le Penseur>은 조각가의 또 다른 작품 <지옥의 문 Porte de l'Enfer> 상단부에 앉아서 지옥의 나락으로 떨어져 뒤엉킨 인간 군상을 보며 생을 숙고 중이다. 그 조각 작품에는 인간의 정념과 쾌락의 이빨로 서로의 몸을 물어뜯어 악의 즙을 빨아먹는 190여 명의 모습이 소리 없는 아우성을 치고 있는데 <생각하는 사람>은 한 손으로 턱을 괸 채 고통의 뿌리에 대해 번민하고 있다. 로댕이 단테 알리기에리의 『신곡』 '지옥편'에서 영감을 받아 <지옥의 문>을 조각한 것을 보면 단테나 로댕 역시, 인간이란 무엇인가?에 대한 답을 끊임없이 찾고 있었던 듯싶다.
   예술가들은 실존에 관한 고민을 작품으로 보여 주지만 자연은 풍경을 통해 존재론을 펼쳐 보인다. 풍경 속에서 유독 나무들을 '생각하는 사람'이라고 여기게 된 것은 대지에 뿌리내린 채 사계절 변신하며 살아가기 때문이다. 꽃도 흙에 뿌리내리고 살지만, 나무 같은 생을 살지 못하고, 그 어떤 사물도 대지에 뿌리 박은 나무의 우직함과 견고한

광야의 나무, 생각하는 사람

의지에 이르지 못한다. 나무들은 고요하고 위대하고 아름답다. 인간은 나무에 이를 수도, 나무를 뛰어넘을 수도, 나무에 미치지 못할 수도 있다. 인간이 나무에 이르거나 나무를 뛰어넘어 숭고해질 때는 언제일까. 도스토옙스키의 소설 『백치』에 나오는 명제처럼 '아름다움이 세계를 구할 것이다'라는 생각으로 세상을 아름답게 만들 때이거나, 칸트가 『도덕 형이상학 정초 Grundlegung zur Metaphysik der Sitten』에서 말한 "무제약적으로 선하고자 하는 의지(der unbedingt gute Wille)"로 세상을 선하게 만들 때가 아닌지 싶다. 나무는 부동의 미학으로 슈베르트 가곡 같은 기품과 단아함, 쓸쓸함 깃든 우수로 인간이 가져야 할 품격을 인간보다 먼저 실천하고 있다.

흐린 날이나 잿빛 구름, 먹구름이 몰려드는 저물녘, 생의 우울함이 엄습하더라도 나무는 미동도 하지 않는다. 나무들이라고 번민이 없을까? 나무들도 햇빛 끊어진 광야에서 땅거미 내리고 어둑어둑해지는 시간이 찾아오면 실존에 대한 고독이 깊어가고 외로움도 스멀스멀 기어오를 텐데, 쓸쓸해서 바람의 노래라도 부르고 싶을 텐데, 그러니 나무들도 새들에게 보금자리를 허락하고 밤이 오면 조용히 마음 안쪽에 램프 불을 밝히고 낮에 쓰지 못한 생의 비망록을 쓰고 있는 게 아닐까. 살아있는 존재들은 모두 자기만의 방식으로 생의 고단함을 극복한다. 새파랗던 하늘이 아다지오 풍의 회색으로 변해가는 대로 나무도 잠시 잿빛으로 물든다. 나무들을 뒤로하고 숲길을 내려올 때면 점점 더 먹빛으로 변해가는 시간 속에 있을 나무가 안쓰러울 때가 있다. 어둠 내린 숲은 지낼 만한지, 고독이 세포분열을 하는 시간은 견딜 만한지, 적막을 지키는 밤에는 무엇을 기다리는지…… 그러나 나의 염려는 기우일 것이다. 나무들은 나보다 깊은 지혜로 한 뼘 더 뿌

리를 뻗었을 것이고, 삶을 통찰하기 좋은 시간이라고 밤을 예찬했을 것이고, 어둠에 틈입하는 빛을 맞이하기 위하여 까만 밤을 즐겼을 것이다.

그해 겨울은 폭설이 내렸다.

밤 숲길을 걸을 때처럼 한 발 한 발 가만가만 발걸음을 놓았다. 아무도 가지 않은 길도 없는 눈밭에 발자국을 찍는 일은 신전으로 향해 가는 것처럼 순백의 마음이 필요했다. 길이 끊어진 숲에서 나침반도 없이 걸어가려면 기억과 나무들이 마음에 새겨놓은 투명한 지도만으로 족했다. 욕망과 의지마저 내려놓고 무심한 마음으로 눈을 닮고 싶

은 맑음만이 존재했다. 폭설에 쌓인 나무가 보고 싶었다. 눈에 갇힌 나무들 모습은 아름답기보다 장엄했다. 삶의 장엄함은 어떤 상황에서도 자기 자신의 중심을 잃지 않으려는 나무의 모습에서 찾을 수 있었다. 나무의 수사학은 모자람이 없이 한쪽으로 치우침이 없이 언제나 그 자리에 있는 것이다. 사실 나무의 사전에는 장엄이니 숭고니 영원이니 무한이니 하는 단어는 없고 오직 '나무답게 산다!'라는 말밖에 없으리라. 폭설 속에서도 나무들은 여전히 나무답게 살아가고 있었다. 나무 앞에 서면, 자연의 세파 속에서도 바위보다 더 견고한 자세로 살아가는 나무의 중심이 부럽다. 설원에 선 나무 한 그루 마음에 담고 돌아온 겨울이다.

겨울나무에서 봄으로 가는 길목에 선 나무는 생각하는 사람처럼 기다림으로 차 있다. 봄이 그렇게 쉽사리 오지 않는다는 것을 나무는 잘 알고 있다. 겨울을 견디려면 바람이나 눈보라에 폭설에 늘어진 가지 몇 개쯤 내어주어야 하고, 껍질의 허름한 곳을 뚫고 침입하는 냉해에도 어느 정도 공간을 내주어야 한다는 사실을 모르지 않는다. 겨울나무의 몸을 살펴보면 동상 걸린 흔적을 여기저기 발견할 수 있을 것이다. 나무가 살아갈 수 있는 것은 봄을 기다리는 마음 때문이다. 아주 절망적인 상황 앞에서도 생을 고민하며 앞으로 나가려고 하는 사람처럼 말이다. 생각하면서 기다리고, 기다리면서 생각 중인 나무는 얼마나 오랜 세월 동안, 얼마나 많은 기다림을 만들어가는 것일지. 상상이 상상을 낳고, 은유가 은유를 낳고, 기다림이 기다림을 낳는 나무 앞에서 나의 기다림은 무엇인지 생각한다.

노을을 닮아 나무도 붉어질 때가 있다.

완두콩 꽃,
흰색은 가능성으로 차 있는 침묵이다

봄비가 내렸다.

4월 3일, 숲마을 밭이랑을 촉촉이 적시는 봄비는 흰 완두콩 꽃에도 살포시 내려앉았다. 흰색 꽃잎에 내린 투명한 빗방울은 청초하고 싱그러운 선한 마음을 불러온다. 보슬비가 내리면 우주는 간지러움을 느끼는지 말이 없는 노래를 부르고 흙에서는 씨앗들이 새순을 밀어올린다. 완두콩 꽃이 연둣빛 콩을 품기 전에 흰 꽃을 피운 이유를 생각하며 비에 젖은 잎을 만져본다. 어릴 적 어머니 젖가슴에서 느낀 아스라한 숨결, 그녀 심장에서 들려오던 사랑의 진동 같은 느낌이 전해온다. 어쩌면 까마득한 날 우주의 문을 열고 나오면서 모태로 들어가던 느낌 같은 것일지도 모른다. 완두콩 꽃잎이 엄지와 검지에 닿는 감촉은 명치 끝에 박혀 사라지지 않았다.

꽃잎이 지고 콩알이 여물어가면 연둣빛으로 변할 텐데…… 완두콩 꽃의 순결한 빛깔은 오래 남아있을 것이다. 허리가 굽은 쪽 찐 머리 할머니의 손바닥만 한 밭에서, 빛바랜 수염이 억세 보이는 농부가 식구를 먹여 살리는 밭에서, 이 꽃은 가녈하게 보이지만 밭고랑을 사

봄비 내린 완두콩 꽃

이에 두고 무리 지어 있어서 강인한 생명력을 느끼게 한다. 산들바람이 불 때면 초록 물결에 흰 꽃들이 춤을 추고 이름 모를 봄날의 환희를 느낀다. 완두콩 꽃은 무엇보다 친근하고 정 깊은 것이 할머니의 무명 치마 같아 보였다. 겉으로 보기엔 완두콩 꽃처럼 흰색이지만, 신산한 할머니의 생을 열어보면 말로는 다 할 수 없는 이야기의 앙금이 시간 속에 가라앉아 흰색을 빚어냈다. 흰색이면서 정확히 말하면 흰색은 아닌, 완두콩 꽃과 무명 치마의 색은 무(無)에 이르는 빛 같기도 하고, 생의 집착이 빠진 순연한 색깔 같기도 하다. 어쩌면 여인의 가난한 삶이 걸러낸 쌀뜨물 색인지도 모른다. 흰색도 아니고 미색도 아닌 신비한 빛의 여울! 완두콩 꽃과 할머니의 무명 치마 색에서는 무명(無

봄비 그친 날, 흰 완두콩 꽃 사이 핀 연분홍 살갈퀴 풀꽃.

明) 상태를 벗어난 색깔이란 생각이 들었다. 불교에서는 무아(無我)의 진리를 깨닫지 못하고 자아가 있다고 집착하는 무지의 상태를 무명(無明)이라고 한다는데 완두콩 꽃의 미묘한 흰색이나 할머니 무명 치마의 흰색에서는 자신마저도 홀연히 망각한 무아(無我)의 빛깔이 느껴졌다.

말로 표현하기 어려운 이 느낌을 추상화가 바실리 칸딘스키(Wassily Kandinsky)의 말을 빌자면, 완두콩 꽃과 할머니의 무명 치마 "흰색은 가능성으로 차 있는 침묵"이라고도 할 수 있을 것이다. 비어 있는 듯하면서 무엇인가 보일 듯한 색이니 예술의 오브제 같다. 흰색이란 얼마나 아름다운 것인지 완두콩 꽃을 보며 알게 된다. '가능성으로 차 있는 침묵'의 꽃은 산길 채마 밭에서 아무도 관심 두지 않아도 홀로 피었다 지며, 우리가 망각하고 있는 진실을 이야기하는지 모른다. 저만큼 꽃을 피우기 위하여 씨앗은 얼마나 힘이 들었을까? 추운 봄밤이면 씨앗은 흙 속에서 흰빛을 느끼느라 달님을 그리워하고 별이 뜨는 밤이면 별님과 이야기하느라 무진 애를 썼을 텐데. 나는 밭을 그냥 지나치지 못하고 앉아 완두콩 꽃을 살그머니 만지며 말한다.

"너의 흰색 가능성에서 나는 꿈에 대하여 느낀다. 꿈이야말로 '가능성으로 차 있는 침묵'일 것이며, 영원한 청춘의 색이며, 시간 앞에서도 비굴해지지 않을 무(無)이다. 완두콩 꽃, 흰색 그 가능성과 아직 시들 수 없는 나의 꿈에 대해 '정확히 말하면 시작하기 전부터 무요, 태어나기 전부터 무인 것이다.'"

바야흐로 봄이 터져 나오고 있다.
빛과 달과 별과 꽃이 터지는데 사람이라고 무슨 재주로 터지지 않을 수 있을까. 사람과 사람 사이에도 가능성으로 차오르는 침묵이 터질 시간이다.

 봄비 그친 다음 날 완두콩밭에는 햇빛이 진을 치고 있었다.

 슬그머니 연분홍 살갈퀴 풀꽃도 얼굴을 내민 걸 보니 봄비가 싹을 틔운 것 같았다. 나는 햇빛 쌓이는 밭에서 하얗게 세상을 사랑하고 있는 완두콩 꽃의 이야기를 들었다.

새는,
발자국을 남긴다

　새는 발자국을 남긴다.

　창공에는 햇빛을 딛고 날아오른 새의 무수한 발자국이 찍혀있고, 노을 자락 휘돌아가는 구비에도 새의 날갯짓과 함께 붉은 발자국이 박혀 있고, 굵은 빗방울 어딘가에도 새의 투명한 발자국이 새겨져 있다. 시골 마을 물 빠진 작은 연못 바닥에서 본 새 발자국은 경이로웠다. 퇴적암에 쌓인 억만년 된 새의 흔적 비슷한 발자국은 삶에 대한 존재론 같았다. 아름다움에 대한 은유로, 자유롭게 비상할 수 있는 자유에 대한 동경으로, 사람들은 새를 말하지만 정작 그의 발자국에 찍힌 고뇌는 잘 알 수가 없다. 그러나 물 빠진 연못에 깊숙이 찍힌 새 발자국은 그가 얼마나 삶에 충실한지 느낄 수 있었다.

　데칼코마니처럼 새 발자국은 연못 바닥에서 균형을 이루고 있다. 중심을 잡기 위하여 새는 한 발을 들어 옮기는 그 짧은 시간에 몹시 집중하였을 것이다. 바람도 불었을 것이고, 수풀에 숨은 천적 또한 새를 주시했을지 모르고, 한쪽 발로 몸의 중심을 잡으며, 초롱초롱한 눈

창평 삼지내 마을 작은 연못 바닥에 찍힌 새 발자국. 왜가리 혹은 해오라기일 것 같다
앙증맞은 연둣빛 잎이 떨어져 새 발자국에 미학적 깊이를 더해주고 있다.

으로는 먹이를 감지하여 낚아채고, 어느 순간 물컹한 진흙을 박차고 날아오르기까지 새는 한시도 경계를 푼 적이 없었을 것이다. 발자국을 보면 알 수 있다. 연못 진흙에 깊이 새겨진 발자국은 삶의 무게가 녹록지 않음을 보여준다. 진흙 위에 굳게 박혀 있는 발자국의 주인공은 누구였을까.

왜가리나 해오라기일 것으로 생각했다. 왜가리는 회색과 검은색을 띠고, 해오라기는 왜가리보다 덩치가 훨씬 작고 흑청색이다. 여름철새라서 이들은 시골 마을 연못 바닥에 발자국만 남겨놓고 먼 나라로 떠났다. 마치 이 땅과 사람들을 사랑한 "나를 기억해줘!"라고 속삭

이는 것 같은 발자국에서 새들의 언어를 발견한다. 연못에서 개구리나 물고기를 찾았을 발자국에는 생을 전진시키려는 의도가 담겨있다. 앞으로의 생에 무슨 일이 생길지 알 순 없지만 숭고한 것은 지금이라는 듯 말이다. 새의 위대함은 균형의 미학을 유지한다는 것이다. 푸른 하늘에서 높이 떠 활강과 상승 기류 타기를 할 때, 움직이는 먹이를 정확히 추적할 때, 연못 진흙에 빠지는 몸의 균형을 한쪽 다리로 유지하며 고독을 즐길 때 새는 생의 중심을 잃은 적이 없다. 뒤따르는 발가락은 후방을 향해 있다. 뒤쪽은 내가 살아가는 삶을 지지해주는 버팀목 같다는 것일까, 설령 그늘 같은 삶일지라도 뒤를 받쳐주기에 지금의 내가 존재한다는 것일까. 어느 한쪽으로 치우치지 않고 연못

큰 새의 발자국과 작은 새들의 무수한 발자국.
개흙이 깔린 바닷가 개펄처럼 진흙 깔린 작은 연못도 살아있어서
시간은 새 발자국을 지워가고 있다.

진흙 위에 깊숙이 박힌 새 발자국의 아름다움을 무엇에 홀린 사람처럼 바라보았다.

창평 삼지내 마을 작은 연못은 하나의 세계였다.

연못은 생명이 순환하는 삶의 교역장이었고 큰 새와 작은 새가 날아들어 지친 날개를 고르며 활력을 찾곤 했다. 겨우내 꽁꽁 얼었던 땅이 풀리고 비어있던 못에 물이 차면 연초록 새순이 돋아났으며, 먼 곳에서 바람에 실려 온 씨앗들이 꿈을 꾸는 몽환의 공간이었다. 해거름녘 오므라든 연꽃 봉오리에 붉은 노을이 걸리고, 아침이슬 머금은 자리마다 황금빛 햇살이 들어서면 못에는 다시 청초한 연꽃이 피었다. 못의 물은 탁해 보였지만 진창에서도 오롯이 피어나는 연꽃을 볼 때

면 마음도 덩달아 환해진다. 선비들이 연꽃을 보며 '처염상정(處染常淨)'이라는 말을 새긴 것은 '더러운 곳에 머물러도 항상 깨끗함을 잃지 않는다'라는 의미 때문일 것이다. 지난여름 못에 핀 연꽃을 보며 무량한 마음이 들었던 것도 그런 꽃의 설법을 들어서이니 도(道)란 어디든지 있다는 생각을 한다. 고고한 연꽃이 지고 나면 연방(蓮房)에는 검은 진주 같은 씨가 들어찼다. 생명 있는 것들은 먹이사슬에 있으면서도 순순히 보시하듯 자기를 내주며 자연의 풍경을 만들어 간다. 우연히 본 연못의 새 발자국은 생을 성찰하게 했다. 하찮아 보이는 것들 속에도 삶의 몸부림을 느낄 수 있는 것은 내 몸 어딘가에도 새 발자국 같은 투쟁의 흔적이 남아있어서다. 새 발자국은 시간에 침식당해 가

못에 물이 차면 연꽃이 피고, 내 마음의 진창에도 꽃이 필 것이다

다 어느 순간 사라져 갈 것이다. 새가 신기루처럼 지상에 나타났다 사라져 가듯.

　새 발자국 사이로 난 길을 한발 한발 들어 가만가만 옮기며 투박한 내 발자국이 그려내는 생의 지도를 응시한다. 작은 연못에도 폭설이 내리고 봄이 오는 길목마다 비가 내리면 연꽃이 쓰러지고 새 발자국 박힌 이곳에도 다시 찰랑찰랑한 물이 차오를 것이다.

능 비탈에
나무 서다

능 비탈에 사는 나무는 우리 생의 또 다른 모습이다.

나무는 비탈도 삶의 일부이고 삶의 터전이기에 씨앗을 발아시켰을 거다. 먼 옛날 어느 폭풍에 실려 왔는지, 무지개 선 꿈 같은 날 실바람을 타고 왔는지 씨앗은 능에 박혀 보드라운 흙냄새를 맡았다. 서라벌 밤하늘에 달무리 지고 푸르스름한 별빛 깜박이는 날에도 씨앗은 비탈에 서기 위하여 꽁꽁 언 땅에서도 잠에 들어 시간의 긴 터널을 지나왔다. 봄이 오고 햇살은 눈 부셨지만 연둣빛 새순을 밀어 올리는 일이 쉬울 리 없고 저절로 된 일은 더더욱 아니다. 중력을 뚫고 솟아오른다는 것은 생을 다 밀어 넣고 애를 써야 겨우 틈이 보이는 일, 능 비탈에 박힌 씨앗은 고독했다. 어둠 속에서 빛의 진창을 향해 나아가는 사투란 존재하기 위한 통과의례일지라도 씨앗은 몸에 균열을 일으켜 빛줄기를 향해 조금씩 나아갔다. 흙과 흙 사이, 돌 틈과 돌 틈 사이, 식물들의 뿌리 뒤엉킨 미로 같은 어둠 속에서도 나무는 스스로 존재하기 위해 자신을 바라보았다. 땅속을 차지한 지네, 애벌레, 땅강아지, 지렁이, 매미 유충을 피해 땅 위로 가느다란 생명선을 밀어 올린다는 건 기적이었을 테니까.

경주 능 비탈에 선 나무들

가혹한 투쟁의 결과 나무는 생장하고 죽을 고비를 넘기며 겨우 나이테 한 줄 제 몸에 새긴다. 드센 바람이 불면 바람 부는 방향으로 몸을 숙이고, 홍수가 나면 중심을 뿌리 깊이 가져가며 흔들리지 않기 위해 수압에 저항하고, 엄동설한에는 얼어 죽지 않기 위해 몸을 비워 정신을 동결시켜 깊은 잠에 들었다. 드디어 새순이 돋아 줄기를 뻗으며, 거대한 능보다 더 장엄한 나무가 되기 위하여 햇빛과 바람과 비와 천둥의 노래를 들었다. 외로움보다 더 깊은 외로움도 느꼈다. 솜털 보송한 부러진 가지를 추스르며 어둠의 절벽에서 동트기 전 박명을 보았다. 벌레들이 살을 갉아먹고 새들이 막 피어난 연둣빛 순을 쪼아먹고 폭설에 언 살이 터질 때도 키 작은 나무는 뿌리에서 우듬지까지 가녀린 꿈을 새겼다. 호흡! 파란 하늘을 호흡하여 산소를 뿜어내는 거대한 나무가 되기까지.

해와 달과 별을 우러르며 곧게 자라는 나무의 나이테는 생명체를 포용하는 원융의 세계를 의미하듯 원을 이루고 있다. 천체를 구성하는 행성이나 항성처럼 나이테도 둥근 모양이어서 우주와 합일할 수 있는 우주목으로서 덕목을 지닌 사물이 아닐까 생각한 적이 있다. 자크 브로스(Jacque Brosse)는 『나무의 신화 Mythologie des Arbres』에서 고대의 거의 모든 종교에서는 신성하게 여겼던 나무에 제의(祭儀)를 올리고 있음을 발견할 수 있고 그중에서도 가장 숭배되던 나무는 우주목(宇宙木)이었다고 한다. 우주목은 자연적인 동시에 초자연적이며, 물질적인 동시에 추상적인 우주를 지배하고 있는 축으로 세계의 중심 기둥이라니, 아름다운 터부(taboo)마저 느끼게 한다. 거대한 능에 뿌리내리고 우뚝 솟아오른 나무들이 신성한 우주목처럼 여겨졌다.

하지만 우주목에게도 절체절명의 시기가 있었을 거다. 빙하기를 지나면서도 나무는 그 추웠던 세월의 인자를 세포마다 깊이 간직한 채 동결된 꿈을 꾸며 진화했을 거다. 혹한 속에서는 천천히 아주 천천히 촘촘하게 더 촘촘하게 나이테를 그리며 꿈을 밀고 갔을 나무들. 존재가 몹시 고통스러웠을 세월을 지날 때면 살아남기 위하여, 어떤 꿈을 꾸며 그 장구한 시간을 견딘 것인지 나무 앞에서는 경이롭다는 말도 가볍기만 하다. 능에 뿌리내린 나무들 몸속 어딘가에도 빙하기 적부터 쌓인 지울 수 없는 상처가 암호처럼 남아있을 텐데, 베일에 가려진 나무의 생은 지금도 꽃을 피우고 열매를 맺으며 적막 같은 기도를 하고 있다. 상처를 내면화시켜 삶의 밑천으로 삼는 데 익숙한 나무는 능 비탈에서 쓰러지지 않기 위하여 실존이란 그렇게 낭만적인 일도 아니고, 초현실적인 일은 더욱 아니니 오직 현재만을 생각하라고 말하는 것 같다. 오랜 세월을 살아온 저 거대한 나무가 아니라면 누가 또 그렇게 말할 수 있으랴.

능의 뒤쪽으로 올라 나무 앞에서 절을 했다.
비탈에서도 아름드리나무로 자라난 나무는 하늘과 바람과 별과 달과 그리고 해를 탓하지 않고, 자기 자신도 책망하지 않는다. "내일이면 나무가 없다고 상상해봐!" 나무의 목소리가 바람에 실려 올 때 날카로운 비수에 영혼이 찔린 듯했다. '내일이면 나무가 없다고!' 혼잣말을 하며 나는 파란 하늘을 보았다. 산과 강과 들과 집에 나무가 없다면, 사람의 마음에 나무 한 그루 없다면 어떻게 사람이 되어갈 수 있을까. 어머니로부터 이 별에 태어나서 처음 맛본 파란 공기와 하늘 그리고 내가 다가가기 전부터 멀리서 풍겨오는 그 아늑한 나무 냄새! 사람의 붉은 피에는 나무의 초록 피가 살고 있다. 능 비탈에 우뚝 선

나무에 얼굴을 묻고 나무의 냄새를 맡았다. 가까이서 보니 껍질이 떨어져 나가고, 가지가 부러지고, 썩은 자리에 이끼가 피어 돌처럼 굳어버리고, 진액이 흘러 화석처럼 보인 부분도 있지만, 그 상처들에서는 피 냄새가 나지 않았다.

나무의 상처는 사람에게 영혼을 치유하는 명상록이다.

거룩한
나무 그림자

 능에 비스듬히 기댄 나무가 거룩하게 보였다.
 천 년의 시간을 곱게 빻아 쌓으면 능처럼 아름다운 곡선을 만들 것으로 생각했다. 저 능 속의 시간을 열어보면, 금빛 찬란한 왕관과 흙을 빚어 예술의 한 절정을 보여준 토기들과 에밀레종의 애달픈 전설과 비천 무늬 종소리, 석가세존이 다녀가셨는지 불확실한 시대의 염원인지 산과 들에 점선처럼 박힌 절집의 탑, 공주의 사랑과 천민의 눈물, 천년의 전쟁터에서 사라진 이름 없는 병사들, 폭력 앞에 쓰러진 여자들과 영문도 모른 채 죽은 아이들, 서라벌 들녘을 붉게 물들인 꽃들이, 이루지 못한 사랑의 회한들이 그리고 그 모든 풍경을 영화의 한 장면처럼 무심히 바라보고 있었을 불타는 나무들이 보일 것만 같다. 하지만 천년의 그 모든 정념을 곡선으로 아우르며 능은 잠들어있다.

 그해 겨울 경주의 능을 찾은 것은 함부르크에 있을 때 우연히 지도교수와 사진 미학 교수와 함께 '능' 이야기를 하게 된 것이 발단이다. 한 달 가까이 되는 크리스마스 방학을 이용해 서울로 오자마자 경주

능에 비스듬히 기댄 나무 그림자

로 향했다. 내 륙색에는 사진학과 질케 그로스만 교수가 빌려준 독일제 멋진 카메라와 금발의 파란 눈을 한 여교수가 건네준 아그파 흑백 필름들도 들어있었다. 함부르크를 떠나기 전 고가의 카메라에 필름까지 교수가 주었다고 하자 독일 학생들은 고개를 갸우뚱하며 놀란 토끼 눈으로 부러워하는 눈치였다. 지도교수는 "병일? 독일로 꼭 돌아와야 한다!"라고 환한 웃음으로 농담을 건네곤 악수를 하며 "즐기라!"고 말했다.

지도교수를 생각하면 재미있는 일화가 떠오른다. 인간문화재로 만신으로 세계에 잘 알려진 김금화 선생을 인사차 찾아뵌 것은 유학을 떠나기 전인데, 그 자리에서 선생은 잠시 눈을 감더니 예지력을 발휘해 말씀하시길, 독일과 내가 잘 맞으며 그곳에 가면 석 달 지나 귀인을 만날 것인데 그분이 나를 인도해주실 것이고, 귀인의 도움으로 공부 마치고 잘 돌아올 수 있다고 했다. 우연인지 필연인지 신탁을 통한 예언이 맞은 것인지 김금화 선생의 말은 신기하게도 한 치의 오차 없이 맞아떨어졌고, 나의 귀인이 된 지도교수는 언제나 부드러운 미소와 반짝이는 눈빛으로 인도해주셨다. 생각하면 참 신통한 일이고 세상엔 우리가 알지 못하는 영적인 세계가 존재하는 것 같았다. 그 말들이 맞물려 돌아가는 톱니바퀴처럼 맞을 수 있다니 말이다. 소설가 박완서 선생님은 만신 김금화 선생을 두고서 "나는 그이가 참 좋더라!"라고 말씀하신 적이 있는데 따뜻한 미소를 지니셨던 그분이 나도 참 좋았다.

능은 언제나 그 자리에 거룩하게 있었다.
그러나 내가 본 것은 높이의 거룩 크기의 거룩이 아니라, 허무의 거룩이었다. 시간에 의해 소멸한 역사 속에서 안간힘을 쓰고 있는 것 같은 왕, 능은 허무로 지은 집일뿐 그것은 현상에 불과하다. 시간의 거푸집 능 안에는 황금을 주물러 만든 유물 대신 오직 미망한 꿈이 들어있을 것 같았다. 그래서인지 능은 절대 힘을 갖고 있던 왕의 권위를 보여주는 게 아니라 크기만큼 거대한 허무를 표상하는 시간의 쓸쓸한 집으로서의 이미지일 뿐이다.

능 앞에 서면 나는 난쟁이처럼 작아 보였다.

능 안에서 잠든 왕은 죽어서도 경배받기를 원했겠지만 우리는 한 점으로 스쳐 가는 원자일 뿐, 영원회귀하는 시간 앞에서 부질없는 존재일지도 모른다. 경주의 능과 능 사잇길을 걸으며 능은 미몽의 시간을 깨고 태어나려는 자의 거대한 알, 꿈이 날갯짓을 고르는 자리라고 생각했다.

능에 소복하게 쌓인 눈을 사진에 담고 싶었지만 그건 신이 허락해야 가능한 일이다. 봉우리를 풍만하게 감싼 눈 덮인 능은 우주의 낯선 별에서나 볼 수 있을 것 같았다. 신성한 눈 봉우리, 능과 능 사이의 낯선 길을 걷는다면 얼마나 신나는 일일까. 크리스마스 무렵 함부르크로 돌아가기 위해 가방을 챙기던 중 경주에 눈이 내렸다는 소식이 들려왔다. 나는 자주 가던 경주 골동품 가게 할아버지한테 전화를 걸어 눈이 많이 내렸냐고 물으니 이곳은 눈이 쌓이지 않고 금세 녹는다고 하셨다. 망설이다가 포항행 비행기에 몸을 실었다. 포항에서 경주행 버스를 타고 달려가서 다시, 능 앞에 섰건만 햇빛으로 지은 환영만이 가득하고 눈은 보이지 않았다. 어쩜 눈 한 송이 보이지 않을까! 능에 하얀 눈이 덮여있을지도 모른다는 상상은 이미지의 배반을 불러일으켰고 물에 젖은 솜뭉치처럼 몸은 가라앉고 있었다. 털썩 주저앉아 나무에 기대어 멍하니 능을 바라보았다. 날카로운 동짓달 바람이 옷섶을 파고들어 정신을 쭈뼛 세웠지만, 몸은 바위처럼 머물고 싶었다. 얼마나 지났을까……

능에 새겨지는 나무 그림자를 보았다.
천 년 전부터 지금까지 아무도 보는 이 없어도 나무는 능에 그림자를 기대어 살고 있었다. 능 그림자가 대지에 길게 드리우면 그 위에 자신의 그림자를 포개 이야기하고, 바람 부는 날이면 가지와 잎사귀를 흔들며 깃발처럼 펄럭이는 언어로 능에 말을 걸고, 어둠이 내린 캄캄한 밤에는 살아있는 우주 목으로 별과 달을 불러 능과 함께 전설 같은 꿈을 꾸었을 나무 그림자. 능과 나무 사이에서 빛에 사위어가는 그림자의 풍경을 바라보면 신비한 생각이 들었다. 나무처럼 꼿꼿하게 살아가는 게 삶이라고 생각했건만 나무를 자세히 보면 기울기가 직각인 것은 없다. 어느 쪽으로든 조금은 기울어져 있는 게 나무인데 그것은 중력 때문이 아니라, 슬그머니 공기에 기댄 것이기도 하고, 바람 부는 대로 바람에 기대 흔들려주기도 하고, 햇빛에 기대 반짝이는 순간을 포착하기 위한 몸짓이기도 하고, 사람들에게 자연의 섭리를 말하는 침묵의 텍스트이기도 하다. 나무는 천 년이 넘는 시간 동안 능을 지켜보며 어떤 꿈 이야기를 들려주는 것일까.

눈 쌓인 능을 보러왔다가 능에 드리운 나무 그림자를 보면서 세상일이란 뜻대로 되지 않았지만, 그것이 꼭 나쁜 것도 아니며 원하는 결과를 얻지 못했다고 실패한 것도 아니란 걸 알았다. 삶이란 우연으로 빚어진 시간 같아서 꿈에도 생각하지 못했던 능에 비친 나무 그림자를 본 것이다. 다시 경주에 와서 능을 찾았을 때부터 나무는 그림자를 길게 기대고 있었겠지만, 눈 쌓인 능만 보려는 내 눈이 능과 나무의 변증법 같은 진경을 못 보게 했을 것이다. 실망으로 나무에 기대앉은 멍한 시간이 흘러갔고 마음이 차분해지자 또 다른 실체를 보게 한 것이 능에 비친 나무 그림자다. 우주 만유의 보편적 본체를 진여(眞如)라고 한다는데, 진여가 눈앞에 나타나도 마음이 좁으면 아무것도 볼 수 없다. 눈 앞에 펼쳐진 나무 그림자의 광휘로운 자태가 능에 겹쳐진 것을 보지 못하고 가상으로서의 눈 덮인 능을 상상했으니 실체를 보고도 또 다른 실체를 느끼지 못한 어리석음에 헛웃음이 났다.

누군가에게 기댈 수 있는 등을 내준 능과 나무는 그렇게 살아가고 있었다.

시간이 빚어낸 풍광 앞에서 순간을 영원회귀하며 서로를 비춰주는 거울처럼 등 토닥이는 모습을 무량하게 바라보았다. 두 번 다시 볼 수 없을 순간의 장엄한 풍경을 사진에 담으며 숨을 멈췄다. 나무 그림자처럼 비스듬히 자기 몸을 타자에게 기대 영혼이 살아있음을 보여주는 것도 흔치 않다. 나무들은 곧게 서서 아무 말도 하지 않지만 이렇게 예기치 못한 방식으로 정신의 혁명을 촉구하고 자신이 해와 달과 별을 우러르며 사는 생명의 나무임을 증명한다.

감꽃,
숲길을 덮다

산 감나무 밑에 떨어진 감꽃을 처연히 바라본다.

부러진 나뭇가지 위에 살포시 내려앉은 감꽃은 아주 높은 곳에 매달려 있다가 툭, 투두두두두, 투두두두 소리를 내며 쏟아졌다. 바늘 하나 꽂을 자리도 없이 감꽃 이불을 덮은 것 같은 오솔길은 연주홍빛으로 물들어 걸음을 옮길 수가 없다. 한 발자국 옮겨 감꽃들을 즈려밟으면 그 작은 것들이 송알송알 말을 걸어올 게 분명하다. 막 나뭇가지에서 떨어졌지만 연두색 꼭지와 주홍빛 꽃은 아직 살아있다며, 꽃은 땅에 떨어졌다고 죽은 게 아니라며, 지상에서 마지막 빛을 발산하고 있는 감꽃을 미적으로 볼 수 있는 사람이 나타난다면 그이는 아름다운 사람 임이 틀림없다고 말하는 것 같았다. 감꽃의 바다에서 나는 정지되어 있다. 봄바람이 산들산들 움직이고 햇살은 눈 부신 날, 잠시 빛 속에서 어둠이 일어섰다. 감꽃이 떨어져 숲길을 덮었는데 누구 하나 눈길 주는 이 없이 무심히 지나쳤지만, 나는 이 광휘로운 풍경 앞에서 숨이 멎는 듯했다. 정신의 몽롱한 무중력상태에서 충만한 기쁨을 느낄 수 있었다. 오솔길을 뒤덮은 감꽃 앞에서 낯선 이방인이 되어

숲속 산 감나무 밑에는 아기 손톱만 한 감꽃이 무수히 떨어져 있다

산 감나무 한 그루

산 감나무 감꽃

나무 새 꽃, 느림의 미학

감꽃 뒤덮인 숲길 앞에서 한 걸음도 뗄 수 없었다

봄비에 무수히 떨어진 어린 감꽃을 보며 나무는 무슨 생각에 잠길까

봄비가 내린 뒤 숲길을 이불처럼 덮은 감꽃

갔다. 미풍에 실려 오는 감꽃에선 풋 냄새가 솔솔 났고, 글렌 굴드가 연주하는 요하네스 브람스의 <간주곡·Intermezzo Op.118-2> 소리가 해 질 녘 숲길을 물들이는 것 같았다.

사물들은 말이 없지만 말 없음에 미학을 숨기고 있다. 사물 속의 미를 찾을 때 우리가 무엇이 아름답다고 말하는 건, 대상 자체가 아름다워서라기보다는, 그 사람의 미적인 눈에 의해 재발견되는 것이 아닐까 싶다. 숲길을 산책하며 느낀 것 중 하나는 아름다움(Schönheit)은 적절한 순간 태어난다는 것이다. 이 순간을 감지하기 위하여 산길을 걸으면서도 작은 사물 하나라도 놓치지 않으려 한다. 풀잎에서 진딧물을 찾느라 바삐 움직이는 칠성무당벌레나 나무 수액을 찾아 먼 길 가는 검은 망토의 사슴벌레, 무장무장한 봄볕 받으며 침묵하던 바위, 황톳길에서 튕겨 오르던 여름날의 소나기, 망아를 느끼게 하던 숲길의 정적 그리고 지금, 이 순간 숲을 물들이는 감꽃의 향연까지, 호기심 많은 어린아이처럼 두리번거리며 놀며 산책을 한다.

　가스통 바슐라르가 클로드 모네의 <수련>을 보고서, "사물들이 무관심한 것처럼 보인다면, 그것은 우리가 사물들을 무관심한 시선으로 바라보기 때문이다. 그러나 맑은 눈에는 모든 것이 거울이다. 진지하고 엄숙한 시선에는 모든 것이 깊이이다."라고 한 말을 나는 사물에 관한 미학이라고 생각하고 있다. 미적인 '것'들을 보고도 감성적 인식을 하지 못하고 감흥을 받지 못하는 우리의 심장을, 꼬챙이처럼 날카로운 것으로 쑤시며 통증을 유발한다.
　나도 살아 숨 쉬는 하나의 거울이고 타자 역시 세상과 사람들을 비추는 하나의 거울 일 텐데 우리는 서로를 비추지 못하고 자기를 비추지 못하고 살아간다. 내 거울에 너를 비추지 못하고 네 거울은 나를 비추지 못하는데, 땅에 떨어져 옹알옹알 소리 내는 감꽃들은 고요한 명경(明鏡)처럼 나를 바라보고 있다. '맑은 눈에는 모든 것이 거울이고, 진지한 시선에는 모든 것이 깊이다.'

백일홍 나무숲과
작은 연못가의 나르시스

-카라바조의 <나르치스>, 시간의 그림자가 남긴 얼룩

    파란 하늘 내려앉은 연못에는 흰 구름이 걸쳐있다.
    연못 위로는 징검다리 같은 백일홍 나무가 물을 건너가고 있다. 한쪽은 숲길에 뒹구는 돌을 박아 연못 가장자리를 운치 있게 만들고, 건너편은 사람이 다닌 조붓한 오솔길을 그대로 두어 자연스러움을 더했다. 잎이 푸르게 우거진 숲과 향기로운 풀이 있는 연못에 달이 뜨면 꽃과 나무의 정령이 무엇에게 홀리듯 나와 뭉근한 달빛에 휘감길 것이다. 물 위에 뜬 달빛이 사람이건 정령이건 사로잡을 시간은 얼마나 고혹적일지. 교교(皎皎)한 달빛 스며든 연못은 얼마나 아름다울지. 아사달과 아사녀가 보았을 것 같은 시월 상달 파란 하늘 드리운 연못에 점점 빠져들어 갔다. 연못가에 앉아서 영혼의 실핏줄까지 비춰주는 물을 들여다본다. 영혼마저 파랗게 물들일 것 같은 이 연못에서는 나르시시스트(narcissist)가 되어도 좋았다. 파란 물에 손을 담그면 핏줄을 따라 파란 실개천이 흐르다가 심장에 이르면 파랗게 물든 피가 여울져 내 몸을 휘돌 것 같았다. 이 연못을 들여다보며 물에 손을 적신 사람은 파란 피가 흐를 것이다. 달이 차서 기우는 연못가를 호젓하게

파란 하늘이 나무 그림자 드리운 연못에 숨어있고 백일홍 나무가 징검다리처럼 물 위를 지난다.

붉은 꽃이 모두 진 백일홍 나무가 연못에 제 모습을 비춰보고 있다

나무 새 꽃, 느림의 미학

산책하는 사람이 보고 싶었다. 희끗희끗하던 사물에 달빛 차오르면 그리움도 짙어질 것이며, 고요한 시간의 마디마다 환한 외로움이 스밀 것이다. 달빛 아래 산책자란 생의 못 가본 길을 찾아가는 탐색자이기에 누군가를 그리워하는 마음으로 그 시간을 꿈꿔본다. 그리 어려운 일도 아니지만 살다 보면 달빛 아래 발자국을 남기는 게 마음 같지 않다. 월든 호숫가에 조그만 오두막을 짓고 살았던 소로조차 "분명히 밤은 낮보다 더 새롭고 덜 세속적이다. 나는 밤의 안색을 살피는 정도였다. 덧문 사이로 달을 봤을 뿐이다. 왜 그때는 조금이라도 그 달빛 속을 걷지 않았을까?"라고 아쉬워했다.

파란 하늘 들어선 연못에는 나무 그림자가 추상 회화처럼 그려졌고 흰 구름도 흘러가고 있다. 구름은 어디서 왔는지도 모르고 어디로 가는지도 모르는 방랑자다. 정처 없이 떠도는 구름은 살아있는 유기체처럼 우리 생을 떠돈다. 산처럼 솟아오른 뭉게구름을 보는 것만으로도 마음은 방랑자처럼 설레고, 산다는 것은 끊임없이 어디론가 흘러가는 것임을 알게 된다. 흰 구름은 하늘에만 사는 게 아니라 산등성이에도 살고, 도시를 휘돌아 흐르는 강물과 작은 연못과 내 마음에도 살고 있다. 방랑자 헤르만 헤세를 사로잡은 것도 흰 구름인 것을 보면 문학적인 상상력과 예술의 마력 또한 그곳에 있다.

헤세만큼 구름을 사랑하고 구름을 생의 친구처럼 여긴 시인도 드물 것이다. 헤세의 구름에 관한 독일 책을 보다가 시 한 편이 눈에 들어왔다.

얇고, 하얗고
부드러운 구름이

> *푸른 하늘을 가르며 흐릅니다*
> *시선을 낮추고 푸른 꿈속을*
> *시원하고 하얀빛으로*
> *지나가는 행복을 느껴 보세요*
>
> *-헤르만 헤세 「조용한 구름」 전문*

행복이란 아름다운 명화를 본다거나 세속적인 욕망 속에서, 통장 잔액에서, 꿈을 이루는 길목에서만 느낄 수 있는 것이 아니라 길을 가다가 고개 들어 설핏 본 파란 하늘 흰 구름에도 있다는 시인의 말에 구름을 한 번 더 쳐다본다. 청춘을 구가하던 시절, 흰 구름을 보는 것만으로도 가슴이 뛴다거나 꿈을 꾸는 것 같은 이상에 행복했던 적이 있었던 것 같다.

작은 연못이 파랗게 하얗게 나를 비추는 것은 거울이 달려있기 때문이다.

나에게는 보이는 세계를 비추면서 보이지 않는 세계를 상상하게 하는 맑은 거울 같은 연못 풍경이, 사뭇 이미지의 배반을 불러일으키는 예술적인 '것'으로 여겨졌다. 저 작은 연못이야말로 이미 완성된 예술이 아닌가. 풍경은 숲, 나무, 하늘, 연못, 풀을 보여주는 게 아니라, 그것을 바라보는 나까지 투사하고 있다. 내가 연못-풍경에 비치는 것은 나 역시 풍경을 구성하는 하나의 사물-인간이기 때문이다. 작은 연못에 내 얼굴이 비칠 때 잔잔한 물에 잎 하나 떨어지며 파문을 일으켰다. 내가 풍경을 바라본다는 생각이 오만하다고 느낀 것은 풍경의 배면에 무엇이 있는지 모르면서 보았다고 한 것 때문이다. 작은 연못

작은 연못에는 거울이 숨겨져 있다

백일홍 나무 생에 새겨진 상처의 혹

미켈란젤로 메리시 다 카라바조(Michelangelo Merisi da Caravaggio), <나르치스Narziss>, 1594-1596

은 투명하게 나를 비추며 정신까지도 훤히 들여다보고 있는데, 나만이 풍경을 바라본다는 생각을 했으니 어리석은 일이다. 예술에 있어 정신적인 것으로의 거울이 그림에 존재한다면, 자연은 이미지의 배반을 불러일으키는 예술의 어머니이다. 내가 안다고 했던 것들은 모두 작은 연못 파란 하늘 속에, 흰 구름에, 백일홍 나무 그림자에, 명징한 물빛 고요에 있을 것만 같다. 예술적인 '것'과 문학적인 '것' 모두!

작은 연못은 창평, 고서, 담양이 맞물려 있는 명옥헌에 있다. 한여름의 호사스러운 백일홍 나무꽃이 핀 연못과 정자, 오솔길도 좋지만, 꽃이 다 지고 난 시월 초순 길을 더 좋아하게 됐다. 명옥헌의 목 백일홍 꽃이 만개하는 여름은 조금 산만하고 들뜬 느낌이 든다. 조붓한 오솔길을 걷는 기쁨과 붉음의 잔치가 끝난 자리에 남은 허무가 더 좋다. 연못까지 붉게 물들였던 축제의 고통 뒤 나무들의 우수 어린 표정이 더 좋다. 공기도 청신하고 산빛이 명징해가는 시월은 나무들도 변신을 예비하는 시간이라서 사색에 잠긴다. 나무들의 사색은 우울함이나 비관, 회의에 빠지지 않으므로 멜랑콜리 하지 않다. 작은 연못에는 잃어버린 시간이 있고, 미궁처럼 찾지 못하는 시간과 알 수 없는 미지의 시간도 혼재해 있다. 연못가에 앉아 나를 비춰보면 미소년이 나를 쳐다본다. 르네상스 회화가 끝나갈 무렵 바로크 회화를 만들어간 이탈리아의 거장 미켈란젤로 메리시 다 카라바조(Michelangelo Merisi da Caravaggio. 1571-1610)가 그린 <나르치스Narziss>(1594-1596)가 생각난다.

거울 앞에 서 있는 나르치스 보다 연못가에 앉아 맑은 물에 얼굴을 비추는 나르치스가 나 같을 때가 있다. 어디만큼 와 있는지 모르지만, 어디로든 가야만 하는 생의 길목에서 물에 비친 나를 보는 것 같은 조금은 낯선 얼굴. 카라바조의 그림에 보이는 미소년 얼굴과 물에 비친 얼굴이 다른 것은 우리 안에 여러 모습의 얼굴이 들었기 때문일까. 시간의 그림자가 남긴 얼룩 때문일까. 얼굴의 허물 한 겹 벗겨진 모습을 나르치스처럼 연못에 비춰본다. 연못에는 우리가 두고 온 흰 구름이 있고, 작은 물고기가 있고, 수초들과 물 위에서 노래하는 나무들이 있고, 수면을 걸어가는 미풍도 있고, 그리고 내가 있다.

 작은 연못에 가면 우리는 잃어버린 시간을 찾아가는 나르치스가 된다.

풍경의 발견

-숲길을 걷다 보면 낯설지 않은 풍경에 낯설어질 때가 있다

숲길을 걷다 보면 낯설지 않은 풍경에 낯설어질 때가 있다.

봄이 오면 저 언덕 후미진 곳에서는 어떤 모양을 한 제비꽃이 피고, 금방이라도 종소리가 들릴 것 같은 때죽나무꽃은 어디서 무리 지어 피는지, 산딸기꽃과 찔레꽃과 싸리꽃은 또 어디서 피는지, 식물지도를 눈감고도 그릴만큼 숲길을 손바닥처럼 안다고 여겼는데, 산철쭉 두 송이는 처음 보았다. 숲에 오면 풍경뿐 아니라 독특한 분위기까지 느낄 수 있지만, 산철쭉 두 송이는 십 년 넘게 산을 다니면서 본 첫 만남이었으니 설레면서도 묘한 기분이 들었다. 한 번쯤은 어디선가 본 듯하고 스쳐 간 것 같은 첫사랑의 아련한 추억도 느껴지고, 잊힌 기억이 되살아난 듯 마음이 환해졌다. 역광의 빛에 사위는 꽃 두 송이에서는 왠지 모르게 애수가 묻어났다. 긴 세월 동안 어린나무는 조금씩 조금씩 뿌리내리며 줄기를 뻗고 꽃 필 순간을 호시탐탐 노리다가, 비로소 첫 꽃봉오리를 터뜨린 것일까. 하지만 풍경은 한순간도 가만히 있는 적이 없다. 내가 보지 못하고 놓친 것이 있다면 좀 더 깊숙이 그 안으로 들어가지 못했기 때문일 것이다. 풍경을 느끼려면, 다시 말

역광 속의 산철쭉 두 송이, 봄날의 꿈이다!

해 풍경 속의 뭔가를 붙잡으려면 보는 것만으로는 충분하지 않다. 풍경에 닿을 수 있게 마음을 투사시켜야 한다. 숲은 감정의 파노라마가 펼쳐지는 공간이기에, 걸음에 마음을 담아 숲을 관찰하지 않는 한, 숲은 자기 것을 다 보여주진 않는다.

산철쭉 두 송이를 처음 본 뒤 좀 더 느리게 걷기로 했다.
천천히 걷는 즐거움을 알아간다는 것은 흙의 부드러움과 바위의 단단함을 다시 느끼고, 꽃 한 송이가 피어나는 시간의 순례에 동참한다는 것이다. 신산한 삶을 살아온 뱃사공이 흐르는 물길 따라 노를 젓는 모습과 두 날개로 나는 새의 활공법도 천천히 바라본다는 것이다. 숲은 속도를 늦추고 호젓하게 걸어야 사물이 보이는 정신의 교역장이다. 산책을 즐긴다는 것은 억압된 의식이 숲으로 걸어 나와, 부자유와 부조리로부터 나를 해방하는 일. 사색하며 길을 걷지 못한다면 숲은 자신이 간직한 아름다운 것들을 보여주지 않을 것이다. 숲에서 시간을 보내는 일은 마음속에 웅크린 편견을 대지 아래 잠재우고, 꿈에 날개를 달아 날려 보내는 일이다. 숲에 발을 들여놓는 순간부터 나는 숲이 되어간다. "모든 위대한 풍경은 걸음으로써 소유하게 만드는 일종의 초대이다."라는 프랑스 작가 쥘리앙 그라크(Julien Gracq)의 말을 떠올리며 숲길을 걷는다. 숲의 풍경에 초대받는 일처럼 즐거운 일이 세상에 또 있을까 싶다. 아득한 수렵 생활 때부터 걷고 또 걸어야만 존재할 수 있었던 유전자가 우리 몸에는 깊게 박혀있지 않은가.
풍경이란 묘한 것이다. 내가 꽃을 보지 못했다고 하여 꽃도 나를 보지 못한 것은 아닐 테니까. 꽃은 언덕 아래쪽에서 숨 가쁘게 올라오는 나를 보며 생각에 잠겼을 것이다. '왜, 나를 보지 못하고 스쳐 가는 것일까! 풍경에도 말을 걸어주어야 윤기가 나는데, 풍경의 마음을 모르는 사람이구나!'하고 산철쭉이 중얼거렸을 것 같다. 산철쭉은 민들레처럼 홀씨가 바람을 타고 이동하는 것도 아니고, 금작화처럼 꼬투리가 터져 씨가 퍼져나가는 것도 아니기에, 숲길 가장자리 숨이 차오르는 언덕배기에 호젓이 있기에 눈에 띄었을 텐데 말이다.

이렇게 아름다운 순간은 쉽게 만날 수 없다. 햇살의 눈부심이 있어야 하고, 저편 산등성이 어디쯤 해가 걸려야 하고, 나무들 사이를 뚫고 들어오는 광원도 힘이 있어야 하고, 산철쭉은 봄날 중에서 가장 아름답게 피어있어야 가능한, 이 모든 시간은 새로운 눈을 얻는 순간이다. 익숙한 것들이 낯설게 보일 때는 마음에 파문이 일곤 하는데, 삶의 예지를 느낀다거나 미적 인식을 할 때가 그러하다.

지금, 이 시간 중요한 것은 풍경을 느끼며 숲길을 산책하는 것이다. 봄날의 햇빛이 숲을 뚫고 들어와 내 안에 빛을 심고 있다. 어쩌면 다시 오지 않을 수도 있는 저 애련한 산철쭉 두 송이를 가만히 바라보는 것만으로도 봄날은 눈부시고 인생은 아름답다. 햇빛은 역광이라 산철쭉 두 송이 속살까지 비추어 꽃의 실핏줄이 보인다. 앙바틈한 산철쭉 나무가 내년에는 좀 더 튼실하게 자라고 꽃도 흐드러지게 피기를 기원하며 아기 살처럼 보드라운 분홍빛 잎을 살며시 만져본다. 봄날 숲길은 어느 곳에나 꿈을 심어 놓았다. 반짝이는 꿈을 한 아름 캐서 돌아가는 건 꿈꾸는 산책자의 몫이다.

3부

비스듬히 산벚나무 한 십 년 지켜보기, 프란츠 카프카의 「꿈을 꾸듯이 꽃이 매달려 있었다」

산비탈에서 비스듬히, 45도쯤 기울어져 자란 산벚나무를 보았다.

다른 나무들은 곧게 자라 하늘을 향해 쑥쑥 커가는데 어떤 사연인지 꽃을 활짝 피운 산벚나무만이 비스듬히, 그것도 45도쯤 기울어져 있었다. 중심을 잡기 어려웠을 텐데, 여름철 비바람이 몰아치면 밤하늘의 별처럼 많은 나뭇잎과 수많은 잔가지들이 세차게 흔들렸을 텐데, 존재마저 부정하고 싶을 정도로 중심의 괴로움을 느꼈을 텐데, 나무는 올해도 또 꽃을 피웠다. 해마다 봄이 오면, 아니 겨울이 깊어갈수록 비스듬히 꽃을 피우는 산벚나무가 그리웠다. 어느 해 봄에는 새순이 돋을 때부터 매일 숲으로 가서 산벚나무를 바라보곤 했다. 비스듬히 서서 꽃을 피우려 무진 애를 쓰는 산벚나무를 응원해주고 싶어서 줄기를 쓰다듬기도 하고, 힘내라고 어떤 날은 바흐의 <류트 모음곡 c단조 BWV 997>과 모차르트의 <플룻과 하프를 위한 협주곡> K.299 중 2악장 Andantino를 들려주고, 또 어떤 날은 브람스의 <6개의 피아노 소품 op.118> 인터메조 1, 2, 4번의 음악을 들려주기도 했다.

산비탈 숲에서 비스듬히 자란 산벚나무가 꽃을 피웠다.

클로드 모네, <앙티브Antibes>, 1888

    비스듬한 산벚나무를 생각하면 바닷바람에 등이 굽은 클로드 모네의 그림 <앙티브Antibes>(1888)가 생각나고, 체코의 보헤미아 숲에서 보았던 풍경이 떠오른다. 끝없이 펼쳐진 들녘에는 눈부신 햇살이 지평선까지 점령하고 있었다. 들녘으로는 거대한 정적과 투명한 햇살이 쏟아졌다. 진공상태처럼 텅 비어 보인 들녘은 낭만주의 회화에서 보았던 목가적인 정경이 쓸쓸한 파문을 일으켰다. 한낮인데 이렇게 고요할 수 있다니! 농가에는 소젖을 짜는 외양간이 있었는데, 강진이나 해남에서 본 외양간보다는 컸지만 큰 눈을 끔벅거리는 소는 언제 보아도 정겨웠다. 주황색 기와지붕 아래 소박한 창문에는 빨강 체크무늬 커튼이 드리웠고, 진분홍, 노랑 제라늄이 핀 작은 화분들은 집에 생기를 불어넣었다. 들녘 저만치 성냥갑만 한 집 옆에 어렴풋이 나무가 보였다. 황금빛 들녘일지라도 눈이 부시다 보면 순간 빛-어둠

조금 흐린 날의 비스듬히 비스듬히 산벚나무

이 느껴져 눈앞이 캄캄할 때가 있는데, 멀리 나무가 보이는 풍경이 그랬다. 빈 들에 홀로 서서 마냥 떨어지는 햇빛을 받는 나무라서 낯설고 신성한 느낌이 든 것일까. 들녘을 걸어 나무로 갔다. 수령이 오래돼 보이는 나무는 신기하게도 대지를 향해 누울 듯 기울어진 채 있었다. 초원 같은 보헤미아 들녘에서 대지의 모성에 기대고 싶었던 것일까, 광야를 찾아오는 방랑자의 발소리를 가까이 듣고 싶었던 것일까.

산벚나무가 비스듬히 휘어져 자라고 있었다. 닿을 수 없는 그리움에 몸을 구부린 것일까. 나무는 비스듬히 자라면서 휘어지기까지 했으니 시간의 풍상을 많이 받은 것인지도 모른다. 45도쯤 기울어져 자란다는 게 쉽지 않았을 텐데 나무는 해마다 꽃을 피워 숲을 환하게 한다. 폭설이 쌓이면 나뭇가지가 부러지진 않았는지, 장대비가 내리면 나무가 쓰러지지 않았는지 마음이 안쓰러웠다. 산책할 때면 기울어진 나무줄기를 쓰다듬는 게 버릇이 된 것도 잘 자란 것에 대해 고마움도 있지만, 어쩌면 나 자신도 나무와 같기를 바라는 염원 때문인지 모른다. 꿈을 꾸듯이 꽃을 피운 산벚나무를 보면서 카프카의 「꿈을 꾸듯이 꽃이 매달려 있었다. Träumend hing die Blume」란 시구가 생각났다.

> *꿈을 꾸듯이 꽃이*
> *높다란 줄기에 매달려 있었다.*
> *석양이*
> *그 꽃을 감쌌다.*
>
> -프란츠 카프카 시, 「꿈을 꾸듯이 꽃이 매달려 있었다」 전문

나무들은 뿌리를 땅속 깊이 박고 있어서 바람에 흔들리지 않는다고 하지만 나무만큼 중심의 상실을 걱정하는 사물이 또 있을까 싶다. 우듬지에서부터 바람이 불면, 바람이 부는 대로 흔들리면서 존재의 불안을 느끼는 게 나무다. 카프카의 시구처럼 "꿈을 꾸듯이 꽃이/높다란 줄기에 매달려 있었다" 기울어진 채 성장하며 꽃을 피운다는 게 쉽지 않았을 텐데 그래도 산벚나무는 자신만의 모습으로 숲에 생기를 불어넣고 있다. "석양이/그 꽃을 감쌌다"라는 아름다운 말은 카프카가 보았던 보헤미아의 나무뿐만 아니라 세상의 모든 나무에 대한 헌사라는 생각이 든다.

비스듬히, 45도 각도로 기운 채 살아가는 산벚나무도 기름진 땅에 우아하게 서서 꽃을 틔우고 밤이면 빨갛게 익어가는 버찌로 봄 등불을 켜고 싶었을 텐데 마음 먹은 대로 되지 않았을 것이다. 산벚나무는 생의 혹독한 시련을 겪었고, 지금도 그렇게 생을 만들어가며, 한 해도 거르지 않고 꽃을 피우고 있다. 수직으로 곧게 서지 못했기에 뿌리는 생존에 대한 저항력을 더 강력히 다지며 기울기에 적응했을 것이다. 산벚나무가 뉴턴의 제1 법칙을 알 리 없지만, 나무는 기울어지면서도 자기 상태를 유지하려는 관성으로 올해도 꽃을 피웠다. 비스듬히 겨울을 나고 봄을 맞이한 산벚나무를 바라본다. 삶의 경사면에서 꽃을 피우기 위하여 절치부심하는 나를 가만히 바라본다. 우리 둘은 닮은 데가 있다. 나의 또 다른 나, 산벚나무여.

한 십 년 산벚나무를 지켜보는 나도 한 그루의 산벚나무다.

눈 덮인 겨울 숲은
'엘리시움'이다

-프란츠 카프카의 시 「나무들」,
 우리가 눈 속에 파묻힌 나무들과 같기 때문

  약동하는 삶이 환희라면 죽은 듯 지내는 삶은 기다림이다.
  겨울 숲에는 동면에 든 나무들이 죽은 것처럼 서 있다. 아주 여린 숨만 쉬면서 꽁꽁 얼어붙은 시간을 견디는 나무들은 해빙기의 아침이 찾아올 때까지 장엄하게 서서 삶과 죽음에 대해 숙고한다. 별과 달만이 비밀을 알고 있다. 나무들이 겨울밤에 쓰는 편지에는 삶과 죽음, 기다림에 관한 내용이 많을 것 같다. 나무들도 뿌리를 내릴 때는 바위나 돌이 많은 곳은 피한다는 식물생리학자 스테파노 만쿠소(Stefano Mancuso)의 말을 떠올리지 않더라도, 오래전부터 나무들은 본능적으로 생각을 한다고 믿어 왔다. 대상을 낯설게 보려는 문학적 상상이든 현실을 보다 더 깊이 인식하려는 초현실주의적 몽상이든, 나무들은 지구별에 첫 뿌리를 내린 날부터 진화를 거듭하며 생각을 쌓아왔을 것이라 여겼었다. 겨울 숲에 오면 살아 있지만 죽은 것 같고, 죽은 듯하지만 꿈을 꾸고 있을 나무들을 보며, 존재한다는 건 끊임없이 누군가에게 기다림의 신호를 보내는 일이라 생각한다. 뜨개질하는 어머니가 기다림을 얽고 짜서 사랑이라는 이름의 털옷을 짓는 것처럼, 나

길 끝에는 무엇이 있을까?

눈 덮인 저 숲길 끝에 엘리시움이 있다.

겨울 숲길의 끝, 길의 시작.

언덕 너머 길 또 숲길

겨울 숲 흰 눈 속의 산 머루

무들도 겨울 동안 기다림의 시간을 엮어 봄에 건넬 사랑의 비망록을 쓰고 있다. 영하 25도로 기온이 곤두박질쳐 숲을 얼음 왕국에 가두려 할 때, 나무의 언 살이 터져 햇빛에 빛날 때, 삶과 죽음과 기다림의 변증법으로 봄날을 꿈꿨다는 말이 겨울의 명상록처럼 적혀 있을 것이다. 나무의 비망록에는 봄을 기다리는 시도 들어 있을 것이다.

  바람이 눈을 쓸어간 숲길을 걸으며 차가운 나무들을 만져본다. 나무들은 죽음마저도 생의 또 다른 축제로 생각하고 있어서 의연한 것인지, 처연함마저도 의연하게 극복하여 나무다운 것인지, 지극히 인간적인 이성만으로는 헤아릴 길 없어 나무들의 생각을 묻는다.

  나무는 죽음을 소멸이라 생각하지 않고 환상이라고 생각할 것 같

잔설 속의 산 머루

다. 생의 한가운데 서 있는 나무들은 현실이라는 공간에서 제한되고 반복된 시간을 살지만, 죽음은 비로소 나무를 꿈꾸던 별로 데려가기 때문이다. 나무들도 사람처럼 죽음에 이르러서야 진정한 자유를 누린다. 삶을 얽어맸던 시간을 풀어헤친 곳을 환상의 섬이라고 부른다면 나무들도 죽음을 통해 그 섬에 갈 수 있으니 영원회귀하는 시간 속에서 보면 죽음도 우리가 알 수 없는 또 다른 우주일지 모른다. 겨울 숲길을 산책하다 보면 죽음이란 삶의 이면에 있는 또 하나의 낯선 세계일 수 있다는 생각이 차올라 예전에 미처 느끼지 못했던 감성에 눈꽃이 필 때가 있다. 죽음은 어두운 시간이지만 어둠이 깊으면 빛이 차오를 것이란 사실을 나무들은 알고 있다. 카오스 건너 존재하는 환상의 땅 엘리시움(Elysium)에서 나무들은 환생하여 다시 우리 곁으로 온다.

　기원전 8세기경 호메로스는 엘리시움 평야를 가이아(대지) 전체를 둘러싸고 있는 오케아노스 강 연안 서쪽 가장자리라고 말했고, 기원전 7세기경 헤시오도스 시대에서는 서쪽 바다에 있는 행운의 섬(Fortunate Isles) 또는 축복받은 자들의 섬(Isles of the Blessed)이라 했다고 한다. 고대 그리스인들이 믿었던 이상향 혹은 축복받은 자들이 갈 수 있는 낙원 같은 곳이니 어쩌면 세상을 아름답게 한 나무들은 엘리시움을 거쳐 지상으로 환생한 것인지 모른다.

　겨울 숲속으로 가는 아득한 길에서 엘리시움을 보았다. 살아 있지만 죽은 듯하고, 생장이 멈춘 듯하지만 생장이 진행 중인 생명의 마법사가 나무들이다. 한겨울이라지만 나무들의 세계에 들어오면 우리 생의 엘리시움이 펼쳐진다. 어딘가 있으면서 존재하지 않고, 부재하지만 어딘가 있다고 믿게 되는 땅이 엘리시움이다. 정신이 빙하를 깨고 솟구쳐오르는 것 같은 겨울 숲길을 걸어가면 새롭게 보이는 것들이 있다. 눈 맞은 나무들은 도래할 미지를 맞이하기 위해선 폭설에 갇혀 조금 더 단단해져야 한다고 말한다. 겨울나무들은 영적으로 더 각성되어 있고 고결한 정신을 유지하고 있어서 철학자처럼 여겨진다. 그 어떤 일체의 장식으로부터 구속받지 않는 자유의 모습이다. 잎과 꽃, 열매마저 버리므로 나무는 자신을 속박하지 않는다. 먼 옛날부터 나무들은 디오게네스(Diogenes) 종족이 아니었을까. 자족과 무치(無恥)가 행복에 필요하다고 말하며 자유로운 생활을 실천한 철학자. 나무들은 말 없음으로 사람을 각성하게 하는 존재 같다.

　눈 덮인 숲길이 엘리시움이란 곳을 알게 해준 또 하나의 발견은 산머루 때문이다. 아주 싱싱한 산머루가 눈밭 숲에 숨어 있었다. 산책자를 위해 신이 내린 선물이 아닐까. 먼 곳까지 걸어왔으니 한 알 따서 맛을 음미하며 신선한 기운을 얻으라는 것이다. 한 알을 따 먹어보니 정신이 맑아진다. 산머루는 가을부터 서리를 맞고 영하의 추위와 눈 속에서 양분과 당도가 응축되어 야생에서만 느낄 수 있는 신묘한 맛을 지녔다. 독일 포도 농가 농부들은 찬 서리를 맞아 당도가 응축된 완숙된 포도를 영하 7도 이하에서 얼 때까지 기다린 후 수확, 동결된 상태로 압착하여 술을 빚는데 이 귀한 포도주를 '아이스바인(Eiswein)'이라고 한다. 그 맛이란 아프로디테 여신과 입맞춤을 한 것 같은 신비를 품고 있다고 할까, 겨울 숲, 산머루의 맛은 그 이상이었다. 산머루를 한 알만 따 먹었다. 나머지 한 알은 조그마한 머리에 눈송이만 한 흰 무늬가 있는 박새 것이고 또 다른 한 알은 눈이 맑은 어린 고라니, 꼬리가 몽실몽실한 갈색 여우의 것도 있고, 기다란 귀를 쫑긋 세우고 눈밭을 여행하는 겨울잠을 자지 않는 산토끼 것도 한 알 있고, 마지막 한 알이 남았다면 아마도 겨울 숲에 사는 은자(隱者)의 것일지도 모른다.

　겨울 숲은 누군가를 위하여 일용할 양식을 남겨두었다. 강추위와 눈밭, 얼어붙은 대지 속에 숲은 여기저기 먹이를 감춰두고 있다. 산머루 외에도 해발 1000미터 높은 산에는 마가목의 빨간 열매가 주렁주렁 달려 겨울철 먹잇감이 되어주고, 팥알만 한 먼나무의 빨간 열매, 굵직한 진주알 같은 청다래 붉은 열매, 덜꿩나무 열매와 팥배나무 열매도 빨강 색깔을 자랑하며 산새들을 유혹한다. 얼은 땅이라지만 흙 속에서는 그래도 생명이 잠을 자고 있고, 오래된 참나무 그루터기, 나무 구멍 속에서 겨울잠을 자는 다람쥐는 내 발소리를 듣고 있을 것이다. 오로지 광막한 우주를 보며 밤하늘에 별이 빛난다면 지상에는 또

겨울을 나는 산짐승들을 위한 열매들

다른 별-나무가 있다. 산언덕에서 별이 더 잘 보이듯 우주에서 보면 나무-별이 잘 보일 것 같다. 나무들은 지상의 아름다운 별이 되어 사람들이 우러러보게 만드는 마력이 있다.

숲에서 가장 아름다운 곳은 내가 '철학자의 길(Philosophenweg)'이라 이름 붙인 오솔길에서 산책자를 기다리는 나무 벤치다. 눈 쌓인 숲길 모퉁이에 고즈넉이 있는 벤치는 묵상하는 철학자를 닮았다. 누구든 숲길을 걷다 벤치에 앉아 풍경이 될 수 있고, 산새 소리에 가만히 귀 기울일 수 있고, 바람의 이야기를 들으며 자기 자신과 마주할 수 있는 곳이 바로 '철학자의 길'이다. 숲길 가장자리 오목이 들어간 공

잎사귀에 남은 눈과
청보랏빛 산 머루

간에 있는 나무 벤치에 어떤 날은 다람쥐 한 마리가 앉아서 가만히 사색 중인 것도 보았고, 어느 날은 산새 두 마리가 포르르 날아와 앉는 것을 보기도 했다. 봄, 여름, 가을, 겨울나무 벤치 길은 아주 독특한 운치를 자아내는 나만의 산중 카페였고, 특히 눈 쌓인 숲속 나무 벤치는 내면 가득 쌓인 이야기를 고백하고 싶은 겨울 고해소였고, 봄비 내리는 나무 벤치에 있으면 빗소리의 공명이 들려왔다. 여름 숲에서 뿜어대는 초록 향기는 내가 얽매어 있다고 여기는 모든 것들로부터 해방감을 느끼게 했고, 가을날의 낙엽 지는 숲길 나무 벤치는 라이너 마리아 릴케의 시 「가을날」을 읊조리게 하며 위대한 고독과 사색하는 자의 기쁨을 차오르게 했다.

겨울, 숲, 나무, 벤치, 길. 나는 나무 벤치를 철학자의 길이라 부른다.

눈 내린 숲길은 동결되지 않는 꿈을 꾸는 산책자만이 걸을 수 있다

겨울 숲의 눈 덮인 장엄

밤새 쏟아진 눈으로 빙하기의 아침을 맞았다.
숲은 눈덩이에 점령당했다. 파르스름한 하늘만 숲 사이로 겨우 보였고 그마저도 잿빛으로 칠해져 있었다. 해가 떴지만, 영하의 겨울 숲은 얼어붙은 시간 속에서 녹을 기미가 없었고 햇빛이 눈에 반사될 때마다 가끔 은빛 날개를 반짝였다. 눈 쌓인 숲길을 걸으면 지울 수 없게 엉겨 붙어 있던 생의 욕망, 정념 같은 것들이 신기하게도 지워져 눈사람이 되어버린 내가 보였다. 무아(無我)의 진리를 깨닫는 건 성인들에게나 찾아오는 각성이라고 여겼지만, 눈 덮인 겨울나무들은 깨달음마저도 던져버린 모습으로 서 있었다. 나무들은 존재자이면서 모든 번뇌의 속박에서 벗어난 상태처럼 보이지만, 프란츠 카프카는

시를 통해 나무들의 허약함을 고백하고 있다.

우리가 눈 속에
파묻힌 나무들과 같기 때문이다.
겉보기에 나무들은 불안하게 서 있어.
작은 충격에도
옆으로 쓰러질 수도 있다.
아니, 그럴 수는 없다.
나무들은 땅과 단단하게
결합되어 있기 때문에.

걷고, 걷고, 또 걷는 자만이 내면에 닿을 수 있다

나무들은 꿈을 꾸기 때문에 얼지 않는다

그런데 사실,

그것조차도 단지 겉보기에 그럴 뿐이다.

-프란츠 카프카 시, 「나무들Die uBmäe」 전문

그래, 나무들도 나 같은, 인간 같은 나무구나 하는 연민에 눈 덮인 수피를 쓰다듬으며 엘리시움을 향해 걸어갔다.

해거름 녘 조붓한
오솔길에서 만난 사슴벌레

-에드거 앨런 포의 「큰까마귀」와 어둠의 색

해거름 녘 조붓한 오솔길을 내려가다가 사슴벌레를 만난 것은 행운이었다.

숲에는 어둠이 빨리 내려온다. 어두워지는 숲에 홀로 남는다는 것은 무서운 일이었고, 땅거미가 발밑에만 찾아와도 헨젤과 그레텔처럼 숲에서 길을 잃었다는 생각이 들어 등골이 오싹해지기도 하고, 바람에 흔들리는 나뭇가지만 보아도 멈칫할 때가 있었다. 해가 떨어지고 어둠에 물든 숲은 상상력 밖의 세계였다. 삼백예순 날 가까이 걸었건만 까맣게 변한 길은 낯설기만 했다. 아마도 에드거 앨런 포(Edgar Allan Poe)의 시 「큰 까마귀 The Raven」에서 보았던 윤기 나는 흑색 까마귀의 거대한 이미지가 숲을 덮은 것 같은 생각도 공포에 한몫했다. 어둑해지는 길을 내려가다가 발을 내딛는데 느낌이 이상했다. 어떤 물체가 움직이는 것 같았다. 순간, 반사적으로 발을 먼 곳으로 딛다가 중심을 잃고 쓰러질 뻔했다. 다시 중심을 잡고 몸을 구부린 채 "무엇일까?" 하고 땅을 유심히 보았다. 포의 시구처럼 "나는 두렵고 의심스러운 마음으로/어둠을 뚫어지게 바라보았다."

어스름한 땅거미 무렵
숲길에서 마주친 사슴벌레

'아! 이런, 이게 뭐지?' 새까맣게 생긴 큰 벌레가 움직이고 있었다. 십 년 동안 이 숲에서 산책자로 거닐며, 딱따구리와 어치와 직박구리와 콩새와 딱새, 무당벌레를 수없이 보아왔지만, 이렇게 큰 벌레를 본 건 처음이었다. 어스름 무렵 더 새까맣게 보이는 벌레는 2cm가 조금 넘어 보였고, 몸빛이 진한 흑갈색에, 큰 턱이 집게 모양으로 두 갈래로 갈라져서 사슴의 뿔 같은 모양을 하고 있는 것으로 볼 때 사슴벌레 같았다. 어릴 적 경복궁이 내려다보이는 인왕산에 올라 친구들과 함께 풍뎅이, 잠자리, 사슴벌레를 잡아 본 적이 있다. 얼마나 많은 세월이 흘러서 다시 마주한 사슴벌레인가, 심장이 고동치기 시작했다. '아, 까맣게 잊고 살았었는데……' 이상하게도 사슴벌레는 내 주위를 맴돌 뿐 별

다른 움직임이 없었다. 뒤를 돌아보니 또 한 마리의 사슴벌레가 있는 게 아닌가. 두 마리의 사슴벌레가 로맨스를 즐기는 것 같았다.

사슴벌레는 생을 낯설게 보여주고 있었다. 익숙한 것에 물들어 다람쥐 쳇바퀴 돌 듯 살아가는 일상에서 어둠의 제왕 같은 사슴벌레를 처음 만난 듯했으니 그럴 만도 했다. 오묘한 검은색을 지닌 사슴벌레는 어둠 세계의 하데스 같았다. 그 옆에 조금 작아 보이는 사슴벌레는 페르세포네일까. 점점 어두워져 가는 숲에서 낯선 시간 속으로 빨려들어갔다. 무서운 생각도 들었지만, 어둠에 물들다 보면 나무들도 말갛게 보이는 게 느껴졌다. 먹물 같은 어둠은 영원히 닿을 수 없는 곳

숲길의 어둠이 짙어져서
불빛을 받은
사슴벌레 두 마리

에서 반짝이는 별빛에 미세한 틈을 내주며 허물어지곤 다시 어둠을 복원하곤 했다. 사슴벌레와 마주친 어스름한 시간 앞에서 삶은 점선 같은 우연으로 만들어진다는 생각이 들었다. 어떤 일이 일어날지 모르는 영원한 미지의 시간 속에서 가보지 못한 길을 걸어가야만 하는 게 삶일 것이다. 우리는 오랜 친구처럼 대화를 했다. 내가 먼저 침묵의 소리로 말을 걸면 사슴벌레가 대답했다. 숲속에 사는 영물들은 타자의 생각도 눈치채는지 사슴벌레가 먼저 말을 한 적도 있다. 그럴 때면 내 마음을 읽었다는 듯 어둠 속의 빛 같은 말을 툭 던지곤 했다. 사슴벌레가 내게 말한 건, "누구에게나 삶의 비책 같은 건 없다!"였다. 사슴벌레들도 별을 바라보며 묵묵히 살아가고 있었다. 앞에 무슨 일

이 생길지 모르고, 움푹 파인 웅덩이가 나타날지, 거센 비와 폭풍, 혹한에 생의 마디가 끊어져 나갈지, 적들의 공격이 있을지 모르지만 살아가며 희망을 만드는 중이다. 어둠이 짙어져 갔고, 나무와 바람과 별과 정적뿐이었지만 난생처음 겪어보는 신기한 생각에 숲의 어둠이 무섭지 않았다.

사슴벌레들과 헤어질 시간이다. 다시 만나기란 불가능할지도 모른다. 숲을 반쯤 깎아 아파트를 세우고 공원을 만든다는 표지판이 붙은 지 오래다. 어디서 무엇이 되어 다시 만날지 서로의 삶을 가늠할 길이 없다. 미안한 마음에 사슴벌레가 무탈하기를, 더 좋은 숲과 나무를 찾

사슴벌레의 모험

아가기를 소망한다. 광막한 우주에서 먼지 한 톨만 한 무게도 갖지 못한 우리가 이렇게 만났다는 것만으로도 가슴이 설렌다. 나를 꿈꾸게 하는 건 무엇일까? 세속적인 욕망은 시간이 지나도 뭉게구름처럼 일어나지만, 숲속의 나무들과 조붓한 오솔길은 어머니처럼 변함없이 나를 맞아준다. 자연에서 지혜를 찾던 인디언 마음으로 숲길을 걷다 보면 마음 한구석에서 씨앗이 숨 쉬고 있는 듯한 느낌이 들 때가 있다. 해 저무는 풍경 속에서 저 아래 마을 신작로에 주황빛 가로등이 켜지는 것을 보면 말할 수 없는 그리움에 눈가가 발갛게 물들곤 한다. 숲의 세계로 돌아간 사슴벌레들도 그럴 때가 있을지 모르겠다.

원초적 푸른 하늘과 연둣빛 물드는 메타세쿼이아 나무 숲길, 직선의 미학

-가브리엘 가르시아 마르케스 『백 년의 고독』, 나무의 고독

  직선의 미학을 생각한다.
  숲길을 걸을 때면 모퉁이가 휘어지고 구불구불한 길, 에둘러 돌아가는 산모롱이 길을 좋아하지만, 나무들이 보여주는 직선의 미학, 그 상쾌함이란 무엇과도 비교할 수 없을 만큼 아름답다. 세상의 불균형과 마음의 산만함을 부정이라도 하듯 곧게 솟아오른 나무들을 바라보는 것만으로도 등이 펴지고 어깨에 힘이 들어간다. 메타세쿼이아가 촘촘히 들어선 숲길에서는 희망의 냄새가 났다. 단테는 『신곡』 지옥의 문 앞에서 "여기 들어오는 자, 모든 희망을 버려라", "여기서 길을 잃은 자는 모두 돌아올 수 없다"라고 했지만, 나무들의 문 앞에서는 "여기 들어오는 자, 모든 희망을 가져라!", "여기서 길을 잃은 자는 모두 환희의 송가를 부르리라"라는 소리를 들을 수 있다. '희망을 버려라'와 '희망을 가져라' 사이에는 절망이 도사리고 있다. 절망이란 극한 상황의 허무한 상태를 의미하지만, 중력이라는 운명을 극복하는 나무들을 바라보면 나도 모르게 흙을 밟고 있는 발바닥에서부터 희망이 움트는 것을 느낀다. 희망의 싹이 나오려는지 발바닥이 간지

4월 12일 나무들. 푸른 하늘 아래 직선의 나무들이 솟구쳐 오른다

4월 12일 나무들

럽고 정신에서는 초록빛 꿈이 불꽃을 일으키고 있다.

숲길은 생각의 실마리가 풀리는 곳이다. 글을 쓰며 상상력이 필요한 순간 나무와 새와 벌레, 풀, 바위가 있는 길을 걸으면, 낯선 시간 속에서 정신이 각성하고 온몸의 핏줄에는 힘이 차오른다. 상처받은 마음에 숲길을 걸을 때 변함없는 생명의 아우성은 나를 치유한다. 숲은 문학적 상상력이 샘솟는 마법의 공간으로 시와 산문, 철학적 동화의 영감을 주곤 하는데, 프랑스에서 출간된 『바오밥나무와 방랑자』를 구상할 때도 숲의 도움을 받았다. 책 속의 딱따구리, 순간 수집가, 무당벌레, 꽃차 연금술사, 여행 중인 엉겅퀴 홀씨, 숲 앞에서 발로 땅을 쿵쿵 구르는 여자, 히말라야 부탄 왕국에서 온 파란 양귀비꽃, 그림자를 찍는 사진사 등을 만난 곳도 숲길이다. 중세 고딕 시대의 체코 문학인 <여우와 물병 Liška a džbán>, <임금의 귀는 당나귀 귀 Král má oslí usi> 같은 우화도 숲에서 나왔고, 독일의 구전되는 민담을 수집하여 만든 『그림동화 Kinder-und Hausmärchen』, 「헨젤과 그레텔 Hänsel und Gretel」도 게르만족이 나온 숲을 무대로 만들어졌고, 세상의 수많은 신화와 전설, 동화가 숲에서 탄생했으니, 숲 어딘가에는 신비한 이야기들이 숨어 있을 것만 같았다. 나무들이 울창한 숲길을 걷다 보면 평소에 생각하지 못했던 이미지들이 샘 솟고, 식물들의 맑고 푸른 기운 때문에 생각이 맑아진다.

메타세쿼이아 나무들이 굴곡진 흔적 없이 아름드리 줄기를 위로 뻗어 올린다는 건 얼마나 위대한 일인지. 나무를 올려다보는 것만으로도 경이로운 생각이 든다. 그러나 하늘을 찌를 듯 나무가 거대해질수록 뿌리가 지탱해야 할 중심의 괴로움은 얼마나 깊을 것인지. 지상에 모습을 드러내지 않으면서 몸에 생명을 불어넣는 뿌리에서는 실존을 위한 불꽃이 끊임없이 타오른다. 나무의 몸이 노출된 외부 세계는 바람 잘 날 없는 투쟁의 현장이다. 나무에 붙어서 나무를 파먹는 나무굼벵이, 나무좀으로부터 벼락이 내리쳐서 큰 나무가 두 쪽으로 갈라지기까지, 나무는 자신의 치유력으로 상처 입은 삶을 복원시킨다. 다만 시간이 필요할 뿐이다. 좀에 쏠게 되어 가루가 된 자리, 새가 구멍 뚫은 흔적, 불에 탄 검은 줄기에서도 새순을 돋아나게 하려면, 강렬한 희망으로 시간을 견뎌야만 한다. 나무를 비롯하여 자연에 있는 모든 사물은 시뮬라크르(Similacre)가 아니다. 존재의 뿌리에 얽혀 숨을 쉬며 살아가야만 하는 게 나무의 숙명이다. 메타세쿼이아를 볼 때마다 숙명에 대한 사랑을 실천 중인 모습이 거대한 희망처럼 느껴지는 건 무엇 때문일까. 탄력 있게 뻗어가는 줄기와 연둣빛 잎에서 느껴지는 두근거리는 떨림도 작은 희망의 단서이지만, 땅속에서 생의 중심을 위하여 균형을 잡고 사는 뿌리야말로 자라고 있는 게 보이는 희망 같다. 빛이 닿지 않는 어둠 속 뿌리에는 바깥세상을 비추는 창문이 많이 달려 있을 것이다.

나무들에도 힘든 시간을 견뎌야 하는 때가 있다. 3월 6일, 봄이라고는 하지만 나무들은 아직 겨울빛을 머금은 채 우수에 젖어있다. 어느 순간 싹을 틔워 새순을 밀어 올리는 것 같지만, 겨울나무에서 봄나무로 변신하기까지는 기다림이 필요하다. 기다림에는 고독이 동반된다. 차라리 죽은 듯한 대지에서 삶마저도 망각한 채 지낸 겨울이 따뜻했을 수도 있고, 찬란했던 날을 반추할 수 있던 눈 덮인 날이 나무에게는 행복한 시간이었을지 모른다. 겨울은 꽃을 피우기 위한 번민도 존재를 위한 고독도 없이 별빛을 스치는 숨결만으로도 연명할 수 있

3월 6일 나무들. 누구보다 먼저 봄을 감지하는 나무들은 지금 생을 숙고 중이다. 연둣빛 잎은, 꽃망울은…

3월 6일 나무들

4월 12일 나무들

나무 새 꽃, 느림의 미학

클로드 모네의 <네 그루의 나무Les Quatre Arbres>(1891) 보다
더 아름다운 이 나무들은 건물이 들어서면서 베어져 아무도 모르는 곳으로 갔다.
2022년 4월 12일

었으니까. 그러나 3월 초는 얼어붙은 땅에서 수선화가 피기까지 기다림이 필요하고 망각했던 고독마저 되살아오는 때다. 죽은 것 같은 갈색 나무는 봄이 오는 시간에 맞춰 어떻게 연둣빛 잎을 피워야 할까? 물오르는 자리마다 어떤 빛깔을 띠어야 할까? 꽃망울은 봉긋봉긋 피어오를까?…… 나무들이 우수에 젖어있다는 것은 꽃을 피우려는 기쁨을 위한 시름이 깊다는 것을 의미한다. 바야흐로 나무들이 가장 고독해지는 시기이다. 가브리엘 가르시아 마르케스는 『백 년의 고독』에서 '인간의 운명은 고독 속에 있다'라고 말했지만, 나무의 운명이야말로 고독 그 자체이며, 세계를 이롭게 만드는 위대한 고독자가 나무들이다. 사람들은 나무의 아름다운 고독 앞에서 무장 해제당하며 조금 더 선하고자 하는 의지를 지닌 모습으로 다시 태어난다. 새로 태어나려는 것들은 설렘이라는 무기로 하나의 세계를 파괴해야만 한다. 봄나무들은 지금 생의 매듭을 또 하나 풀어가는 길목에서 움트는 시간마다 연초록 잎을 달고 있다.

　도심 속에 메타세쿼이아 숲이 있다는 사실은 놀랍기만 하다. 산 너머 오솔길에서 시작된 봄은 도시를 뚫고 게릴라전을 하는 파르티잔(partizan)처럼 출몰한다. 어제는 메타세쿼이아 나무에서 잿빛 겨울을 탈취해가더니 오늘은 목련 나무에 신호탄을 쏘아 올리며 봄빛을 환하게 한다. 메타세쿼이아 숲 한쪽에는 천주교광주대교구가 있다. 오래전 신학대학이 있던 캠퍼스로 근대 건축 문화유산이기도 한 이곳의 건물은 모더니즘 건축가 미스 반 데어 로에의 철학인 '적을수록 더 좋다.' 혹은 '단순한 것이 가장 아름답다'(Less is more)를 연상시킬 만큼 단순하다. 청년 신학생들은 신학대학 건축물에서조차 인간적인 미니멀리즘을 생각하고, 신의 그릇인 완전성의 크기(Größe einer Vollkommenheit)에 대하여 묵상하며 신부님이 되었을 것이다. 봄이 오는 숲길을 동네 사람들과 신부님과 수녀님이 산책한다. 햇빛도 따라 걷고 강아지도 따라 오는 풍경 속에 메타세쿼이아를 감상하는 사람들 마음에는 나무 한 그루가 자라고 있을 것만 같다. 나무를 보는 사람들 얼굴이 환한 것은 나무를 우리 생의 또 다른 자아, 생의 구비에서 만난 아름다운 사람으로 생각하기 때문이 아닐까.

불가능한 것에 부딪히는
아름다운 유희, 나무들

-라이너 마리아 릴케의 『두이노의 비가』와 아름다움, 가지 않은 숲길

    불가능한 것에 부딪히기 위해서 나무는 꿈을 꾼다.

    꿈은 부재한 실존이며, 실재하는 허무다. 있지 않으면서 실제로 존재한다고 믿기에 꿈은 아름다운 허무 같다. 안개처럼 보일 것 같은 데 사라지고, 손에 잡힐 것 같은 데 미세한 물방울은 금세 증발하고 마는 허상 같은 꿈. 사람의 꿈이 실현하고 싶은 희망이나 이상이라면, 나무의 꿈은 죽은 땅에서도 잠든 뿌리를 깨우는 일 아닐까. 뿌리를 땅속에 박고 거대한 몸을 지상에서 수직으로 존재하는 나무를 볼 때마다 삶이란 자기를 곧추세우며 존재를 증명해야 하는 과정임을 느낀다. 나무는 가뭄과 더위, 폭우와 태풍, 폭설과 영하 수십 도의 날씨에도 견디며 살아간다. 바위보다 무거운 침묵으로 사색하고, 계절마다 변신하며 색의 향연을 펼치고, 바라보는 이에게 조금은 철학적인 질문을 품게 하는 그 묵언의 수사학은 나무만이 할 수 있는 것이다.

    숲에서 두 갈래로 난 길을 보았다.
    봄비가 내린 탓인지 나무들은 짙은 흑갈색을 띠고 땅은 군데군데

눈부신 봄날, 숲길에는 바람이 데리고 온 아카시아꽃이 생의 찬란한 시간을 증언하고 있다.

젖어 있다. 꽃비에 섞인 아카시아 향은 봄비 냄새를 싣고 와 숲길을 휘감았다. 조붓한 오솔길 따라 떨어진 아카시아꽃은 미망 같은 길을 만들어 산책자를 유혹한다. 길을 걷자니 꽃을 밟아야 하고 아카시아를 지르밟자니 마음이 애련(哀憐)하다. 산바람이 천천히 내려올 때마다 하얀 섬광처럼 반짝이는 아카시아꽃을 따라 내 마음도 흔들려 발걸음을 옮길 수가 없었다. 청년 시절 DMZ 지뢰밭을 대검으로 쑤시며 천천히 아주 천천히 발을 떼어가며 걷던 기억처럼 오솔길은 아카시아꽃 지뢰로 점령당한 지 오래다. 꽃잎을 밟으면 꽃 지뢰가 터져 아름다운 폭발이 일어날 것 같은 광경이다. 아무도 걸어간 흔적 없는 두 갈래 숲길 앞에서 잠시 생각에 잠겼다. 오래전 네안데르탈인만 지나갔을 것 같은 인적 없는 고요함을 내가 깰 수 있을까 하는 망설임에서였다.

아카시아꽃 뿌려진 숲길은 진공상태 같았다.

진초록빛을 띤 나무들과 황톳길과 꽃등을 켠 아카시아가 숲을 환하게 비췄으나 무중력 공간을 유영하는 사람 같았던 것은 풍경에 감전당해서다. 미의 여신 아프로디테가 숲의 풍경을 만들었더라도 지금, 여기에 보이는 숲길만은 못할 것이다. 나뭇가지마다 아카시아꽃이 만개했고, 한 걸음 옮길 때마다 아카시아 내음이 진동했다. 숨을 들이마시면 진한 향기가 폐를 찔렀다. 알베르 카뮈의 「티파사에서의 결혼」에서 읽었던 "······ 엄청난 열기 속에서 향초(香草)들의 육감적인 냄새가 목을 긁고 숨을 컥컥 막는다"처럼 숲길 아카시아꽃 냄새는 육감적으로 목을 긁고 숨을 컥컥 막는 것처럼 느껴졌다. 아카시아꽃 덮인 두 갈래 숲길은 끔찍한 아름다움이라 해야 할까, 두 갈래 숲길을 모두 가고 싶으나 그럴 수 없는 고통을 동반한 아름다움이라 해야 할까. 시인 라이너 마리아 릴케가 『두이노의 비가』에서 노래했듯 "아름

봄비 내린 날 초록은 짙어가고
하염없이 아카시아 지는 숲길은 산책자를 낯선 세계로 인도한다.

다움이란 우리가 힘들게 참아내야 할 끔찍한 것의 시작일 따름"인 것은 아름다움이 보는 사람의 눈에 따라 달라지기도 하고 감정이 아닌 정신이기에, 아름다움이 나타나기까지는 일정 부분 고통을 수반하기 때문일 것이다. 내 앞에 펼쳐진 숲길 풍경은 미적이면서 미를 초월하고 목적 없이 바라보는 것만으로 아름다움을 불러온다. 나는 길 잃은 사람처럼 길 앞에서 서성인다. 길이 보이지 않아서가 아니라 달빛을 흩뿌린 것 같은 아카시아꽃 길이 너무 환해서다. 아픔인지, 서러움인지, 모를 것들이 목까지 치밀어 오르고 있었다.

    나무들이 불가능한 것에 부딪히며 아름다운 유희를 즐기는 것이 본능이라지만, 변화무쌍한 시간 속에서 끊임없이 자신을 갱신해 가는 것을 보면 생을 낯설게 보려고 노력하는 사람 같다는 생각을 한다. 나무들은 나무 자신뿐 아니라 숲을 변화시킨다. 자연에 적응하며 극복하는 나무의 변화란 단박에 일어나는 게 아니라 아주 오랜 세월 숙고와 묵상을 통해 그러나 치열하게 나타난다. 나무의 사려 깊음이란 실존의 방법에서 빛나게 마련인데 사람의 눈이 아닌 자연의 눈으로 세계를 인식하는 나무는 불가능을 유희로 돌파한다. 나무들은 어려운 현실 앞에서도 생을 긍정하는 낙관주의자들이며, 자기 앞의 생에 드리운 엄혹한 시간을 즐거운 유희 정신으로 살아가는 것처럼 보인다. 나무의 유토피아는 절망의 상황에서, 절망을 추진시켜 꽃을 피운다. 나무의 생의 회로를 더듬어보면 단 한 번도 절망을 노래하지 않은 적이 없다. 언제나 수직으로 서서 중심의 괴로움을 감내해야 하며, 벌레들이 나무의 몸을 갉아 먹으며 고사시키려 할 때 정신을 긴장시켜 자신을 치유하고, 벼락불이 나무를 때려 화염에 검게 타더라도, 바람이 불 때마다 살아야 한다는 실존의 무게를 아주 연한 새순 하나 불쑥

아카시아꽃이
주마등처럼 달린 숲길

내밀어 엄혹했던 겨울을 물러서게 하니, 고독하고 고통스러웠을 삶의 순간 어딘가에는 그것들을 감내했던 의지가 꽃을 피웠을 것이란 생각을 한다.

   산다는 건 불가능한 것에 부딪혀 깨지면서도 좌절하거나 절망하지 않고, 고통 속에서도 버리지 말아야 할 긍정의 힘과 햇살 한 줌 같은 의지 또한 품어야 한다는 것을 나무를 통해 배우고 있다. 나무는 사람의 말처럼 미혹하지 않고 오직 실천만을 묵언으로 전한다. 자기 자신의 모든 것을 드러내야 하는 들녘에서, 설악산 대청봉, 지리산 천왕봉, 바닷가, 절벽 바위틈에서 뿌리박고 살아가는 자체가 불가능한 것에 부딪히는 것일지 모른다. 선사시대 이전부터 나무는 있었고 호모 사피엔스가 멸절되더라도 나무는 존재할 것이다. 불가사의한 것은 수십 억 년의 시공을 사는 나무가 어떤 마법을 통해 우리의 과거와 현재, 미래를 거울처럼 비추고 있는가이다. 햇빛에 나뭇잎을 반짝이는 언어로, 세상을 뒤집을 것 같은 자연의 거대한 몸부림 앞에서도 흔들리지 않기로, 별을 세며 내면으로 가는 길을 내는 자세로, 사람이 찾아오면 견고한 정신이란 어떻게 만드는지, 어떤 조건에서도 꽃을 피우는 방법은 무엇인지, 삶이란 낙엽을 떨구듯 왜 비워야 하는지를 보여주는, 나무들의 몸짓에서 절망마저도 유희처럼 받아들이며 살아가라는 메시지를 읽는다.

화순 진달래꽃 숲과 고인돌,
침잠과 망아와 명상이 오는 시간

   청동기인들도 고인돌을 놓으며 진달래꽃 숲을 보았을 것이다.
   땅을 깊게 파서 양쪽에 받침돌을 세우고 흙을 쌓아 경사지게 한 후 통나무를 이용해 덮개돌을 끌어 올렸을 청동기인들의 고인돌 만들기는 죽은 이에 대한 거룩한 제의였다. 네안데르탈인도 죽은 이를 땅에 묻어 장사지냈다고 하니 누구인들 화순 산언덕에 핀 진달래꽃 한 아름 꺾어서 뿌리지 않았을까 싶다. 하얀 억새 숲 사이 듬성듬성 무리지어 핀 진달래꽃들의 유전자에는 별의 전설과 사람들의 영혼이 숨어 있을 것만 같았다.
   화순에서 고인돌의 우주를 방랑할 때 보았던 진달래꽃은 순박한 촌 각시 볼에 물든 부끄러움처럼 억새 숲으로 번지고 있었다. 들녘엔 동그마니 놓인 고인돌 하나가 우두커니 진달래꽃 피는 숲을 바라보는데, 그 풍경에 매료된 나는 고인돌처럼 가만히 있기도 했다. 산언덕에 청동기인들의 고인돌 채석장이 있던 자리에서 눈을 감은 채 바위에 앉아 햇빛 속에 반짝이는 시간의 문을 열어갔다. 청동기인들은 어떤 꿈을 꾸며 내세를 믿은 것인지, 고인돌에는 어떤 정념을 새긴 것인

진달래꽃 숲과 고인돌

청동기 시대 어린 소녀들
눈망울을 닮은 것 같은
고인돌 아래 하얀 제비꽃

지, 오래된 침묵의 무게를 지닌 돌덩이를 바라본다. 그들도 사랑했을 것이고, 이루어지지 않는 사랑에 번민도 컸을 텐데, 진달래꽃 연분홍 빛처럼 수줍어했을 청동기 시대 여자는 어떤 사랑을 꿈꾸었을까, 기원전 1200년-기원전 800년 사이 그 어딘가의 언덕에서 고인돌을 만들었을 청동기인들의 꿈이 진달래꽃 숲을 바라보며 다소곳하게 놓여 있다.

억새 숲에 진달래꽃이 번지는 정물화 같은 고요한 시간은 기적이 오는 순간이다. 기적이란 신의 힘으로 이루어지는 불가사의한 일이 아니라 살아가며 아름다움이나 꿈이 변주되어 실체로 현현하는 순간

고인돌 아래 애기똥풀

이다. 우직하게 생긴 고인돌 아래 핀 하얀 제비꽃이 청동기 시대 소녀들의 어여쁜 눈망울 같았다. 제비꽃을 꺾어 귀밑머리에 꽂고 들녘을 달리는 소녀들의 모습을 상상해본다. 우리가 비록 전생 그 어딘가의 구비에서라도 만난 기억은 없더라도 화순 억새 숲 진달래꽃 피는 산언덕 앞에서 이렇게 만난 것은 숲이 우리에게 베푼 인연이란 생각이 들었다. 숲은, 나무는, 꽃은, 돌은, 가만히 있으면서 사람들을 불러 모은다. 진달래꽃 무리 지어 핀 저 억새 숲과 고인돌이 놓인 풍경은 파울라 모더존 베커의 정물화처럼 서정 짙은 아름다움과 미처 하지 못한 이야기를 품고 있다. 숲의 정령인지 투명한 공기를 타고 말을 하는 게 들렸다. "이런 순간은 그렇게 쉽게 볼 수 있는 게 아니라네. 봄빛이

봄 햇살 드리운 고인돌을 보며 청동기인들도 꿈을 꾸었을 것이다.

넘치지도 모자라지도 않게 들녘을 채우고 고인돌 그림자도 공기처럼 가볍게 느껴지는 걸 보게. 하얀 억새 사이 보일 듯 사라지고 감춰질 듯 나타나는 저 연분홍 파장은 사람의 심성을 선하게 만들어주는 묘약이지 않은가. 즐겁게 이 순간을 바라보시게!"

숲에 오면 누구든 조금 더 인간다워지는 것은 침묵으로 말하는 나무와 꽃과 돌 때문이다. 말하지 않으면서 사람이 말을 하게 하고 일상에서 느낄 수 없는 충만함을 전해주는 능력은 나무와 꽃과 돌만이 지닌 특출함이다. 나무는 언제나 그 자리에 서서 침묵의 시를 새기고, 꽃은 지상에 향기를 뿌리곤 씨앗이나 갓털을 이용해 여행하며 생명의 서(書)를 쓰고, 돌은 삶이 흔들릴 때마다 마음을 붙잡는 법을 알려준다.

프랑크푸르트 대학 철학 교수인 마르틴 젤은 『자연미학』에서 자연의 아름다움과 행복한 삶 사이의 연관 관계를 다루는데 젤에 의하면 자연은 '명상의 공간'으로 체험될 수 있으며, 자연은 우리를 침잠과 망아 지경으로 안내하는 목적 없는 명상적 관찰의 공간이다. 라는 것이다. '침잠(沈潛)'은 마음을 차분히 가라앉혀서 깊이 사색하거나 자신의 세계에 깊이 몰입하는 것인데, 나무와 꽃과 돌과 길이 있는 숲은 나를 사유로 이끈다. '망아(忘我)'는 무엇에 마음을 빼앗겨 자기를 잊어버리는 것으로 불교적으로는 '무아(無我)', 즉 자기의 존재를 잊는 것으로 내가 아닌 것과 나를 소유하지 않는 것을 의미한다. 무의식적으로 숲길을 걷다 보면 나를 잊게 되고 나를 소유하지 않게 되는 망아와 무아의 신비를 체험하곤 한다.

내게 숲은 '목적 없는 명상적 관찰의 공간'이다. 오전 내내 글을 쓰다 보면 마음이 고이게 되는데 숲은 초록 공기를 들이마시게 하고, 나무처럼 곧은 마음을 솟아오르게 하고, 새처럼 자유로운 의지로 생각에 날개를 달아주고, 내면을 무로 돌려 하얗게 비워주기 때문이다. 2015년 4월 초 오후 3시 무렵의 화순 진달래꽃 숲은 다시 돌아오지 못할 경이로운 순간을 스쳐 가고 있었다. 뇌수에 시들지 않을 진달래꽃을 심으며 뜨거운 심장에 나무를 심어 숲은 나를 각성시키고 있었다. 세상의 모든 움직임 속에서도 숲은 바위처럼 무겁게 삶의 중심을 잡아 영원히 시들지 않을 꿈을 꾸고 있다.

거꾸로 사랑해 숲의 때죽나무꽃,
그래도 삶은 피어난다!

-에두아르 마네의 낯설게 보기

 예술적인 '것'들은 세계를 파괴한다.
 다다이즘적인 미술이 그렇고 초현실주의적인 문학이 그렇다. 인상파 그림들 역시 19세기에서 태어나 철저하게 19세기를 파괴한 혁명인 것을 보면 '어미를 죽이는 뱀'이란 이름을 가진 살모사(殺母蛇)처럼 예술은 자신을 낳아준 시대를 파괴하며 예술이 되어간다. 인상파이면서 인상파이기를 거부한 에두아르 마네의 그림 <올랭피아 Olympia, 1863>나 <폴리베르제르 술집 Un bar aux Folies Bergère, 1881-1882>에 나오는 여성들은 불편한 시선으로 우리를 보고 있다. 그림을 감상하는 우리가 미술 속 여성을 탐미적으로 보는 게 아니라, 마네는 작품 속 여주인공들로 하여금 우리를 바라보게 한다. 특히 <폴리베르제르 술집>에서 마네는 그림 속 거울 이미지를 통해 카바레 여성 바텐더가 바라보는 세계를 우리에게 선보인다. 현대적으로 보는 법을 알게 해준 마네답게 그는 바텐더 여성의 눈을 통해 부르주아 혹은 프티 부르주아(petit bourgeois)의 밤의 일상을 우리에게 낯설게 보여준다. 그림에서 술집 여성의 초점은 유지하면서 그녀의 관점을 통해 우리

숲속의 때죽나무꽃

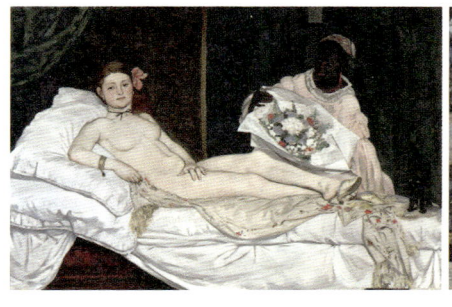
에두아르 마네, <올랭피아Olympia>, 1863

<폴리베르제르 술집Un bar aux Folies Bergère>, 1882

로 하여금 타락한 밤의 세계를 인식하게 하는 독창적인 방법을 보여 준다. 소설가 에밀 졸라는 마네의 그림에 대해 "예술가들이 우리에게 비너스를 줄 때 그들은 자연을 수정하고 거짓말을 했다. 에두아르 마네는 그들이 왜 거짓말을 하고 진실을 말하지 않는지 자문했다. 그는 길거리에서 만나는 우리시대의 올랭피아를 소개했다."라고 쓴 적이 있는데 이것이 마네 그림의 위대함이라고 할 수 있을 것이다. 이상화된 비너스의 아름다움으로 미를 바라보도록 하는 게 아니라 현실에서의 아름다움이란 무엇인가에 대한 역설적인 질문!

  숲에서는 예술적인 '것'과 아름다운 풍경을 자주 볼 수 있다. 틈이라곤 보이지 않는 바위에 뿌리내려 싹을 틔운 이름 모를 식물들의 숭고한 생과, 절벽 가에서 수평에 가깝게 굵은 줄기를 뻗고 사는 소나무와, 그루터기에서도 새순을 돋게 하여 살아가는 나무의 생명력이 그렇다. 이것들은 실존에 대한 고투이면서 예술적인 '것'을 느끼게 한다. 예술적인 '것'이란 자연과 현실에 널려 있는 미적인 순간들로 예술로 형상화되기 전의 즉물성(Sachlichkeit)을 의미한다고 할 수 있다.

햇살 좋은 숲에 핀 때죽나무꽃

오랜 세월 사람들이 지나간 풀숲 좁은 길과 바위, 나무들이 있는 풍경은 미적으로도 쾌적한 공간이기에 아름다움이 태어나는 순간을 포착할 수 있다. 숲을 산책하다 보면 아름다움에 관한 역설을 느낄 때가 있는데 꽃을 볼 때도 그렇다. 때죽나무꽃은 특히 상식적인 앎으로부터 우리의 의식을 전복시키는 것 중 하나다. 오월의 상쾌한 숲을 거닐며 땅을 향해 거꾸로 피어 있는 때죽나무꽃을 보았다. 세상에는 거꾸로 피는 꽃이 여럿 있지만 이 꽃은 왠지 예사로워 보이지 않았다. 신의 가혹한 형벌을 받은 것인지, 중력을 거스르지 말고 땅을 향해 꽃을 피우라는 것인지, 신의 뜻을 헤아릴 길은 없지만 때죽나무꽃은 오월 숲을 환히 밝히고 있었다. 종 모양을 한 눈송이 같기도 하고, 지상으로 내려오는 별의 모습도 닮았고, 고개를 숙인 채 삶을 숙고 중인 모습이 숲에서 길을 찾고 있는 나 자신 같기도 했다.

꽃을 보고 있으면 시름이 사라지는 것은 향기가 좋다든지 봉오리

숲 그늘에 핀 때죽나무꽃

가 예쁘다거나 색깔이 고운 이유도 있지만, 아름답다는 생각 때문일 것이다. 누가 보든 안 보든 깊은 숲 그늘에서도 한 시절 저마다 화려하거나 소박한 모습으로 꽃을 피우곤 바람처럼 사라졌다가 다시 계절이 돌아오면 생명을 땅 위로 밀어 올리는 그 강인한 부활은 영원회귀의 거룩한 명제일지도 모른다. 그러나 꽃들 대부분이 해와 달과 별을 우러르며 봉오리를 여는 데 반해 때죽나무꽃은 땅을 향해 봉오리를 열고 있다. 햇빛 맑은 숲에서 나는 이 아름다운 역설을 명상 중이다. 순간, 꽃들은 왜 꼭 하늘을 향해 꽃을 피운다고 여겼을까 하는 생각이 들었다. '거꾸로' 의미에 대해선 회의를 품어 본 적이 없으니 숲길에서 어려운 숙제를 받은 것 같다.

마른잎을 바라보며 생을 숙고중인 때죽나무꽃

산속 숲길을 오랜 세월 산책하다 보면 어느 길모퉁이에서 제비꽃이 피고, 어느 길 언덕에서 찔레꽃이 피고, 어느 나무를 찾아가면 가끔 사슴벌레를 만날 수 있고, 노을은 어느 산굽이에서 아름답게 물드는지, 박새는 어느 나무를 즐겨 찾고 어치는 또 어느 대숲에서 쉬어 가는지…… 무당벌레는 어느 바위 밑 낙엽에서 겨울잠에 드는지를 알 수 있는데, 한 십 년 넘게 나무를 지켜보며 겨우 얻은 질문이 때죽나무는 왜 땅을 보고 꽃을 피울까? 였으니 허무한 듯 싶지만 이제라도 명제를 하나 얻었으니 다행인 것인지 잘 모르겠다.

숲길을 산책하며 때죽나무꽃을 한 십 년 지켜보다가 얻은 게 있다면 '그래도 삶은 피어난다'라는 '존재자의 자기표현(Selbstdarstellung des Seidenden)'이다. 숲에서 꽃들을 보며 아름다움을 찾았지 도나 깨

밤새 내린 비에 떨어진 때죽나무꽃

노르스름한 송홧가루 내려 앉은 때죽나무꽃

달음을 구한 적은 없지만, 한 십 년 지켜보기가 어느 순간 전율을 일으킨 것이리라. 거꾸로 피는 꽃 앞에서 문득 어떤 작은 깨달음에 이르기까지를 점진적 수행으로서의 돈오점수(頓悟漸修)라고 한다면 그건 숲이 내게 베푼 고마움이지 않을까 싶다. 그때 때죽나무꽃이 내게 이렇게 말했다.

"친구, 거꾸로 거꾸로 꽃은 피어도 삶은 피어난다네. 거꾸로 피는 꽃이 비록 통상적인 앎과는 다를지라도 어쩌면 우리가 알고 있는 그 앎이라는 것도 진실의 이면을 말해주지 않는 한 단면일지도 모르지. 친구가 예술적인 '것'들은 세계를 파괴한다고 말했었지. 19세기 후반의 미술이 19세기를 전복시키고, 20세기 초의 아방가르드 미술이 그 이전 시대를 전복시키며 현대를 열었듯, 꽃들도 거꾸로 피어나며 기존 인식을 갈아엎으려는 것인지도 모르지. 다만, 사람들은 '꽃이 또 피었구나. 어쩜 이렇게 예뻐!'하고 지나칠 뿐이지.

친구! 아름다움이 어느 순간 태어나듯 삶의 진리도 어느 순간 깨어난다네. 무관심하지 않고, 무심하지만 않는다면 사물은 친구의 정신에 등불 하나를 걸어줄 것이라네."

때죽나무꽃이 지고 있다. 거꾸로 거꾸로 피는 꽃 앞에서 얻은 나의 인식도 언젠가는 지는 꽃을 따라 잊힐 것이다. 그러나 내가 진정 두려운 것은 잊혀지는 게 아니라 사람살이의 보편성에 파묻혀 적당히 쉽게 살아갈지도 모른다는 두려움이다. 에두아르 마네가 미술을 통해 예술을 전복시키며 현대적으로 보는 법을 그린 것처럼 나는 때죽나무꽃을 통해 거꾸로 거꾸로 사랑해! 라는, 그래도 삶은 피어난다 라는 의지를 그리고 싶다.

냉이꽃의 '정언명령(kategorischer Imperativ)'과 옥타비오 파즈의 책

-임마누엘 칸트의 선하고자 하는 의지와 꽃과 나

  산등성이 너른 들에 돋아난 냉이를 보았다.

  들녘이나 밭에 자생하는 냉이는 내한성이 강해서 동지 이후 싹이 나오니 생명력이 대단한 식물이다. 엄동설한을 그 작은 몸으로 버티는 냉이의 의지란 얼마나 고절(高絶)한 것인가. 겨울의 순정을 고스란히 품은 냉이 뿌리가 단맛이 드는 이유는 아마도 우주의 공기 머금었던 폭설이 대지를 덮을 때 냉이가 꾸는 단꿈 때문일 것이다. 얼어 죽을 수도 있는 혹한과의 투쟁에서 식물성의 저항이란 은밀한 꿈꾸기이니, 존재하기 위하여 뿌리로 꿈을 꾸며 양분을 모았을 테니, 특히 땅이 꽁꽁 얼어붙는 한겨울에도 살아남기 위해선 꿈을 꾸는 수밖에 없었을 것이다. 땅속 씨앗에서 처음 나왔을 어린잎이나 줄기, 그 작은 '싹'이 한편으로는 의지를 벼리고 또 한편으로는 성장을 위한 꿈을 꾸며 영하 10도 15도의 빙설을 견뎠다는 건 기적 같기만 했다.

  나는 다 자란 냉이의 흙 향기가 꿈 향기라는 것을 알았다.

  봄볕 따스한 숲길 산책 중에 만난 냉이꽃은 무릎 꿇고 엎드려 보

산등성이 너른 들에서 캐온,
냉이꽃이 피었다!

아야 할 만큼 눈에 띄지 않았다. 초록 융단을 깔아놓은 듯한 숲에서 앞만 보고 걷다 보면 발밑의 풀꽃이 잘 보일 리 없다. 그러나 나무와 돌과 꽃, 무당벌레 같은 작은 것들에게도 연민을 품고 보면 숲은 삶을 신선하게 만들어주는 지혜의 공간이다. 산등성이 언덕에 앉아서 파란 하늘을 보다가 비스듬히 옆으로 누우니 냉이꽃이 좀 더 또렷이 보였다. 냉이꽃을 손으로 살그머니 만져보다가 불현듯 스칸디나비아의 풍경화가 떠올랐다. 핀란드를 대표하는 화가 중의 한 사람인 에로 예르네펠트(Eero Järnefelt.1863-1937)의 <초원의 사이미Saimiin the Meadow>(1892)이다. 파란 하늘에는 솜사탕 같은 구름이 둥실 떠 있고, 나무가 보이는 풀꽃 언덕에 누운 여자의 모습이 한가롭고 정겹게 느

에로 예르네펠트(Eero Järnefelt), <초원의 사이미 Saimiin the Meadow>, 1892

껴진다. 연인이든, 어머니이든, 친구이든, 그림 속 여자 옆에 누워 파란 하늘을 보는 것만으로도, 몽실몽실 피어오른 흰 구름을 보는 것만으로도, 풀꽃 향기에 취해 보는 것만으로도, 조금 더 인간적으로 변신할 것만 같다. 그림 속 주인공처럼 꽃들 핀 풀밭에 누워 파란 하늘을 보았다. 냉이는 세계 어디를 가도 볼 수 있는 생명력이 강인한 식물이라는데, 그림 속 핀란드 풍경 언덕에서도 올망졸망 흰 꽃을 피웠을 것이다. 설원의 핀란드나 남도 땅이나 냉이꽃 핀 언덕에 누워 흰 구름 뜬 파란 하늘을 보던 목가적인 시대는 파라다이스였지 않을까 싶다.

숲길에도 꽃들이 피어나면서 저마다의 높이와 자기만의 아름다움을 자랑할 때 냉이꽃은 땅에 바짝 붙어 잘 보이지도 않게 꽃을 피웠

햇빛 드는 곳에 놓으니
냉이꽃이 여러 송이
피고 있다.
햇빛을 사랑하는!

다. 꽃이라고 하기에도 조금 민망한, 먼지를 뭉쳐 놓은 듯한 부스러기 같은 꽃. 하긴 해발 5000미터쯤 되는 티베트 고원에서도 냉이꽃처럼 땅에 바짝 붙어서 핀, 지표면과 같은 앉은뱅이 꽃을 본 적 있으니 꽃들의 세계는 경이롭기만 하다. 식물은 자연을 선택해서 온화하고 토질 좋은 곳에서 살 수 있는 선택권이 없다. 그들은 어떤 조건에서도 살아갈 수 있게 자연에 적응할 뿐이다. 부동의 자세로 바람 부는 대로 흔들리며 우주의 빗줄기 한 방울까지 꽃을 피우는 데 쓴다.

사람들 발에 눌리고 밟힌 것인지 냉이꽃 한 송이가 시름시름 앓고 있는 것처럼 보였다. 금방이라도 숨을 멈출 듯 시든 줄기와 꽃이 처연(凄然)해 보였다. 그대로 두면 죽을 것 같아서 아주 작은 냉이 줄기를 조심스레 들고 집으로 가져와, 투명한 컵에 놓고 물을 주었더니 다음 날 아침, 흰 꽃봉오리가 생기를 찾는 게 아닌가. 야생에서 살아가는 식물의 끈질긴 생명력에 탄성이 나왔다.

창가 햇빛 들이치는 탁자에서 냉이꽃 향기가 은연하게 피어올랐다. 멀리서 퍼져오는 것이 들릴 듯 말 듯 한 밀어 같은 향기가 느껴졌다. 냉이꽃 향기는 미완의, 무어라 표현할 수 없는 시였다. 해석되지 않는 그리움이라 할까, 봄날의 첫사랑이라 할까. 마냥 보고 있어도 좋을 풍경이었다가, 돌아서면 다시 돌아보고 싶은 미련이었다가, 무엇이 서운한지 괜히 눈물이 날 것 같기도 했다가, 창문을 열면 저만치 들녘을 향해 가는 바람 같은 향. 내게 오래 머물지 못하고 사라지면서, 저 언덕 풀밭으로 다시 돌아가면서 아쉬움을 남길 텐데, 꽃과 꽃대와 탄력 있던 줄기가 허물어지면 그 꽃을 품에 안고 가서 향기로운 흙 가슴에 묻어줄 텐데, 봄비가 내리고 천둥도 치면 그 언덕 냉이꽃 진 자리에도 빗줄기가 길을 내겠지. 차마 그 길을 즈려밟고 지날 수 있을까. 봄이 지면 마음 한쪽이 무너지는 건 봄빛이 사라져서가 아니라, 다시 흰 눈이 내릴 때까지 기다려야 하는 허전함일 것이니……

지금을 느끼며, 현재를 즐기기로 했다. 그것이 냉이꽃이 내게 전한 말, 즉 어떤 상황에서도 흔들리지 말아야 할 진실의 목소리, 꽃의 '정언명령(定言命令, kategorischer Imperativ)'이라고 생각했다. 칸트 윤리학에서 말하는 '정언명령'이란 어떤 제약이나 조건, 결과에 상관없이 그 자체가 선하기에 절대적으로 따라야 할 도덕법칙이라고 할 수 있다. 꽃들이 자연법칙에 따라 사는 것처럼 나 역시 선하고자 하는 의지로 살아야겠다고 다짐한 것은 어젯밤 시든 냉이꽃이 다시 살아나려

만발한 냉이꽃 컵 밑에 책 한 권을 받쳐 놓고 보니 시인 옥타비오 파스가 쓴 『예술과 예술가에 대하여Über Kunst und Künstler』란 제목이 보였다.
순간, 냉이꽃이 생을 낯설게 보여주는 '예술'이며 '예술가'란 생각이 설핏 들었다.

고 무진 애를 쓰는 숨결을 느꼈기 때문이다. 삶의 경계에서 존재하려고 자기 자신과 투쟁하는 냉이꽃의 '정언명령'이야말로 다시 태어나려는 자의 아름다움이라고 생각했다.

냉이꽃이 핀 투명한 컵 밑에 노벨문학상 수상 시인 옥타비오 파즈의 책 『예술과 예술가에 대하여Über Kunst und Künstler』란 책을 받쳐 놓았다. 독일 주어캄프 출판사에서 나온 것으로 아직 번역되지 않은 예술론인데 아주 조금씩만 아껴가며 읽는 책이다. 파즈의 이 책에서는, 어릴 적 초콜릿 색깔의 통에 든 허쉬 코코아를 한 숟갈 입에 넣고 오물거릴 때의 신비한 맛이 났다. 봄날 야생에 살다가 고맙게도 우리 집

냉이꽃과 바티칸 사도궁에 걸려 있는 침묵의 성모 이콘. 냉이꽃 앞에선 생에 대하여 침묵할 것.

까지 와서 냉이꽃을 피어준 아름다움에 대한 감사인지 우연히 이 책을 받쳐 놓게 되었다. 어쩌면 봄날 냉이꽃이야말로 우리 앞에 나타난 낯설면서 낯설지 않은 예술인지도 모른다. 봄날의 기적 같은 시간이 내게 오고 있음을 전해 준 사물이란 마음에 조금 들뜬 날이었다.

　옥타비오 파즈는 이 책의 「아름다움과 유용성 Schönheit und Nützlichkeit」에서 "아름다운 형태. 하늘에서 내린 선물이 아닙니다 Von schöner Gestalt. Kein Geschenk des Himmels.)"라고 말했다. 아름다움(Schönheit)이란 무엇일까. 그 길에 이르기 위해선 무엇을 해야 할까. 눈과 마음을 새롭게 뜨는 게 아름다움이 아닌지 싶다. 눈으로 미와 선 사이의 무늬를 보지 못하고, 마음으로 느끼고 지각하지 못한다면 아름다움은 신기루에 불과할지 모른다. 냉이는 꽃을 피우기 위하여 동지섣달 싹을 올려 사오월에야 꽃을 피운다. 소한과 대한을 지나, 입춘에 휘몰아치는 강추위와 폭설, 정월 대보름, 우수, 경칩까지 시간과 엄혹한 투쟁 속에 피운 꽃! 동지 지나 싹을 틔움으로서 우리의 감성과 사고를 자극하여 우리가 스스로 꽃을 피우게 하는 냉이꽃.

이름 모를 야생화가
등불 켜준 숲길

-르네 데카르트 '코기토 에르고 숨'의 광채

숲길 끄트머리에는 무엇이 기다리고 있을까.

길을 걷다 드는 생각 중에는 지나간 삶의 안타까운 흔적과 현실적인 삶의 고민-해야 할 일과 이루어야 할 꿈, 다가올 시간에 대한 기대와 두려움도 있지만, 이 길 끝에는 무엇이 있을까도 그중 하나였다. 길을 품은 숲은 뱀의 비늘처럼 반짝였다. 마을로 가는 내리막길, 끝없이 산으로 이어지는 여러 갈래 길과 계곡도 나오고 골짜기를 흐르는 샘의 발원지 길도 좋았지만, 산책자가 되어 걷다 보면 조금 낯선 길의 유혹에 빠지곤 했다. 숲길은 내게 현실을 한 발자국 더 깊이 들여다보게 하는 형이상학적인 상상을 불러온다. 상념에 잡힌 채 황톳길 따라 앞으로 가는데 신비하게도 정신은 내면으로 가는 길을 낸다. 르네 데카르트(René Descartes.1596-1650)가 『방법서설Discours de la méthode. 1637』에서 갈파한 그 유명한 명제, "나는 생각한다, 그러므로 나는 존재한다Cogito, ergo sum"라는 그 "코기토(Cogito), 나는 생각한다"가 나로 하여금 끊임없이 회의하게 만드는 것일까. 아니면 '코기토' 이전에 인간은 존재에 대한 불확실성으로 인해 번민하고 회의할 수밖에 없기

이름 모를 야생화가 작은 등불처럼 숲길을 밝힌다.
아스라한 길의 끄트머리에는 무엇이 있을까.

에 근원적으로 이미 회의하는 인간인 것일까. 데카르트가 진리를 찾기 위한 의미로 방법적 회의(methodic doubt)를 선택했다면, 삶의 진정성을 찾기 위한 나의 회의는 방법적으로 숲길 산책이다. 숲길에서 나무 냄새를 맡을 때 일상의 잡다한 수레바퀴에서 벗어나 진지하게, 끊임없이 회의하며 본연의 나에 이른다. 어떻게 살 것인지를 고민하고, 길의 끝에 서 있을 또 다른 나를 만나기 위한 여정을 계속한다.

철학적으로 회의(懷疑)한다는 것은 무엇일까. 그 말을 문학적 은유로 표현하면 '내면으로 가는 길' 찾기 혹은 '내면으로 가는 길' 내기라고 생각한다. '회의' 그 자체가 진리일 수 없듯, 회의가 단지 진리를 찾아가는 방법이라면 '의심을 품는다는 것(회의)'은 나에게 이르려는 방편일 것이다. 세상 살아가다 보면 눈을 밖으로 돌려 더 높은 것, 더 많은 것을 찾으려 하지만 모두 부질없다는 것을 알려주는 게 숲이다. 숲은 세상을 보는 창이며 생을 명상하는 공간이다. 숲만큼 생을 사색하게 만들고 일상에서 잃어버린 철학의 의미를 되살려 삶을 되돌아보게 하는 곳도 없을 듯싶다. 여행이란 어차피 다시 돌아오기 위한 과정이니, 숲길 산책이란 여행도 내면으로 한 걸음 더 다가서려는 자기 발견이라고 생각한다.

숲길에서 부챗살 모양의 아름다운 야생화를 보았다. 생전 처음 보는 야생화는 활짝 꽃을 피운 채 광채를 흘리고 있었다. 꽃의 섬광 같다고 할까, 꽃의 유혹 같다고 할까. 야생화 한 송이 핀 숲길은 등불을 켠 것처럼 따스했고 밝은 빛은 내면을 비추는 형이상학적인 등(燈) 같았다. 데카르트가 "세상이라는 커다란 책" 속으로 여행을 떠난 것처럼 나는 숲이라는 커다란 책 속으로 매일 여행을 한다. 숲길에서 마주

숲의 어둠을 밝히는 야생화 등불.　　　　　　　황톳길 숲길과 야생화.

치는 나무와 야생화는 생의 내밀한 곳을 들여다보게 하는 텍스트로 끊임없이 실존에 대해 회의를 품게 한다. 나무는 어떤 고귀한 정신을 가졌기에 수직으로 뻗어 오르며 삶을 예찬하고, 꽃들은 연약한 몸으로 세찬 바람이나 빗줄기에, 벌레들의 침입에도 굴복하지 않고 생을 찬란하게 만드는 것인지 숲길에서 한 회의가 나를 성장시켰고, 숲을 산책하며 텍스트 밖의 철학에 눈 떠갔다. 야생화는 하나의 고립된 존재로서 살아가지만 단순한 미적인 대상이 아니며, 보는 이로 하여금 마음의 눈을 뜨게 하는 거울 같다. 저마다 모양과 색깔, 향기도 다르면서 꽃을 바라보는 이의 겉모습이 아니라 내면을 비춰주는 맑은 거울이 야생화라고 생각했다.

　인식이 돋아나는 숲에는 항상 길이 있었고 야생화가 지천으로 피

분홍빛 정열, 엉겅퀴꽃.

어, 살아가는 모습이란 얼마나 다양한 것인지 생이란 얼마나 격렬한 것인지 느끼게 했다. 칠월 초, 어느덧 여름으로 접어든 숲에는 등불을 켠 부챗살 같은 야생화 말고도 엉겅퀴가 분홍색 불을 밝히고 있다. 섬세한 갓털에서 발화되는 꽃분홍색이 여왕의 왕관처럼 화려하다.

    진달래꽃 분홍은 여려 보이고 산철쭉 분홍은 가련해 보인 데 비해 엉겅퀴꽃 분홍은 유혹적이다. 분홍 꽃봉오리가 하얗게 세어 바람에 하나 둘 셋 갓털이 날아갈 때면 산발한 것 같은 모습이 측은해 보이기도 하지만 엉겅퀴는 현재의 삶에 최선을 다하고 있다. 어디서도 볼 수 없는 자기만의 색깔로 숲을 환하게 밝히며 미지의 삶을 준비 중이지 않은가. 머지않아 뿔뿔이 흩어져 그 어느 구비에서 만날 기약도 없지만 숭고한 것은 지금이라는 명제 아래 분홍 유혹을 뿜어내고 있다. 산

꽃의 소멸, 또 다른 희망.   엉겅퀴꽃이 지려는지 개망초꽃이 피고 있다.

 기슭이나 들녘, 숲길 어디를 가더라도 마주치는 엉겅퀴꽃이 없다면 산책길은 조금 더 외로울 것이다.

 엉겅퀴꽃이 지고 있다. 봄이 되어 꽃이 피기 시작하면서부터, 아니 꽃 피기 전, 씨앗이나 마른 구근 만으로 겨울에 꽃을 피울 꿈을 꾸면서부터, 꽃은 지는 연습을 하고 있는지 모른다. 해가 바뀌면 꽃들은 저마다의 모습으로 환생한다. 하지만 꽃과 달리 사람은 환생에 대한 믿음이 없기에 순간을 좀 더 치열하게 살아야 한다. 지는 꽃을 보면 슬프지 않은 것은 새봄에 다시 꽃이 필 것이라는 희망도 있겠지만, 지는 꽃은 존재 의미를 되새기며 삶의 줄기에 연둣빛 새순을 피어 올린다. 숲에도 자연의 생로병사가 진행 중이고, 식물들은 인간보다 더 치열한 영역 다툼 속에서도 불변의 자세로 살아가고 있다.

미련 없이 지는 엉겅퀴꽃.　　　　　　　　　　하얗게 세어버린 갓털이 바람을 기다린다. 비상을 꿈꾸며!

　숲은 여러 개의 거울로 이루어진 만화경(萬華鏡)처럼 나를 비추고 있다. 사방에서 속속들이 지켜보며 내가 숲에서 하는 행동과 상상하는 영역까지 들여다보고 있을 것 같다. 나무와 꽃들은 초현실적인 힘이 있어서 사람들에게 선한 의지를 심어주는 것인지, 그들의 언어는 맑고 고요해서 사람들에게 마음의 소리를 듣게 하는 것인지, 침묵하는 것 같지만 무언의 빛깔로 우리에게 끊임없이 신호를 보낸다. 그들의 언어는 순수한 파동을 전해준다. 숲을 다녀오면 몸에서 초록색 기운이 나오고 정신이 씨앗을 품어 무엇인가 움트게 하려는 것은 나무와 꽃이 신선한 기운을 주었기 때문이다. 나무와 꽃처럼 살아야지, 새처럼 가볍게 비상해야지, 바위처럼 무게 중심을 잡아야지, 머무르지 말고 시냇물처럼 흘러가야지, 숲길을 걸을 때처럼 희망을 만들어 가야지, 삶을 긍정하게 만드는 곳도 숲이다. 숲은 무엇인가 채워주는 곳이다. 분홍색 엉겅퀴꽃으로 불모지대가 된 내 마음의 빈터를 채워주고, 하얗게 세어버린 엉겅퀴 갓털을 바람에 날려 상상력을 잃어버린 정신에 씨앗을 착상시킨다.

4부

해석되지 않는 색깔, 싸리꽃

-다자이 오사무 소설 『사양斜陽』의 여주인공이 말한 희망

　가을을 부르는 야생화 싸리꽃은 보일 듯 보이지 않게 핀다.
　이파리에 진분홍 버짐이 핀 것처럼 지절지절 피어 있는 싸리꽃은 숲길을 바삐 지나치면 소나무나 떡갈나무만 보인다. 인적 드문 산길 가장자리에 핀 싸리꽃은 애틋한 마음을 불러일으켰다. 굴뚝에서 모락모락 오르는 연기처럼 정 깊은 냄새도 나고, 누군가 불어주는 나지막한 휘파람 소리처럼 그리움만 짙어가는 게 싸리꽃이다. 왠지 이 꽃은 청순하게 고혹적이라서 보는 이를 애잔하게 한다. 싸리꽃에서는 청동 나비경첩 이층장에 곱게 접어둔 어머니 한복 냄새가 났다. 싸리꽃 수를 놓은 공단 한복을 차려입고 늦가을 햇살 받으며 신작로를 걸어가는 어머니 모습은 맵시 차 보였다. 병풍 같은 산등성이가 보이고 야트막한 지붕과 담장으로 둘러싸인 마을에 혼례라도 치르는 날이나, 읍내 결혼식장에라도 가는 날이면 골목에서 한복을 입고 사뿐히 걸어가던 여인들 모습은 싸리꽃처럼 잊혀 갔다.

　서리 내린 산사의 자그마한 대웅전 마당을 비질하던 것도 싸리비

숲속에 핀 싸리꽃

였고, 시골 이발소 아저씨가 뒤꼍을 석석 쓴 것도 몽당연필만 해진 싸리비였고, 함박눈 쌓인 연병장과 부대 앞 도로를 싹싹 쓴 것도 병사들이 싸리 가지를 엮어 만든 싸리비였다. 비 오는 날 무쇠솥 걸린 아궁이 앞에 앉아 장작에 불을 붙일 때도 어머니는 싸리나무 잔가지를 꺾어 불쏘시개로 쓰셨다. 싸리나무는 땔감으로 불을 피울 때 연기가 나지 않고 생나무에 불을 붙여도 잘 타서 집마다 어두컴컴한 부엌 한쪽에 쌓아두고 썼다. 싸리 회초리에 종아리를 맞아본 사람은 알 것이다. 싸리대가 바람을 가르며 날아들어 종아리 살에 부딪힐 때의 매서운 공포를…….

사라져가는 풍경 속에는 우리가 못다 한 이야기들이 침잠해 있다.

가느다란 싸리나무 껍질을 벗겨 속을 열어보면 할머니 할아버지 시대 어머니 아버지 시대의 현실을 살아내야만 했었던 가파른 얼굴

들이 웅성거리고 있을 것만 같다.

  꽃가지를 꺾어 입가에 대면 싸리꽃 향기가 좋았던 시절로 데려가는 것 같았다.
  싸리꽃을 보고 있으면 무어라고 설명하기 힘들지만 조금 서러운 회상도 밀려들었고, 어렴풋하지만 곱고 화사한 수줍어하는 여자의 미소도 느껴졌다. 논리적으로 설명할 수 없는 문득 좋아지는 마음이랄까, 불현듯 다가온 그리움의 감정이랄까. 누군가를 좋아하고 싶은 감정, 누군가의 목소리도 들릴 것 같고, 말을 하고는 싶은데 가슴 속에 남아있는 미처 하지 못한 말 같은…… 싸리꽃에서는 그런 느낌이 났다. 얼마쯤 지났을까, 이 느낌이 든 게, 오래전 다자이 오사무(太宰治)의 소설 『사양斜陽』에서 본 싸리꽃 이미지가 떠오른 게, 꽃보다 여주인공 때문이었을까.

> 어머니는 눈을 감은 채 웃으며,
> "여름꽃을 좋아하는 사람은 여름에 죽는다기에 나도 올여름쯤 죽겠다고 생각했는데, 나오지가 돌아와서 가을까지 살아버렸어."
> 그런 나오지여도 역시 어머니가 살아가면서 의지할 기둥이 되는가 싶어, 마음이 아팠다.
> "그럼 이제 여름이 다 지나갔으니까 어머니는 위험한 고비를 넘긴 거예요. 어머니, 싸리꽃이 피었어요. 그리고 여랑화, 오이풀, 도라지, 솔새, 참억새. 마당이 완연한 가을 뜰이 되었네요. 10월이 되면 틀림없이 열도 내릴 거예요."
>
> –다자이 오사무 소설 『사양斜陽』 중에서

소설 속 여주인공 나오지가 싸리꽃 같다는 생각이 들었다.

진분홍 내음이 배어 나오는 싸리꽃이 소설 속 여주인공 나오지 같아서 이것을 기억하느라 긴 시간을 싸리꽃 앞에서 서성인 것일까. 아니면 "여름이 다 지나갔으니까 어머니는 위험한 고비를 넘긴 거예요. 어머니, 싸리꽃이 피었어요."처럼 다자이 오사무가 엿본 희망의 단서를 싸리꽃을 바라보며 읽은 것일까. 책상 위 꽃병에 놓아둘 생각에 싸리꽃을 꺾어들고 가는 길엔 왠지 소설 속 여자와 동행하는 것 같았고, 가슴 한쪽에선 어렴풋한 희망이 느껴졌다. 먼 곳에 대한 그리움이나 회한 같은 게 박혀있을 것 같은 싸리꽃 색깔은 보는 이 마음을 조금은 서러운 빛으로 물들인다. 시뮬라크르가 아닌 자연의 색 싸리꽃에는 진분홍 색깔보다 깊은 해석되지 않은 기호가 숨어있다.

앵두나무에 빨간 등불 켜지면
내 안에서도 잠든 불이 눈을 뜬다

앵두나무에 빨간 등불 켜지면 내 안에서도 잠든 불이 눈을 뜬다.

사람들 안쪽에는 자기 자신을 밝히고 누군가를 비춰줄 등이 있는데, 향이 깊은 꽃이라든지 푸른 밤의 안개 같은 은하수를 보거나 아름다운 풍경에 매료될 때 또 누군가를 사랑하게 될 때 불이 켜진다. 불의 정령이 다시 앵두나무를 불그스레 불 밝힌 이즈음도 내 안의 불이 켜지는 시간이다. 동네 뒷산으로 가는 언덕에는 아름드리 앵두나무 두 그루가 있다. 작은 창을 통해 보이는 오솔길에는 앵두나무가 거인처럼 서 있었는데 루비 알 같은 앵두 때문에 나무에 불이 붙은 것처럼 보였다. 앵두나무가 있는 풍경은 클로드 모네가 그린 안개 낀 센 강변의 나무들처럼 우아하고 아름다웠다. 모네의 센 강변 나무들이 안개 낀 이른 아침의 목마른 정경처럼 빛이 사물에 닿아 산란하는 순간을 포착했다면, 동네 뒷산 조붓한 오솔길의 앵두나무는 유예된 시간 속을 떠도는 혼불처럼 빛났다. 동구 밖에서 마을을 지키는 성황당 나무처럼 거목으로 자란 앵두나무는 내 삶을 지키는 수호목이 되어 주었다.

빨간 앵두의 우주

　아지랑이가 피어오르는 날이면 발갛게 물든 앵두나무는 몽환적인 시간을 빚는다. 바야흐로 숲이 봄날의 색에 의해 진동을 하는 시간이다. 겨우내 잿빛으로 실존의 의미를 묻던 나무들이 저마다의 색으로 꽃을 피우고 열매를 달고 새들을 유혹하니 숲의 님프인들 고운 목소리로 봄을 노래하지 않을 수 없을 것이다. 앵두나무는 산언덕에서 영산강 물줄기를 굽어보며 가지마다 헤아릴 수 없는 빨간 등불을 켜고 장엄한 모습으로 서 있다. 말 한마디 없이 살아가며 때가 되면 보드라운 새순을 틔우고, 저마다의 빛깔로 꽃을 피우고, 새들을 불러 둥지를 틀게 하여 새끼를 낳게 하고 첫 비상의 날개를 펴게 하는 나무는 존재만으로도 신을 대리한 성인처럼 살고 있다. 햇빛이 짧아지고 서리가

앵두가 익어간다. 5월 6일 무렵.

　내리는 것을 감지하면 주저 없이 잎사귀를 버리고, 대지가 꽁꽁 얼어붙는 겨울날이면 견고한 정신을 벼리며 올 것 같지 않은 봄날을 꿈꾼다. 유난히도 눈이 많이 내린 날은 목이 늘어진 헌 스웨터를 앵두나무에 감아주며 "얼지 말고 봄날을 꿈꾸시게 친구!"라고 껍질을 쓰다듬었다. 사실 그 말은 나무에 건네는 안부이면서도 나 자신에게 하는 말이기도 했다.

　폭설 내린 지난겨울 앵두나무가 품었을 꿈을 나는 알고 있다. 나무에 빨간 등불을 달기 위해선 침묵해야 한다는 것, 꿈을 빚는 시간에는 희원을 품어야 한다는 것, 기차가 쇳소리를 긁으며 레일 위를 지날 때 일으키는 불꽃처럼 정신이 달궈져야 핏빛 앵두가 달린다는 것, 겨울에 살아남기 위해선 잠든 불꽃을 살려 등불을 켜야 한다는 것, 흰 눈

이 대지를 덮고 가지마다 쌓인 눈이 얼어 언 살이 터지더라도 시 한 줄을 새기는 시인처럼 현실을 응시해야 한다는 것, 나무는 그런 비망록을 내면에 새기며 봄날의 꿈을 꾸었을 것이다. 알알이 빨갛게 여문 앵두를 보면 그 빛깔 하나하나 겨울에 새긴 꿈의 흔적이 보일 것만 같다. 앵두의 빨강은 아무도 찾지 않던 산언덕에서 느낀 고독 한 줌, 외로움 서 말, 쓸쓸함 한 자루에 나무의 빛나는 예지가 섞인 보석이라고 생각했다. 숲을 뒤덮은 눈이 결빙되는 한밤중 별빛마저 고드름 속에 잠들 때도, 앵두나무는 몸 안의 작은 불씨를 위하여 불면의 밤을 보냈으리라. 아름다운 빛깔과 광택을 지닌 희귀한 보석보다, 앵두의 저 고고한 빨강은 대지에 뿌리 박은 중심의 괴로움을 아는 나무만이 뿜어낼 수 있는 생의, 빛의 환희일 것이다.

빨갛게 타오르는 앵두나무 밑에 들면 마음도 붉어진다. 봄이 저절로 오는 것 같지만 자연은 봄을 만들기 위해 무진 애를 쓴다. 땅이 얼었다 풀릴 때마다 지축은 진동을 일으키고 생명 깃든 것들은 꿈틀거린다. 그 작은 소리의 울림은 공기를 타고 올라 어느덧 별에 이를 것이며, 우주는 그렇게 은하 건너 또 다른 은하까지 보이지도 않을 점선처럼 생명의 탯줄을 잉태할 것이다. 앵두나무가 서 있는 오솔길 옆 산언덕 풍경을 바라보는 일은 봄날의 즐거움이다. 잿빛 나무에서 연둣빛 나무로 변해가는 추상 이미지는 어느 화가도 담아내지 못한 원초적 빛깔이다. 점점 불그스레해지다가 어느 날 불붙은 것처럼 빨갛게 타오르는 풍경을 보게 되면 설렘은 한 절정에 이른다. 우리들의 봄날도 5월 정점에서 향긋한 바람에 나부끼고 앵두는 터질 것 같은 빨강으로 물든다. 해 질 녘까지 나무 밑을 서성이다가 손으로 가지를 주르르 훑으며 그 빨간 앵두를 한 움큼 입에 털어 넣으면 봄빛의 절정이 터져 흐른다.

누구에게나 앵두에 관한 추억이 있을 것이다. 학교가 끝날 무렵 담장 아래 진을 치고 있던 장사하는 아저씨 중에는 연탄불 위에 설탕을 녹여 소다를 넣고 별 모양의 철사를 눌러 뽑기를 팔기도 했고, 떡볶이와 고구마로 만든 맛탕도 팔았고, 그 옆에서는 얼굴 가득 기미가 낀 아주머니가 자그마한 사기그릇 가득 담은 앵두도 팔았다. 앵두나무를 본 적 없는 도회지 아이들에게는 앵두가 낯설어서였을까 그 열매를 사 먹는 아이들은 없었다. 앵두와의 인연은 쉽게 맺어지지 않다가 서른이 지나서야 소설가 박완서 선생님과 함께 남의 집 앵두를 훔쳐(?) 먹던 일이 있었다. 섬진강에서 줄로 잡아끄는 줄배를 타고 강을 건

앵두의 붉은 등불

너 구례 운조루를 둘러보고 하동 평사리로 갔을 때이니 1993년 봄이었다. 그때만 해도 『토지』의 무대가 되었던 평사리는 전형적인 한국의 시골 마을이었다. 너른 들녘 끄트머리 실핏줄 같은 섬진강 줄기가 아스라이 보였고, 마을에는 다 쓰러져가는 점방 하나 봄볕에 졸고 있던, 포대기에 아기를 업은 아낙네들이 머리엔 다라를 이고 개울가로 빨래하러 가던, 누렁이도 아이들도 그 뒤를 졸졸 따라가던, 상전벽해가 된 지금의 평사리와는 너무 다른 내 마음속 파라다이스였다.

마을 길들이 돌각담으로 이어진 오래된 골목을 걸으며 소설가 박완서 선생님은 잊고 살았던 고향 박적골에라도 온 것처럼 행복한 미소를 지으셨다. 느릿느릿 길을 걸으며 이야기를 나누던 중 돌각담 넘어온 앵두나무 가지가 보였다. 앵두가 다닥다닥 열린 걸 본 선생님과

나는 약속이라도 한 듯 염치도 없이 손을 뻗어 빨간 앵두를 따서 입에 넣었다. 점심 전이라 출출했던 탓인지 입술이 빨갛게 물들 정도로 앵두를 따 먹으며 깔깔거리고 웃었다. 앵두 맛에 취해 감탄과 환희에 빠졌던 우리는 허기가 채워지자 정신을 차리며 주인한테 미안한 생각이 들었다. 허름한 집 주인은 들녘에 갔는지 보이지 않았다. 마을 여기저기를 돌아본 뒤 다시 앵두나무 집에 이르니 쪽 찐 머리에 은비녀를 꽂은 할머니가 홀로 점심을 드시고 계셨다. 콩나물국과 밥과 김치가 전부인 툇마루 앞에서 우리는 잠시 멈칫거렸다.

"할머니, 아까 저희가 돌각담 넘어온 앵두를 좀 많이 따 먹었거든요. 그래서 앵두값을 좀 드리고 싶은데요?" 하고 말씀드렸다. 오래된 앵두나무처럼 등이 굽은 할머니는 무엇인가 더 주고 싶으신지 꼬깃꼬깃한 비닐 봉지를 주시며 많이 따서 가면서 먹으라고 하셨다. 웃음 띤 할머니의 주름진 얼굴에 번지는 봄 햇살이 참 곱다고 생각했다. 그 시절, 평사리에는 사람이 살고 있었다. 평사리를 처음 다녀온 뒤 깊은 인상에 시 한 편을 썼는데 1993년 6월 한국일보 1면에 발표한 시가 「평사리에서」다.

악양 들녘 내려보는 마을에
어머니 눈웃음 닮은 돌각담 길
조붓조붓 나 있습니다
보리밭 실개천 지나
앵두가지마다 불 밝힌
오롯한 풍경을 보셨는지요
돌각담 길에 들면
사람을 사랑할 수 있다는 것은

땅에 떨어진 앵두

> 저렇듯 예쁜 돌각담 길 내어주며
> 끊어진 세상의 길을 잇는 듯싶습니다.
> 슬픔과 절망도 약으로 달여 쓸 것 같은
> 봄바람 한 줄기
> 앵두꽃 등 켜진 돌각담 들어섭니다.
>
> 민병일 시, 「평사리에서」 전문

    땅에 떨어진 앵두의 바다를 보았다. 새끼손톱만 한 감꽃이 떨어져 하얗게 흙을 덮은 것처럼 여물지 못한 앵두도 땅 위를 덮었다. 생을 꽃 피우지 못하고 땅에 떨어진 꽃봉오리나 열매를 보면 안쓰럽기도 하고 생의 비애가 느껴지기도 한다. 우듬지에서 찬란한 햇빛을 받아

　빨갛게 변신하고 싶었을 덜 여문 앵두는 땅에 떨어졌으니 삶의 절정을 알지 못한다. 아주 멋있게 붉은 청춘을 구가하고 싶었을 텐데 멈춰 버린 생 앞에서 흙에 누운 앵두는 무슨 생각을 하고 있을까.

　"서러워할 필요는 없어. 생이란 어차피 끝이 보이지 않는 길이며, 우리는 죽음 앞에서만 조금 더 겸손해질 수 있으니까. 잠시 멈춘 꿈일 뿐 우리는 어딘가의 구비에서 다시 만나게 될 테니까. 각자의 삶을 산다는 것은 자기 앞의 생을 긍정적으로 바라보며 꽃을 피우는 일. 그 꽃이 설령 피다 말지라도 우리가 유예된 시간을 거닐다 보면 조금 일찍 진 꽃들은 다시 꿈을 꿀 테니까." 땅을 덮은 앵두가 하는 말을 들었다. 나의 생도 꽃을 피우다 언젠가는 눈 퍼붓는 골짜기 산언덕 어딘가에서 멈출 것이다. 그러나 지금은 빨갛게 세상을 사랑 중인 앵두나무처럼 붉어질 시간이다. 누가 뭐래도 숨을 쉬고 해를 보고 별을 우러르고 달을 노래하는 지금, 땅에 떨어진 앵두가 못다 산 삶을 긍정하며, 영원치 변치 않을 루비 알처럼 햇빛을 받는 앵두를 보며 생을 이야기할 시간이다.

겨울 고해소

 겨울에는 눈밭에 고즈넉이 서 있는 나무를 찾아가자.
 나무를 찾아가면 얼어붙은 마음이 눈 녹듯 사라지는 경이를 느끼리라. 존재에 대한 고독은 흰 눈밭에 고독하게 서 있는 나무에 물어보라. 어둠을 빚어 만든 고독은 우주에 가득 찬 것, 별에 고독을 물어보면 별은 나무에 그 답을 구해보라고 말할 거야. 고독은 나무가 가장 잘 알고 있는 생의 지혜. 나무는 이렇게 대답하겠지. "고독은 유한한 존재자에게 내린 신의 선물이지. 고독이 없다면 사랑은 싱거울 것이며 슬픔은 우울하기만 할 것이며, 눈물은 짠 소금 같을 거야. 감탄이나 흥분을 가라앉히는 것도 이성에 고독이 깃들어 있기 때문이지. 고독은 어떤 상태에 이르든 존재를 좀 더 빛과 그림자가 있는 존재자로 만들거든. 영감 있는 존재자 말이야. 고독은 우리 안을 들여다보게 해주는 거울 같은 것……" 이런 말들은 온 생을 선(善) 의지로 살아가는 나무만이 할 수 있는 말이다. 나무의 고독에도 공포, 두려움, 결핍, 공허, 어두움, 고통 같은 것들이 있을 텐데, 나무의 침묵에도 때로는 존재를 버거워하는 마음이 있을 텐데, 눈밭에서조차 생의 부정적 쾌감

빛이 들이치는 눈밭에 서 있는 나무,
겨울 고해소

(negative Lust)을 통해 생명의 희열을 만들어가는 상상력이 부럽기만 하다. 인간의 의지로는 표상하기 어려운 세계!

나무들, 특히 설원에 서 있는 나무들은 신과 같다.
발자국 흔적이 없는 설원에 서 있는 나무를 보면 고귀한 신전에 모셔진 빛의 성채 같아서 경배하는 마음으로 주위를 서성일 때가 있다. 특히 눈가루를 뿌려놓은 것 같은 폭설 덮인 나무 주변에 새 발자국 하나, 짐승이나 사람 흔적조차 보이지 않는 풍경이란, 산책자를 영원히 올 것 같지 않은 시간으로 인도하는 것 같다. 밑동이 눈에 덮인 채 파란 광야 같은 하늘을 향해 메마른 가지를 뻗은 나무들이란 얼마나 신적인 존재인가. 아테네의 수호 여신인 아테나를 모신 파르테논 신전이나 헬레니즘의 꽃을 피운 페르가몬의 제우스·디오니소스·아테나 신전은, 신과 로마 황제를 숭배하는 곳이라 그런지 고요한 위대를 느끼기 어려웠다. 그러나 침묵마저 거룩해지는 설원에 고고하게 서 있는 나무는 어떤 신성을 느끼게 한다. 인간 내면에 숨어 있는 신성이 나무에서 신성을 보게 한 것인지, 나무란 존재가 원초적으로 신성해서 신적인 빛의 너울을 우리가 감지하는 것인지 알 순 없지만, 분명한 것은 나무가 우리 자신을 성찰하게 한다는 점이다.

내가 죄 많은 인간이라면 나무는 고해 성사를 받는 신부님이다.
나무-신부님은 언제나 무언가(Lieder ohne Worte.無言歌)를 부를 뿐 말이 없다. 눈 쌓인 나뭇가지를 비추는 햇빛의 언어로 따뜻한 빛살무늬를 보여주며 '사랑이란 그렇게 크고 무거운 게 아닙니다. 햇빛은 그늘까지 비춰주지만, 무게가 없잖아요. 지구별을 감싸는 햇빛의 무게란 공기처럼 가벼운 것이니!' 햇빛 언어로 말한다거나, 보름달이 뜨면

눈밭의 나무 그림자는 보이면서, 보이지 않으면서 존재한다.
나는 내 그림자를 눈밭에 길게 드리워 나무와 이야기한다.
나무는 침묵의 소리를 통해 의지를 말하고 그림자에 기대어 다른 사물과 이야기 한다.

    나무를 감싼 뭉근한 달빛을 보여주며 '자, 저를 보세요! 고독이나 외로움, 쓸쓸함에도 달빛은 찾아옵니다. 나무가 고독하다고, 외롭고 쓸쓸하다고 말하지 않는 것은 그것들이 삶의 온기를 올려주는 묘약이기 때문입니다.' 나무-신부님은 그렇게 속마음을 털어놓는 사람들에게 무언가를 부르며 말을 한다. 나무-신부님의 말이 없는 노래란 은은한 암시, 떨림, 빛깔 같은 것으로 은유적이다.
    나무-신부님 앞에 서서 뒤엉킨 마음을 고백해 본다. 세파를 견디느라 흠집 난 마음, 누군가에게 던졌던 쇠꼬챙이처럼 뾰족한 말, 세상에 대해 지녔던 적의, 나 자신을 비루하게 만든 콩알만 한 사랑, 눈 내리는 저녁 땡그랑 땡그랑 종을 치는 구세군의 빨간 냄비 앞을 종종걸음으로 지나치던 일…… 베토벤 피아노 소나타 8번 c단조 Op.13 <비창> 중 2악장 아다지오 칸타빌레(Adagio cantabile) 선율 같은 따뜻한, 그러나 감정 북받치는 뭉클함이 눈밭에 번지고 있었다. 여기서부터는 침묵할 것, 나무-신부님은 지금 미소 지으며 내 말을 들으시는 중이니, 상상력으로만 그림을 그려 말을 할 것.

겨울 고해소, 눈밭 나무 곁에 있으면 나는 조금 더 선한 의지를 지닌 사람으로 다시 태어난다.

구멍가게 같은,
나무와 숲길 사이 찔레꽃

찔레꽃이 핀 숲은 오래된 구멍가게를 보는 것 같다.

꽃은 피었지만, 숨 막힐 것 같은 향기가 목을 찌르는 풍경은 그리 길지 않게 머물다 사라진다. 제비꽃과 산딸기꽃과 산철쭉이 진 5월 숲에 발을 들여놓으면 무심한 듯 은은한 향기가 어느 순간에는 목구멍을 넘어가 심장을 찌른다. 키 작은 찔레꽃 나무들은 비 온 뒤 파인 웅덩이처럼 산과 들 기슭과 계곡에 뭉근하게 자리 잡아 희고 연한 분홍의 순결함으로 향기의 진동을 시작한다. 이맘때면 반달가슴곰과 멧돼지, 산토끼, 고라니, 박새, 무당벌레 그리고 사람들은 하얀색 작은 꽃 덤불에 무더기로 핀 찔레꽃 길을 지나며 생의 행복한 시간을 보낸다. 바위 냄새, 나무 냄새, 흙 냄새 사이에서 퍼지는 찔레꽃 향기는 오래전 시골 동네를 오도카니 지키고 있던 구멍가게를 보는 것 같다.

흙담 앞에서 한들한들 흔들리던 모란이 있던 강진 도암만의 '바다로 가는 마트'였을까, 운주사 가는 작은 도로변에서 본 '화순 상회'란 녹슨 간판을 달고 있던 구멍가게였을까, 아니면 희미한 옛사랑의 그

나무와 숲길 사이 찔레꽃

찔레꽃 핀 숲길

그림자 짙게 드리운 숲길 가 찔레꽃

림자 같던 하숙집이 있던 담양 읍내 등기소 골목에서 외등 밝힌 채 빛을 뿌리던 '행복 슈퍼'였을까. 어디선가 본듯하고 어딘가의 구비에서 만난 듯한 정 깊은 구멍가게가 찔레꽃 같다는 생각을 한 것은, 이 꽃이 아주 오래전부터 우리 곁에 살았을 것 같기 때문이다.

아라가야의 들꽃 같은 사람들이나 이름만으로도 그리운 마한, 진

수줍은 띤 연분홍빛
머금은 찔레꽃

한, 변한 사람들, 고구려 평강공주도, 에밀레종에 아이를 시주한 신라 여인, 백제의 아사달과 아사녀도 찔레꽃 향기를 맡고 살았을 것이다. 조붓한 산길 어디에서나 무리 지어 꽃을 피우는 찔레꽃은 산 능선 비탈이나 작은 언덕, 신작로 길옆에서 올망졸망 살아가는 사람들을 보는 듯하다. 야트막한 돌담 위로 달 뜨면 달을 바라보고 동구 밖 나뭇가지에 별이라도 걸리면 대처 사는 자식 걱정하던 손마디 굵은 어머니처럼 무심한 마음에 무심한 무늬를 그리는 찔레꽃.

찔레꽃 향기가 그리웠던 겨울이면 어김없이 <봄을 기다리며>란 노래를 들었다. 함박눈이 산과 들과 도시를 덮고 처마 지붕에도 고드

해가 질 무렵 찔레꽃

름이 달릴 때면, 낭만주의 시인 셸리(Percy Bysshe Shelley)의 「서풍에 부치는 노래Ode to the West Wind」의 마지막 시구 "겨울이 오면 봄은 멀지 않으리"가 추운 겨울을 견디게 했고, 그 믿음 어디쯤에는 눈송이를 닮은 것 같은 찔레꽃이 피어나고 있었다. 찔레꽃 향기에 한 번 취하게 되면 평생 그 향을 잊지 못한다. 오래전 섬진강 변을 지날 때 차창 밖에서 날아 들어온 찔레꽃 냄새는 지금도 내 가슴에 박혀있다. 겨울 동안 모차르트 가곡 <봄을 기다리며Sehnsucht nach dem Frühlinge K.596>를 듣다 보면 어느새 봄이 찾아왔고, 그 노래에서는 그리운 찔레꽃 냄새가 났다. 사람마다 겨울을 나는 방법이 다르지만, 테너 페터 슈라이어가 부르는 <봄을 기다리며>에 콘라드 라고스니히의 기타 반주를 듣다 보면, 청아한 목소리와 고풍스러운 기타 선율에서는 찔레꽃이 피는 것 같았다.

올봄 숲길에 무리 지어 수줍게 핀 찔레꽃한테 이 노래를 들려주었다. 나에겐 겨울을 나게 해준 음악이지만, 선율의 끝에서는 언제나 찔레꽃이 피고 있었으니 고마운 마음을 꽃에 전하고 싶어서였다.

산길을 오래 걷다 보니 한 번은 가까이 서서 풍경을 바라보고 다른 날은 멀리 서서 풍경을 바라보는 습관이 생겼다. 같은 산이지만 보는 위치에 따라 달리 보이는 산은 만화경 같다고 생각했다. 찔레꽃 만발한 5월이 되면 풍경은 보는 이의 마음에 따라 향기를 실어다 줄 것이다. 보이는 풍경의 안쪽에 숨은 찔레꽃 사이 조금 낯선 길은 아직 내가 가보지 못한 길이라서 아스라한 느낌이 든다. 나는 얼마나 익숙한 길만 걸어왔을까.

오늘만큼은 찔레꽃 향기가 이끄는 대로 못 가본 길 어디라도 걷고 싶다.

땅속에 묻어둔 꿈을 찾는 새,
어치!

　어치의 눈망울은 우수에 젖어 있다.
　푸른 하늘을 날아다니는 새들은 세상에 살면서 세상 밖을 동경하느라 눈동자가 촉촉하다. 이쪽에 존재하면서 저쪽을 그리워한다는 것, 기억은 아스라하지만 두고 온 곳이 있기 때문이다. 새들의 눈동자가 새벽이슬처럼 투명하고 금빛 햇살 한 조각처럼 반짝이는 이유는, 언젠가 날아갈 곳을 위하여 높이 날며 먼 곳을 보려는 꿈이 있어서인지 싶다. 새가 날아가는 곳은 어디이며, 새는 무엇 때문에 날개를 펴고 활공을 하는지, 새란 원래 높은 족속이기 때문에 자유롭게 사는 것인지. 새를 볼 때면 궁금증이 들었지만 가까이서 본 어치는 신비감이 들었다. 산까치라고도 불리는 어치는 연분홍 회갈색 몸에 파란색 광택의 독특한 날개덮깃 따라 검은 줄무늬가 있었다. 숲에서 어치와 마주쳤을 땐 흠칫 목을 움츠리곤 얼음장처럼 굳어 버렸다. 야생에서 아주 가까이 새를 보기란 흔치 않은데 어치도 나를 보고 놀랐는지 깃털 하나 움직이지 않았다. 5만 년 전 이 땅에서 구석기시대를 살았을 호모 에렉투스가 불을 처음 보고 놀랐을 때의 공포와 두려움과 신비가

대숲 속에서 두리번거리는 어치

대숲 속의 어치

조금은 사그라들었지만, 여전히 호기심 많은 표정으로 불을 대할 때처럼 어치와 나는 서로를 그런 눈빛으로 바라보았다. 흐르는 시간상의 한순간이었을 테지만, 꽤 긴, 한 새벽이 열릴 때까지의 기다림이 느껴지기도 했다. 새가 놀라지 않게 하려고 가만히 서 있었고 새도 무엇인가 할 말이 있다는 듯 나를 쳐다보았다.

여름 대숲에서 만난 어치는 두리번거리며 무엇인가 찾고 있다. 어치는 겨우내 먹을 도토리를 땅을 파고 숨겨둔다는데 혹시 지난겨울 눈 내리던 날 모아둔 먹이를 찾는 건 아닐까. 다람쥐는 여기저기 숨겨둔 도토리와 밤 같은 것들을 모두 기억하지 못해서 다 찾아 먹지 못한다는데, 어치는 여러 군데 땅에 구멍을 내고 도토리를 한 알 한 알 숨긴 뒤 낙엽이나 이끼로 위장까지 해도 기억력이 좋아서 감춘 먹이를 모두 찾아낸다고 한다. 어치도 날아갈 생각을 하지 않았다. 나는 뇌파에서 나오는 신호를 어치의 신호에 맞추려 했다. 어치의 생각을 알고 싶었다. 꿈 같은 일이라고 할지 모르지만 꿈을 꾸어보지도 않고 꿈에 다가설 수는 없는 일이지 않은가. 어느 순간, 무녀가 접신을 하듯 나와 어치의 주파수가 겹치면 우리는 공간 이동을 하듯 우주 어디선가 대화가 이루어질 것이라 믿었다.

마침내, 어치의 언어와 내 언어가 겹치는 지점에서 우리는 서로의 마음을 읽을 수 있게 되었다. 나는 얼음처럼 굳은 자세를 풀고 새에 대한 경배의 마음에 무릎을 꿇은 채 반가운 미소를 띠었다. 어치도 나를 힐끗 보더니 여린 대나무 줄기를 톡톡 쪼며 화답을 했다. 어치는 오래전 신성한 대숲에 꿈을 묻어두었는데 지금 그 꿈이 얼마나 자랐는지 보고 싶다고 하는 게 아닌가! 순간, 무엇인가에 얻어맞은 듯한 충격을 받았다. 꿈을 땅에 묻어두었다니! 그리고 그 꿈이 얼마나 자랐는지 보고 싶다고! 새들의 나라에서는 꿈을 땅에 묻고 그것이 자랄 때를 기다리느냐고 물었을 때, 어치는 사람 세상에서도 마찬가지라고 말했다. 내가 그것이 어떻게 가능하냐고 물었을 때, 새는 "네 마음도 땅이란다. 네 안의 대지에도 꿈이 자라고 있을걸. 네 마음의 대지에 묻어둔 꿈이 내 눈에는 보이거든!"이라고 말하였다.

새의 눈에는, 새의 마음에는 보이는 꿈이 나에게는 안 보인다니, 내가 잘 못 산 게 아닐까 하는 생각이 들었다. 새의 마음은 무심(無心)하므로 그런 것일까. 불교에서 말하는 세속적인 욕망이나 가치 판단에서 벗어난 마음 상태, '무심(無心)'을 지녔기 때문에 새는 내가 보지 못하는 것을 보는 것일까. 어치는 나를 가만히 보고 있는 것 같았다. 우리의 접선은 신과 접신이 이루어지듯 찰나 일어났다 불꽃처럼 사라졌다. 그리곤 어치는 비상하더니 어디론가 날아갔다. 나는 새장 속

<새장 속의 새>

에 갇힌 새 같았다. 어치처럼 날지 못하고 새장에 갇혀 그것만이 내 세상이라고 말하는, 새장에서 날아다니며 날 수 있다고 착각하는, 새가 나라는 생각이 들었다. 나는 나를 둘러싼 새장을 거둬내고 날아가고 싶었다.

담양 '대담 갤러리 카페'에 갔을 때 벽에 박제된 새를 본 적이 있다. 새장 속에 갇힌 새는 문이 열려 있건만 날아갈 생각을 하지 않았다. 새장 속에 있다 보니 날지 못하는 새가 된 것인지, 주는 모이만 받아먹다 보니 야생성을 잃어버린 것인지, 예쁜 우리에 갇혀서도 틀에 박힌 세상을 볼 수 있으니 안주하는 삶에 만족하는 것인지, 천적 없는 세상은 긴장할 필요가 없으니 살찐 새로 살면 된다는 것인지, 새는 벽화 속에서 들릴 듯 들리지 않는 노래를 부르고 있었다. 꿈을 잃어버린 새를 보며 대숲에서 만난 어치를 생각했다. 오래전 땅에 묻어둔 꿈을 찾으러 와서 두리번거리던 어치는 다시 그 꿈을 품고 날아갔을까.

내 안에도 낯선 새가 살 텐데, 불현듯 그 새가 보고 싶다. 내 안의 새는 벽에 박제된 새인지, 숲에서 만난 어치 같은 새인지 모르지만.

날아라. 내 안의 새야!

무꽃이 쏘아 올린
작은 신호

무꽃은 청순한 얼굴이다.

흰색 이파리에 물든 연분홍과 연보랏빛은 신비하리만치 채색되어 있다. 채마밭에서 아침 햇살 받은 무꽃은 얼마나 찬란하게 빛나는지, 이슬 맺힌 꽃잎은 얼마나 영롱한지 감탄을 자아낸다. 해마다 이른 봄부터 피기 시작해 오월 그 찬란한 봄의 절정 들녘에서 바람에 하늘거리는 무꽃 핀 밭은 경이의 물결처럼 보인다. 꽃을 볼 때마다 놀라운 것은 생명에 대한 어떤 의지가 중력을 뚫고 꽃대를 밀어 올리는지, 그 연약한 줄기는 지구의 중심 방향으로 끌어당기는 중압감을 어떻게 뿌리치는지 궁금했다. 꽃들은 침묵의 땅을 뚫고 나올 때 아주 작고, 아주 미세한 떨림으로 흙과 교감하는 것 같다. "조금 비켜줄래! 혹은 조금 받쳐 줄래! 고마워!"하며 흙과 흙 사이를 빠져나오는 새순들.

봄이 오면 제일 먼저 밭을 돌아다니는 것은 갓꽃과 배추꽃과 무꽃을 보기 위함인데, 그중에서 마음을 설레게 하는 것은 무꽃이다. 어느 해 봄엔가 밭에서 뿌리 뽑힌 무꽃 더미가 여기저기 누워있는 것을 보

갓 잎과 노란 배추꽃 사이 핀 아침햇살 담뿍 받은 무꽃

앉다. 농부는 밭을 갈아 씨를 뿌리려고 무꽃을 뽑아놓은 것 같았다. 땅속에 박혀있던 아주 작은 무는 혹독한 겨울을 나면서도 생명을 유지하여 꽃을 피웠지만, 지상에 누르스름한 몸뚱이를 드러내곤 시들어갔다. 얼마나 많은 시간이 지났는지 주름진 얼굴처럼 무는 변해서 쭈글쭈글한 육체엔 이슬이 내리고 햇볕에 타고 밤이면 차가운 기온에 푸르스름해져 갔다. 놀라운 일은 뿌리 뽑혀 밭에 누운 무꽃들이 싱싱하게 살아 있다는 것이다. 생에 대한 역설인지 무꽃은 누운 채로 찬란한 빛깔을 뿌리고 있었다. 무꽃을 피워내는 아기 손만 한 무가 생을 견디고 있는 모습이 엄마 우렁이 같다고 생각했다. 모내기 철 못자리 논에는 못물 위에 동동 떠 있는 우렁이를 볼 수 있다는데, 새끼 우렁

뿌리 뽑힌 무꽃과 아기 주먹만 한 무　　해저무는 들녘에서 금빛 무늬를 받은 무꽃

이가 자라면서 엄마 속살을 다 파먹고 난, 엄마 우렁이의 빈 껍질이라고 한다. 앙증맞아 보이는 무의 수분을 모두 빨아먹고 무가 시들해질 때까지 무꽃은 보랏빛을 잃지 않을 것이니, 꽃을 피워낸 무의 모성도 갸륵하기만 하다.

　무에 양분과 수분이 남아있는 한 꽃은 그런대로 아름다움을 유지할 것이다. 땅속에 박혀있다가 흙 위에 내동댕이쳐진 작은 무는 생이 당황스럽겠지만 그것을 바라보는 내 마음도 처연하기는 마찬가지다. 뿌리째 뽑혀 내던져진 꽃을 보는 마음은 꽃보다 더 착잡해진다. 밭에 누워서도 초롱초롱한 눈망울로 나를 쳐다보는 무꽃에 해 줄 것이 없는 나도 그를 바라만 본다. 무꽃은 내 마음을 헤아렸는지 바람에 떨리는 잎으로 말을 한다.

"상심할 일도 아니야. 산다는 건 언제나 많은 변수가 있다는 걸 너도 잘 알잖니. 순간을 사는 게 생명이지. 아주 오랜 시간을 사는 것 같지만 삶이란 언제 무슨 일이 생길지 모르거든. 생명은 지금 이 순간을 사는 것이지. 어제의 내 자태가 아무리 아름다워도 그건 노을 속에 사위었거나 아스라한 별빛 속에 사라져간 미몽 같은 것이니까. 너도 현재를 살아봐! 미래란 다가오지 않은, 어쩌면 다가오지 않을 시간일지도 모르잖아."

무꽃의 말을 기억하며 밭 언덕을 내려오는 손에는 연보랏빛 꽃다발이 들려있었다. 책상 위 꽃병에 담아두고 무꽃이 못다 한 말을 들으리라. 무꽃이 들려주는 별과 달의 이야기와 꽃을 피우는 법에 대하여, 꽃이 지고 나면 어떻게 살아가고, 눈 내리는 엄혹한 겨울이 오면 무슨 꿈을 꾸는지에 대하여, 햇빛과 어둠 사이를 여행하는 재주에 대해서도, 꽃의 침묵 언어를 들으리라. 뿌리뽑혀 지상에 버려졌어도 아직 피지 못한 작은 꽃망울을 열고 있는 무꽃을 보며, 꽃자리란 무엇인지 물어볼 것이다. 설령 "삶이란 말하는 게 아니고 그냥 사는 일이야!"라고 무꽃이 바람에 실어 말을 전하면 그 말에도 고개를 끄덕일 것이다. 그러나 꽃병의 물을 갈아주고 아무리 사랑한다고 말해도 무꽃은 내 곁에 오래 머물지는 않을 것 같다.

독일의 여성 시인 리카르다 후흐(Ricarda Huch)가 노래한 것처럼 지상에 산 모든 것은 사라져갈 테니까.

숲의 비경,
해사한 얼굴 같은 호수에 비친 숲-나무들

-슈베르트의 <물 위에서 노래함>을 듣는 시간

    숲은 사람 생의 또 다른 얼굴이다.
    겨울나무에서 봄나무로 진화하는 숲 나무들이 해맑은 호수 물빛에 얼굴을 비춰보고 있다. 연둣빛 새순 오른 나무들로부터 아직 잿빛을 품은 나무들, 초록을 찾기 시작한 나무들과 살굿빛 잎을 달고 있는 나무들이 저마다의 봄을 뽐내고 있다. 어느 해 봄, 전남 곡성군 겸면의 한 호수를 지나다가 홀린 풍경이다. 바람 한 점 없는 호수는 청록빛 물색으로 침묵하고 나무들은 색색으로 변신하고 있는 봄날, 나도 나무들을 따라 겨울의 옷을 벗고 싶었다. 아름다움은 적절한 순간 태어난다는데 적멸 같은 이 순간이 그렇게 느껴졌다. 하늘은 봄이 스며든 온화한 파스텔 색조다. 엷은 청보랏빛 물색은 새순 돋은 나뭇잎까지 더해져 신비로운 풍경을 만들고 있다. 파란 하늘과 숲이 호수에 비친 물색을 보다가 불현듯 피카소의 청색이 생각났다. 우울한 고백록에서 시작하여 존재의 불안과 인간 내면에 자리 잡은 고통의 탐색을 보여주는, 피카소의 청색 시대 작품들에 칠해진 블루는 누구에게나 있는 고독한 생의 단면이다. 앞을 보지 못하는 늙은 기타리스트나

해맑은 물빛에 비친 숲은 또 하나의 숲. 곡성 겸면의 호수. 2015년 4월 26일

봄의 색깔이 무르익기 전의 연둣빛 호숫가 풍경.

압생트 술잔을 앞에 놓고 우수에 찬 시선으로 의자에 앉아 있는 여자, 절망 깊은 세 식구의 모습에서 보듯 피카소의 청색은 호수 물색만큼 깊이를 헤아리기 어렵다. 피카소의 청색도 생의 다양한 변주를 짚어 주는 미적 에스프리이지만, 사월 숲 빛깔 머금은 곡성 호수 물색은 가늠하기 어려운 청색의 깊이를 보여준다.

가만가만 시간의 서랍을 열어보면 숲이 지나간 흔적이 보일 것이다. 지난겨울 남겨진 숲의 이야기는 잿빛으로 칠해져 꽁꽁 얼어붙은 호수엔 흰 눈이 소복이 쌓였을 것이고, 인적 없는 숲길은 침묵의 시를 쓰고 있었을 것이다. 겨울의 서정시에 새순 돋은 풍경이 지금 눈앞에 펼쳐져 있다. 고대 그리스에서 신들의 축복을 받은 영혼이 산다는 낙원 엘리시온(Elysion) 같기도 하고, '월든' 호숫가일지도 모른다는 생각이 든다. 스쳐 지나가듯 본 풍경이라 다시 볼 수 없기에 애틋하고, 다시 돌아갈 수 없기에 더 그립기만 하다. 햇살의 눈부심과 바람 한 점 없던 봄날의 설렘 같은 공기, 수수꽃다리 빛깔 머금은 하늘과 뭉근한 연둣빛 나무들 그리고 정지된 것 같은 시간을 호흡하며 풍경의 깊이를 탐색하던 나.

시간마저 머물고 있었다. 돌아갈 수 없는 시간이 숲-나무 맑은 호수 물빛에 가만히 있는 게 보였다. 스쳐지나 칠 수 있지만, 마음이 잠시 머물러 생을 반추하게 만들고 아름다움에 들게 하는 시간은 방랑이 내게 베푼 것이리라. 밤이 찾아들어 쟁반 같은 달이 뜨면 호수에도 휘영청 밝은 달이 잠길 것이고, 반달이 뜨면 쪽배 같은 달빛이 수면에 어릴 것이고, 어머니 눈썹 같은 초승달이 물 위에 뜨면 나는 이름 모를 그리움에 젖을 것이다. 그때, 숲 산등성이에선 환한 달을 보고 소쩍새가 울지도 모르고, 눈동자가 흑진주 색을 띤 어린 고라니 한 마리 내려와 물 한 모금 마시곤 하얀 달빛에 기억마저 아스라한 어미를 생각할지도 모른다. 먼 길 여행 떠나는 시간이 호숫가에 잠시 머물며 지친 몸을 물 위에 뉘고 달에 말을 건네고, 숲에서 걸어 나온 나무들의 정령이 윤기 나는 긴 머리를 풀고 호수에서 몸을 적시면 달님은 은빛 가루를 뿌려준다. 안개가 진군해 오는 한밤중에는 안드로메다은하로 간 호수가 기억마저 아스라한 원시를 보고 오리라. 호수는 달빛 속에 잠긴 전설을 이야기하면서……

호숫가에서 가까운 마을에 들렀다.
쇠락한 집 담장에서 황토 냄새가 났다. 진흙을 만져 본 기억마저 가물가물한 탓인지 황토 담에 손바닥을 대고 가만히 있었다. 물성에서 인성이 느껴졌다. 황토에서 느껴지는 기운은 따뜻했고 오래된 이야기를 간직한 할머니 냄새가 났다. 초등학교 여름방학 때 경기도 김포에 있는 친척 집에 갔을 때, 마을 사람들은 황토에 섞은 지푸라기가 보이는 방에서 살고 있었다. 건장한 체구를 지닌 상철이 형 집에 놀러 간 적이 있는데, 초저녁에도 어두컴컴한 방에는 등잔불을 켜놓았고, 황토벽을 유난히도 밝게 비추던 그을음 거멓게 묻은 남폿불 아래 어슴푸레한 풍경은 낯설었다. 황토벽으로 둘러싸인 자그마한 방에서 아이에게 젖을 물린 은강이 엄마라 불리던 아주머니와 상철이 형과 나는 어색하게 서울 이야기를 나눴다. 오래된 기억을 헤집고 올라온 황토 냄새에는 그리움이 배어 있었다. 황토라는 사물은 먼 옛날부터 내 안에 낮고 아름다운 성을 쌓았는지도 모른다. 나는 그 안에서 꿈을 꾸었고 아마도 그런 이미지들이 문학적인 '것'을 켜켜이 쌓아 올리지 않았을까 생각해보곤 한다. 저 황토 담장 안으로 들어서면 유년

곡성군 겸면 호숫가에서 가까운 마을의 황토로 만든 담장. 둥글둥글한 돌을 쌓아 축대를 쌓고 황토에 지푸라기를 섞어 담장을 올리며 나무 지지대를 비스듬히 박아 견고미를 더했다. 20세기가 남긴 인간적인 너무 인간적인 축성술.

에 만나곤 스쳐 간 적 없는 상철이 형과 은강이 엄마를 설핏 볼 수 있지 않을까.

 마을을 나와 호숫가 숲길을 걸으며 물 위에서 노래하듯 걸어갔다. 슈베르트가 슈톨 베르크의 시에 곡을 붙여 <물 위에서 노래함Auf dem Wasser zu singen, Op. 72, D. 774>이란 가곡을 만든 것도, 곡성 겸면 호숫가의 물빛처럼 고요한 소리를 길어 올린 것은 아닐까 생각했다. 슈베르트는 저녁 무렵 물 위에 떠 있는 배를 바라보며 악상을 떠올렸겠지만, "서쪽 숲의 나무들 위에서/붉은 햇살이 정답게 손짓하니/동쪽 숲에선 나뭇가지들 아래/청포가 붉은빛을 받고 살랑거리네/…/아, 시간

은 이슬의 날개를 달고/흔들리는 물결 위로 사라져 가는구나"라는 시구처럼 그 역시 물 위에 비친 숲의 정경에 감흥이 일었을 것만 같았다.

 사월이 익어가는 호숫가 숲-나무 풍경은 돌아가지 못할 시간과 알 수 없는 시간 사이에서 꿈을 꾸는 듯했다. 나의 방랑이 끝나지 않는 시간을 향해 가듯 어쩌면 호숫가 숲-나무 풍경도 생을 방랑 중인지 모른다. 끝없이 자신의 생을 변신시켜 가고 있는 풍경 앞에 있으면 나 역시 먼지 한 톨만도 못한 우주의 일부인 것을 느낀다. 생을 밀고 가는 것은 호숫가 저 숲-나무처럼 꿈을 꾸는 일. 방랑하면서 차마 잠들지 못하면서 꿈을 꾸는 일이리라.

빛-어둠,
먹빛 진창의 숲길 언덕

빛-어둠을 보았다.

빛이 어둠에 사위는 모습, 혹은 어둠이 빛에 사위는 풍경……. 빛과 어둠은 한 몸에서 나와 세계를 지배한다. 풍경은 그 말을 증명하고 우리는 그것을 인식한다. 상반되는 두 개의 물질, 양극에서 나올 것 같은 빛과 어둠이 한데 있는 풍경에 당혹스러웠다. 눈으로 바라보는 한낮의 숲길과 해를 마주하며 뷰파인더를 통해 셔터를 눌러 본 숲길은 달랐다. 한낮에도 숲은 두 개의 얼굴을 지니고 있다. 마치 숲길에는 두 겹의 풍경이 존재한다는 듯, 역광의 사진은 내가 홀로 있는 시간에 상상의 나래를 펴게 한다. 나는 지금 두 개의 풍경 앞에 가만히 서 있다. 한낮의 실제 풍경과 르네 마그리트의 <빛의 제국L'Empire des lumières>에서 보았던 낮과 밤이 공존하는 그림처럼 햇살은 눈부신데 어두운 풍경. 특별한 프리즘을 이용한 광학 장치로서의 카메라 루시다(camera lucida)가 아니더라도 내가 본 것은 숲의 실체일까, 숲의 허무일까, 동경 너머 초현실 세계에서만 볼 수 있는 숲의 이데아일까.

빛-어둠 숲길 언덕

'숲속의 정적(Waldeinsamkeit)'을 보았다.

쓸쓸한 느낌이 들 정도로 매우 고요한 게 숲이고 보면 이상할 것도 없지만, 빛-어둠이 함께 있는 사진은 정적의 이미지를 증폭시킨다. '숲속의 정적(Waldeinsamkeit)'이란 독일어는 숲을 의미하는 발트(Wald)와 고독·쓸쓸함·외로움·고적 등을 뜻하는 아인잠카이트(Einsamkeit)가 합쳐진 말인데, 숲의 정적에는 근원적인 고독이 자리

하고 있음을 말하는 것 같다. 눈에는 보이지 않지만 숲의 정령들이 사는 세계도 있을 법한 것은 자연이 원초적인 공포를 느낄 만큼의 숭고한 고독이 있기 때문일까 아니면 인간 내면에 자리 잡은 고독이 숲에 겹쳐져서일까.

북독일 함부르크에서 그리 멀지 않은 곳에 있는 라체부르크(Ratzeburg)를 가본 적이 있다. 라체부르크는 네 개의 호수에 둘러싸인 자그마한 '섬의 도시(Inselstadt)'였다. 독일은 어디를 가도 동화 속 그림 같은 모습을 볼 수 있는 숲의 나라였고 게르만족이 나온 것도 숲이었다. 함부르크 북동쪽 뤼베크(Lübeck)에 있는 소설가 토마스 만의 생가 부덴브로크하우스(Buddenbrookhaus)를 둘러 본 뒤 라체부르크에 들러 숲길을 산책하고, 구동독의 보석 같은 작은 도시 쉬베린(Schwerin)에 들렀던 일은 기억마저 싱그럽다. 자전적 소설 「토니오 크뢰거」로도 잘 알려진 토마스 만을 찾아가는 길에 뤼베크 광장에서 독일 민요 <무시 덴Muss i denn>을 부르는 어린이들을 본 풍경, 쉬베린의 작은 책방에서 책의 우주를 방랑했던 느낌도 특별했지만, 호수에 둘러싸인 라체부르크 숲길은 남독일의 유명한 삼림지대 슈바르츠발트(Schwarzwald)와는 또 다른 숲의 명상을 즐길 만큼 인상 깊었다.

라체부르크가 인젤슈타트 즉 '섬의 도시(Inselstadt)'라서 그런지 호수에 둘러싸인 나무들은 검은 숲을 이룰 만큼 진초록빛을 띠고 있었다. 아마도 지금 내 앞에 펼쳐진 역광의 사진에 담긴 숲길만큼이나 가무스름한 짙은 초록이었는데, 라체부르크 숲길을 우리 동네 산 숲길에서 환상을 보듯 보고 있다. 라체부르크 숲길이 '섬의 숲'이었다면 이곳은 '숲의 섬'이다. 숲의 두터운 껍질을 벗기면 보일 것 같은 신비한 역광의 이미지는 숲의 풍경을 그림자 속에 가둬놓았다. 재미있는

1. 숲길. 빛을 따라가는 시간, 혹은 시간을 따라가는 빛의 변화.

2. 빛이 어둠에 사위는 시간.

3. 길을 덮친 빛.

4. 길이 빛-낯선 어둠에 잠겼다.

것은 어두운 숲, 햇빛 비치는 길을 향해 저 아래, 먹빛 진창 어딘가에서 오르페우스 뒤를 따르는 에우리디체를 본 것이다. 아주 어두운 지하세계를 벗어나려는 일념으로 한 줄기 빛을 향해 사랑하는 에우리디체를 앞서 인도했을 오르페우스. 빛이 얼마 남지 않았을 텐데, 저만치서 동굴 입구를 비추는 햇살을 보았을 텐데, 그 멀고 험한 명계를 겨우 빠져나오기 얼마 전이었을 텐데, 빛 세상으로 나가야만 죽은 에우리디체가 환생할 수 있었을 텐데, 빛을 찾아 왔으면서도 그만 빛 앞에서 지하 동굴을 벗어나지 못한 채 "오! 사랑하는 에우리디체!" 하며 뒤를 돌아본 성급함으로 영원 속으로 사라져버린 에우리디체……. 오르페우스의 비통함을 빛-어둠, 먹빛 진창의 숲길 언덕에서 보았다.

빛을 따라갔다. 빛의 시간을 따라갔다.
빛이 숲길에 겹쳐 빛-어둠으로 변하는 그때를 바라보았다.
실제 숲길은 빛의 진창에 빠졌고, 역광의 사진 속 숲길은 먹빛 진창에서 나를 유혹한다. 보이는 숲 건너에는 우리가 잘 모르는 보이지 않는 숲이 있을 것만 같다. 삶 역시 두 개의 세계에서 자라는 숲-나무 같지 않은가. 땅에 발붙이고 사는 실제의 삶과 이상 혹은 유토피아를 꿈꾸는 보이지 않는 또 하나의 삶. 나는 그 세계에서 자라는 한 그루 나무이다. 삶을 땅속 깊이 뿌리 박고 해와 달과 별을 우러르는 우주목처럼 나 역시 한 그루 나무의 생을 살고 있다. 비록 역광의 사진 속 숲이 현실에 배접된 한 겹 너머 풍경이라 할지라도 그것 역시 우리 생의 한 단면이란 것을 알고 있다. 세계는 보이는 삶 너머에도 있고, 우리 삶의 한 겹 안쪽, 혹은 바깥 어디에도 있다. 우리가 보이는 세계만 본다 해도 보이지 않는 세계가 없다고 할 수 없는 것처럼 말이다. 숲의 빛-어둠 속 역광의 사진은 익숙한 현실도 조금 낯설게 보라는 신호 같다. 우리가 한 치 앞의 삶을 알 수 없는 것처럼 보지 못한 것뿐이다. 그게 삶이고 숲의 비밀이고 세계의 모호함이다.

길은 길 속에 침몰하고,
빛은 어둠 속에 길을 잃고,
어둠은 빛 속에 일어선다.

숲길,
나와 마주하는 시간

- 페데리코 가르시아 로르카의 「악몽의 로맨스」,
  파랗게 사랑해, 파랗게

    숲길을 걸었다.
  길을 걸을수록 내가 보였고 길을 걸을수록 내가 사라졌다. 숲길에는 명상하는 나무가 서서 자기 생을 반추 중이다. 나무들의 왕국에서는 누구든 나무처럼 생명에 깃을 치게 하고, 나무처럼 조붓한 길을 내주어야 하고, 나무처럼 산소를 자아내 세상을 이롭게 해야 한다. 숲이라는 세계에 들어오는 이들은 자기를 내려놓고 나무-길을 들여야 한다. 숲길을 걷다 보면 거울 속에 숨어있던 또 다른 내가 동행을 한다. 일상에서 속도와 경쟁하던 나는 거울 속으로 사라진다. 숲은 신비한 은유의 세계이므로 보인다고 전부가 아니고 보이지 않는다고 부재한 게 아니다. 예전에 모르던 숲의 은유가 안개 걷히는 나무처럼 보일 때가 있는데 숲길을 걸으면 그만큼 순수해지고, 정신이 맑아져 내 안에 잠복한 인간다움이 살아나기 때문이다. 찌들었던 폐에 산벚꽃이 피고, 녹이 낀 심장에 초록 잎사귀 돋아나고, 발끝 실핏줄까지 우듬지에서 내려온 햇빛이 비춰주기에 내딛는 걸음에 힘이 들어간다. 새하얀 눈 덮인 숲길을 걸어가면 내 안이 수정처럼 투명해지는 것은 눈 쌓인

숲길을 걸어가면 누군가 내 이름을 부르는 것 같다. 가지 않은 길에서 들려오는 영원의 소리, 나무의 소리.

채 견고한 정신으로 서 있는 나무들이 나를 보고 있기 때문이다.

작은 언덕을 지나면 나타나는 사진 속 숲길은 내가 사랑하는 공간이며 부르크하르트가 말한 '정신의 교역장' 같은 곳이다. 남녘의 한 동네 산을 온전히 돌아 산책하는 이 아름다운 순례를 십 년 넘게 지속하고 있다. 글 쓰고 책 읽고 명상하는 은둔자처럼 삶을 단순화시켜 살

아가며, 조금 외롭고 쓸쓸한 시간, 조금 고독하고 그리운 시간, 아름다운 '고도 Godot'가 올 것 같은 데 오지 않는 날을 견디며 살 수 있었던 것은 숲길이 나를 유혹했기 때문이다. 세상이 은세계로 변한 폭설 내린 날로부터 장맛비 내리는 날, '겨울나무로부터 봄 나무로' 숲에 새순이 올라오던 경이로운 날, 찔레꽃 숨 막히게 피고 길마다 하얀 꽃길이 열리던 날, 초록 진주 같던 청 다래가 알알이 맺혀 발걸음을 멈

숲길, 곡선의 미학

추게 하고, 산감나무 땡감이 아기 손톱만 하게 열린 머리 위에는 햇빛에 반짝이는 연초록 잎사귀가 하늘을 덮고, 나도 덩달아 심장부터 연초록 물이 들던 날, 숲길을 산책하다 보면 사랑하는 것들이 나타나 발걸음을 멈추게 한다. 숲길을 거닐다 보면 식물학자처럼 쭈그리고 앉아 이름도 모르는 식물들을 세밀히 관찰하고 사진 찍고 메모하느라 시간 가는 줄 몰랐다. 내게 숲길 산책은 자연 학습장으로서의 자율 학습 배움터였다.

숲길은 나의 성지다.
나는 숲길을 순례하며 조금 더 인간적으로 변모했다. 모난 마음을

나무에 타오르는
연한 새순의 합창,
숲으로 가는 길.

   나뭇잎들이 덮어주더니 어느 사이에 꽃을 피웠고, 교만하지 않게 나뭇잎마저 떨구는 법을 알려주더니 눈보라 속에서도 나목으로 살아가는 지혜를 터득하게 했다. 숲은 말보다 침묵이 숭고한 것임을 느끼게 했다. 우리는 말 없음의 말을 했고, 말 없음의 말을 들었다. 말은 중요하지 않았으며 나무와 나는 빛 언어, 바람의 언어, 노을의 언어, 비의 언어, 눈보라의 언어, 그림자의 언어로 이야기를 했다.
   숲길에서 나는 사라지고 그림자만 보였다. 그림자가 길을 걸어갔고 숲으로 인도했다. 오솔길에 기댄 나무 그림자에 내 그림자가 겹칠 때, 우리는 이 세계에 존재하면서 순간 영원으로 회귀하는 부재도 느꼈고, 살아있는 동안, 숭고한 것은 지금 밖에 없다는 생의 강령도 들

나의 나, 또 다른 나, 내 안의 나, 그림자.

을 수 있었다. 그것은 숲이 베푼 소리였다. 뒤돌아보지 말라고 앞으로 생을 추동시키라는 차라투스트라 같은 영적인 소리였을지 모르고, 내 안에서 메아리 치던 오래된 소리였는지도 모른다.

그해 늦봄에서 싱그러운 초여름, 숲에서 보았던 산딸기는 앙리 마티스의 빨강 색보다 더 고혹적이고 파블로 피카소의 빨강 색보다 더

숲길 산딸기. 2015.6.6. 오후 1시 35분 무렵의 싱그러운 공기와 작열하는 햇빛 속의 보석처럼 영롱한!

열정적이었다. 세상에서 제일가는 어느 보석세공 장인이 루비로 산딸기를 만든들, 저 무심한 듯 유혹적인 빨강 빛깔의 산딸기를 따를 수가 있을까 싶다. 숲을 빨갛게 사랑하고 싶은 것인지, 자신의 생을 빨갛게 표현하고 싶은 것인지 산딸기는 이 숲에서 가장 빛나는 신호탄처럼 타오르고 있다. 생의 한 절정에서 계절의 한 정점에서 생을 자랑하는 산딸기를 바라본다. 내 삶은 지금 파란 시간일까, 빨간 시간일까, 아니면 땅거미 내린 어스름한 시간일까. 아니면 새벽 별 지고 해가 뜨는 금빛 시간일까. 그도 아니면 산딸기처럼 생을 빨갛게 폭발시키고 있는 시간일까. 산딸기도 나처럼 두 번 다시 오지 않을 시간을 만들고 있을 것이다. 세상 모든 것들이 연습 없는 생을 살기에 살아있는 순간 뜨겁게 타오르려는 신호를 보내고 있다.

페데리코 가르시아 로르카는 시 「악몽의 로맨스」에서 "파랗게 사랑해, 파랗게"라고 노래했다. 로르카의 눈빛에는 서늘한 그늘이 있

"빨갛게 사랑해 빨갛게", 산딸기가 말했다.

　어 좋았다. 그의 시에는 초현실적인 동경과 「어떤 영혼들은」에 나오는 시구처럼 "열정의 환영(幻影)"이 보였고, 별이 빛났다. 별은 우주 먼지와 가스로 만들어진 것이 아니라 로르카에 의하면 별들은 "향기"로 만들어졌다. 『정현종 시인의 사유 깃든 로르카 시 여행』에서 정현종은 로르카 시 「야상곡」을 감상하며 "나는 내 가슴 위/별들을 바라본다./오 향기로 만든 별들,/오 향기의 핵."에 대하여, "밤하늘의 별들이 향기로 만들어져 있다는 걸 처음 알았다"라고 고백했는데 시인의 말에 공감한다. 로르카의 시는 헐렁한 고무줄 같은 내 삶의 의표를 찌른다. 정신을 팽팽히 긴장시켜 삶의 의지를 우주까지 확장하고 초현실적인 세계 저 너머로 인도하는 핵을 내장한 응축 된 시상은 간담을 서늘하게 한다.

　숲길 산딸기를 보며 로르카를 떠올린 것은 "파랗게 사랑해 파랗게"라는 시구에 매료되었기 때문이다. 산딸기가 숲을 향해, 세상을 향해, "빨갛게 사랑해 빨갛게"라고 외치고 있는 것 같았다. 별까지 닿을 목소리로 이 숲과 세상을 빨갛게 빨갛게 사랑한다고 말하고 있는데 그 소리의 진동을 너는 듣고 있는 것인지?하는 물음이 느껴졌다.

산딸기처럼 세상과 나 자신을 '빨갛게 사랑해 빨갛게'라고 말할 수 있는가!

나무에 생긴 구멍을 보았다.

숲길을 산책하다 마주친 것들을 보면서 만물이 생겨난 데는 그만한 이유가 있으리라 생각했다. 나무에 난 구멍은 예사로워 보이지 않았다. 나무가 숨구멍을 냈을 리도 만무하고 벼락에 맞아 구멍이 생긴 것도 아니고 누군가 구멍을 뚫은 것은 더더욱 아닌 듯하다. 예술적으로 어찌 보면 초 예술적으로 구멍이 난 걸 보면 예술가의 소행일지도 모르지만, 예술가들은 그렇게 예술적이지 못하다. 다듬지 말아야 할 돌을 정으로 쫀다거나 그라인더로 갈아 미적인 것으로 보이게 하는 눈속임의 마술을 부릴지언정 나무 구멍처럼 자연에 합일하는 예술을 할 줄 모른다. 인간의 예술이란 자연을 훔쳐 온갖 덧없는 작업으로 정념을 덧씌워 놓은 것일지도 모른다. 해석하려 하고 공허하게 만드는 게 예술의 속성인지도 모른다. 저 나무 구멍엔 무엇이 있는 것일까.

저렇게 멋진 예술적인 솜씨를 발휘할 녀석은 딱따구리밖에 없다는 생각을 했다. 나무 표면이 딱따구리가 쪼아댄 흔적에서 자연스럽게 복원된 것을 보면 오랜 시간이 흐른 것 같았다. 딱따구리가 나무를 쪼아댈 때 나무 파편이 머리에 떨어지는 것을 맞으며 꼼짝 않고 서 있던 적이 있었다. 살아있는 나무에, 그것도 부리로 구멍을 뚫으려면 보통 어려운 일이 아닐 텐데 딱따구리는 인간보다 더 예술적인 솜씨로 구멍을 뚫고 있었다. 딱따구리는 1초에 열다섯 번에서 열여섯 번의

딱따구리의 예술.

속도로 나무를 쪼고 있다고 한다. 기관총 총알보다 두 배나 빠른 속도라니 나무를 한 번 쪼는데 걸리는 시간은 천 분의 1초도 안 걸린다. 딱따구리는 그렇게 가공할 속도로 하루에 1만 2,000번 정도 나무를 쪼고 있다 하니 그 힘과 정성과 인내심은 어디서 나오는 것일까. 자연에서 멸종되지 않고 살아남기 위한 생존 의지일까? 머리에 가해지는 충격이 상상을 초월할 것 같았다.

딱따구리는 나무에 비밀스러운 동굴을 만들어주듯 신비한 구멍을 뚫었으리라. 우주선이 발사될 때 비행사가 받는 힘의 250배에 달하는 압력을 그 조그만 머리로 받아내면서 나무에 구멍을 뚫은 것은 애벌레를 잡아먹고, 새끼들의 보금자리를 만들려는 일념 때문이었을 것이다. 딱따구리의 생존 본능과 모성 본능이 저 딱딱하고 질긴 생나무에, 예술적으로도 아름다운 구멍을 뚫었다. 사람처럼 자로 재거나 도구를 사용한 것도 아닌 눈대중의 어림잡음이련만, 나무에 뚫어 놓은 구멍은 딱따구리가 드나들 만큼 작지도 크지도 않다.

"친구, 세상에 대충이란 없다네. 딱따구리의 눈에는 실존의 자(尺)라는 눈금이 박혀 있거든. 사람들보다 먼저 지구라는 별에 정착해 살 때부터, 아주 오래된 옛날부터 유전자에 인이 박인 생존의 자(尺)라고 할까. 나무에 구멍을 뚫을 때 길고 끈끈한 가시가 달린 혀로 애벌레를 잡아먹을 만큼의, 새끼들을 낳아 기르기 위한 딱 그만큼의 크기와 깊이를 잴 수 있는 눈에는 보이지 않는 자가 있거든. 내 부리는 강하고 정교하며 자연을 미적으로 훼손시키지 않는 예술성도 있지. 나무에 뚫어 놓은 구멍을 잘 보면 동그라미 위쪽이 살짝 갸르스름하지. 애벌레를 잡아먹을 때, 새끼를 키우려 드나들 때 고개를 쳐들기 쉽게 위쪽을 조금 더 트이게 한 것이지. 미세하지만 딱따구리의 미적 인식이라고 할까? 삶의 예술이라고 할까?"

어느 해 봄에는 숲길을 산책하다가 딱따구리 나무 쪼는 소리에 홀려 가만가만 다가가서 숨죽인 채, 나무 쪼는 소리와 구멍 내는 모습을 동영상에 담은 적이 있다. 햇빛 싱그러운 봄날 숲에 울려 퍼지는 소리는 엄혹한 야생의 겨울을 살아낸 생명체가 일어나라고 부르는 기적의 외침 같았고, 고요한 숲을 깨우는 아름다운 진동으로 느꼈다. 나무에 구멍을 내는 딱따구리 소리가 끊긴다면 숲은 얼마나 고적할지 산책자는 또 얼마나 서운한 마음이 들까 싶다. 태백산맥 한가운데 있는 정선의 깊은 산에서 들었던 딱따구리 소리나, 지리산자락 계곡 물소리에 어우러지던 딱따구리 소리나, 남녘 우리 동네 자그마한 산자락 숲에서 들은 그 소리는 영혼에 맑은 숨구멍을 트이게 하는 울림으로 남아 있다.

딱따구리는 날아가고 나무에는 구멍이라는 흔적만 남았다. 애벌레를 찾고 새끼를 낳아 기르던 딱따구리와 첫 비상의 환희를 맛보았을 새끼들의 날갯짓만 남은 나무 구멍에는 오래된 침묵만 쌓여갔다. 가끔 세찬 빗줄기를 피하고자 참새나 오목눈이가 초롱초롱한 눈동자를 굴리며 나를 빤히 볼 때가 있을 뿐이다. 딱따구리 가족은 날아갔지만, 나무 구멍에는 엄마 딱따구리 품에서 꿈을 꾸며 세상모르고 곤한 잠을 청했을 새끼들의 포근한 시간과 사랑의 기쁨이 여전히 남아 있다.

나무는 자기 자신을 키우고 새와 벌레와 꽃, 그리고 사람을 키운다. 나무의 우주에 가면 우리가 알아야 할 모든 게 살아있다.

5부

산벚나무 상처를 보며
아름다움을 생각한다

산벚나무의 상처는 삶이다.

나무들은 상처를 햇빛에 말려 새살을 돋게 한다. 시간이 바람을 데려와 상처를 아물게 하고, 햇빛 한 줌 넣어 찢어진 수피를 빛살무늬가 깁고, 별들은 나무의 오두막에 사는 정신을 빛나게 해주고, 천둥 번개는 세상을 견디는 법을 전해 준다. 땅속 어머니의 품 같은 흙 속에서 꿈을 꾸며 씨앗으로 존재하던 연보랏빛 새순이 세상에 나와 맞이한 첫 밤에는 어떤 소망과 의지가 배어 있을지 궁금하다. 바람에 흔들리면서 바람에 꺾이지 않기 위해 어린나무들은 바람 타는 연습을 하고 바람의 냄새를 기억하여, 산들바람 냄새인지 검은 폭풍우를 몰고 오는 냄새인지 나무의 살에 새겨둔다. 언 살이 터져 정신이 빛날 때까지 나무들은 시간의 풍상을 나이테에 기록하며 해와 달과 별을 향해 뻗어간다.

벚나무 생에 가장 화려했을 봄날의 몸에는 상처가 각인되어 있었다. 지난겨울은 소빙하기라도 도래한 듯 몹시 추웠다. 오래된 나무들

나무의 상처, 저 아름다운 속살의 무늬를 보라

도 가지가 얼어 터져 부러지는 수난을 겪었다. 오랜 세월 이어지다 어느 순간 수피가 터져나갔을 것이고, 상처의 세월만 한 시간을 견디며 나무는 매끄러운 속살이 껍질로 만들어지는 쓰라린 날들을 견뎌내고 있을 것이다.

저 아름다운 속살의 무늬를 보라!

거뭇거뭇한 주름이 번지며 가장 나무다운 얼굴로 거듭나기 위하여 껍질이 되어가는 과정을, 시간이 얼마나 흐르면 속살과 껍질이 하나 되어 다시 매끈한 모습을 찾을지. 나무의 상처를 어루만지는데 햇살이 눈부시게 쏟아지고 있었다. 봄 햇살이 살점 터져나간 자리마다 들어서 거미줄처럼 퍼져나가는 나무의 혈관이 만들어지고 있다.

봄날의 절정에서 산벚나무는 눈꽃 같은 분신을 지상에 내리고 있었다.

생의 절정에서 꽃을 버려야 연초록 잎을 틔우고 열매를 맺는다는 걸 알기에 벚나무는 미련 없이 아름다움을 해체하는 중이다. 나무의 아름다움이란 무엇일까 잠시 생각에 잠겨본다. 반복되는 일상의 삶에서 문득 허무감에 사로잡히기도 하고, 자신이 낯선 이방인처럼 느껴져서 삶이 무의미한 것 같다는 우울감에 들 때가 있다. 알베르 카뮈는 삶의 익숙함과 지루함 속에서 느끼는 낯섦과 무의미를 부조리로 인식하고, 그 철학적 명제를 『이방인』, 『반항하는 인간』, 『시지프 신화』 등의 소설에 담아냈다. 카뮈에게 있어 부조리한 세계에 던져진 삶을 좀 더 인간적으로 각성시키는 것은 '반항'이다. 그가 부조리와 반항을 문학적 테제로 이야기하는 것은, 불협화음 가득한 조건 속에서도 인간은 자신의 삶을 주체적으로 살아가야 한다는 의미를 말하

기 위함이다.

　나무도 자신의 의미를 증명하기 위하여 살고 있다. 나무는 자연에 순응하는 식물이라고 사람들은 말하지만, 나무야말로 한군데 뿌리 박고 살아가며 반복되는 사계와 무력감, 지루함 속에서 삶의 의미를 만들어가고 있다. 나무는 가변적인 자연 속에서 순응하는 것이 아니라 투쟁 중이다. 봄이 왔다고 저절로 꽃이 필 리 없다. 자연에 내 던져진 나무는 스스로 살아야 할 이유와 의미를 증명하듯, 꽃을 피우고 열매를 맺고 잎을 떨군다. 나무에 개화란 한 우주를 여는 일이기에 달이 차올라 꽃봉오리의 창이 열리기를 기다려야 한다. 나무도 자기 자신이 시지프처럼 끝없이 바위를 산꼭대기로 밀어 올려야 한다는 것을 잘 알고 있다.

　나무는 꽃을 피울 때보다 꽃을 지게 할 때 자신의 삶을 더 숙고할 것 같다. 무성했던 잎을 버리고 비워가면서 나무도 존재론적인 시간에 잠기게 된다. 꽃이 지면서 비워져 가는 이때가 나무에 아름다운 시절이라고 생각한다. 나무는 내면적으로 가장 깊어져 가면서 이 세계와 자기 자신과 투쟁하며 삶을 추스른다. 카뮈적으로 말하면 삶을 주체적으로 고양 시키고 긍정하기 위하여 '반항' 중인 것이다. 꽃이지는 일은 슬픔이 아니라 영원회귀하는 시간 속에서 더 귀한 자리를 찾아가는 것이며, 우리에게는 생의 유한성과 존재에 대한 물음을 갖게 한다. 나무와 교감할수록 물아일체(物我一體)를 느끼는 것은 우리는 나무 안에서 서로 연결되어 있음을 조금씩 알아가기 때문이다.

　뜨거운 여름날 열매가 검붉게 익어갈 때면 새콤한 버찌를 입에 넣고 벚나무를 바라볼 것이고, 그 무성한 잎을 모두 떨굴 무렵에는 낙엽을 밟으며 다시 나무의 아름다움에 대하여 명상하며 숲길을 산책하고 있을 것이다.

숭고한 겨울나무,
메타세쿼이아

겨울나무는 겨울나무다.

이 말에는 겨울나무는 나무가 아니라는 의미도 들어있다. 겨울나무는 나무가 아니라 어떤 정신을 표상하는 것 같다. 어느 귀인이 환상적인 자세를 펼쳐 보이는 것 같다고 해야 할까, 어느 환상이 귀인의 모습을 보이는 것 같다고 해야 할까. 겨울나무는 고귀한 사람처럼 여겨진다. 지상의 생명이 숨어버리는 한겨울에도 흰 눈이 가득 쌓여 세상엔 아무것도 없어 보이는 빈 들에서, 숲에서, 꽁꽁 얼어버린 물기를 추억하며, 몸 안의 물관이 얼지 않게 정신을, 오로지 정신을 따뜻하게 숨을 불어넣고 서 있는 나무를 보면 경이롭다. 부동의 자세로 대지에 뿌리 박고 비와 천둥과 폭설과 강풍 맞으며, 아무 말도 없이, 괜찮다는 듯 의연하게 서 있는 나무들.

겨울 산책자가 되어 숲을 거닐다 보면 작은 여행이 시작된다. 공기는 투명하고 얼어붙은 길은 여름 숲에선 느낄 수 없는 생각의 확장을 불러온다. 견고한 서정이 내면에서 꿈틀거리고 의지는 더 단단해

하늘 향해 두 팔 벌린 숭고한 겨울나무, 메타세쿼이아 가지마다 눈이 쌓여있다

메타세쿼이아 나뭇가지에 걸린 흰 달

진다. 고개를 돌려보면 나무들은 연약한 가지로 눈의 무게를 감당하느라 중심을 잡고 있으며, 해가 지면 영하로 떨어지는 추위를 오직 몸으로만 받아내며 서 있다. 태곳적 안드로메다 어느 별, 나무들의 신계(神界)를 벗어난 씨앗 하나가 운석에 묻어와 지상에 퍼진 게 나무가 아닐까. 신의 벌을 받느라 하늘 향해 두 팔 벌린 채 살아가는 게 나무의 운명은 아닐까. 겨울 숲을 산책하다 보면 별별 생각이 다 스쳐 지나간다. 사람의 뼈에 든 성분과 별을 구성하는 물질에도 같은 게 있다는 걸 보면, 사람의 씨앗도 저 광막한 우주 어느 별똥별에 실려 이곳에 온 건 아닌지?

우리 동네 밭 한가운데에는 신기하게도 메타세쿼이아 나무가 커다란 장승처럼 서 있다. 공기에도 물이 오르는 것 같은 새봄의 잿빛 나무가 연초록으로 변해가는 풍경은 가슴을 고동치게 하고, 작열하는 태양 아래 진초록 잎을 발산하며 서 있는 메타세쿼이아는 여름을 시원하게 장식하고, 숲을 노르스름하게 불그스레 물들이는 단풍 깊은 가을은 발걸음마저 사색에 물들게 하지만, 그중에서도 들판 가득 흰 눈 덮인 겨울날의 나목이야말로 진실한 삶의 자세를 보여준다. 한 잎 남은 잎사귀마저 떨구고 가장 원초적인 자세로 서서 세상과 대면하고 있는 모습은 장엄하다. 대지로 휘몰아치는 삭풍 앞에서도 빈 몸으로 모든 걸 받아낸다는 것은 모든 걸 비웠기 때문에 가능한 자신감일 것 같다.

숲으로 가는 산책길에서 매일 두 번 나무를 바라본다. 멀리서 보다가 나무 가까이 이르면 흰 구름까지 솟아오른 것 같은 메타세쿼이아는 넉넉한 마음을 지닌 동네 어른 같기도 하고, 동구밖에 서 있던 장승 같기도 하다. 가까이서 나무를 안아 보면 두 팔에 품에 안길 리 없지만 내 몸에 닿는 만큼 안온한 정이 느껴진다. 멀리서 볼 때는 온전해 보였는데 가까이서 본 나무는 풍상에 가지가 꺾인 곳도 있고 껍질이 찢기고 구멍이 난 자리도 있다. 나무로 살아가는 일은 사람살이와 마찬가지로 상처 사랑하기의 연속인 것 같다. 몸뿐만 아니라 정신에 생긴 상처까지 사랑하며 사는 건 나무나 사람이나 매한가지일 것이니까. 나무야말로 사람보다 더 오랜 시간 이 땅을 지켜오며 생명을 위한 투쟁을 하고 있지 않은가. 나무의 상처를 보듬고 온기를 나누다 보면 내가 나무를 위로하는 게 아니라, 나를 자애롭게 내려다보는 눈빛에서 어머니의 눈빛을 느낄 때가 있다.

　내가 나무를 사랑하는 법은 두 팔을 벌려 안고 침묵의 대화를 나누는 것이다. 나무에 기대 뺨을 수피에 밀착시킨 채 귀를 기울이면 나무도 말을 걸어온다. 나무가 오랜 세월을 존재할 수 있는 것은 누군가와 끊임없이 무언의 대화를 하기 때문일 것이다. 해와 달, 별과 꽃, 새와 비, 그리고 폭설과도 나무는 대화할 것이다. 우주의 창대한 공간을 끝도 없이 질주하는 시간과 어느 별의 구멍가게 길모퉁이를 무심히 지나가는 침묵과도 무언의 말을 나눌 것이다. 세월에 허리가 굽은 할머니가 마을 앞 느티나무에 혼잣말해도, 나무는 다 알아듣고 미풍에 나뭇잎을 살랑거릴 테니까. 나무는 그래서 아름답다. 수직으로 곧게 서서 혹은 절벽 깎아지른 곳에서 구부러질 대로 구부러진 채로, 해를 바라보며, 별을 우러르고, 달에 도취하며 신비를 간직한 모습으로 존재하는 게 나무니까. 세상이 꽁꽁 얼어붙어도, 아무리 혹한이 거세도 나무는 자기 자신을 파멸시키지 못할 것이란 확신과 믿음을 간직하고 있다.

　그런 나무를 닮고 싶다.

두꺼비는
아주 오래된 시간에서 왔다.

  두꺼비는 전설의 껍질을 깨고 나와 이리로 건너왔다.
  이 세상 어딘가에는 외계로 통하는 빛 사이 우리가 잃어버린 시간이 있어서 그곳에 있는 두꺼비라든가 땅강아지, 파랑새 같은 것들이 가끔 내가 사는 산과 강과 숲으로 올 때가 있다. 내가 우연히 마주친 두꺼비는 오래된 시간의 문을 열고 나와 풀숲에서 신선한 공기를 맡으며 무엇인가 찾고 있다. 까맣게 잊고 살았던 두꺼비를 본 게 신기했지만, 두꺼비 역시 이 세상이 낯설었을 것이다. 두꺼비와 나는 지금 낯섦과 낯섦의 사이 길을 걸으며 서로를 탐색 중이다.

  예전의 아이들은 집 앞 공터에 있던 모래더미를 보면 코흘리개 남자아이들이나 머리를 양 갈래로 딴 계집애들이나 그 앞에 모여 두꺼비 놀이를 했다. 모래에 솜털 보송한 목련 봉오리만 한 주먹을 모래에 파묻고 그 위에 모래를 쌓고 두꺼비 등처럼 볼록하게 토닥이며 노래를 불렀다.

두껍아

두껍아

헌 집 줄게

새집 다오

두껍아

두껍아

헌 집 줄게

새집 다오

두꺼비 노래는 아이들에게 주술 같았다. 모래를 토닥이며 돌림노래 하듯 '두꺼비 송'을 부르는 아이들은 생물 도감조차 귀한 시절이라 두꺼비를 본 적도 없을 텐데 두꺼비를 불러 소원을 빌었다. 코흘리개 남자아이가 목청을 돋워 두꺼비 노래를 부르면 단발머리 계집애도 질세라 그 청아한 목소리로 모래를 토닥이며 두꺼비를 찾았다. 이만하면 아이들 노래에 응해 한 번쯤 나타날 법도 한데 두꺼비는 시간의 사잇길을 엉금엉금 기어 오는 중인지 보이지 않았다.

해으름이 동네 골목을 물들이고 새까만 씨를 품은 빨간 분꽃이 필 무렵 엄마들이 아이 부르는 소리 전봇대 지나 들려오면 두꺼비 부르던 노랫소리도 끊기고 공터 모래더미에는 땅거미가 쌓여간다. 아이들이 두꺼비집을 짓던 자리에는 별들이 내려와 두꺼비집을 지을 시간이다. 아이들은 꿈을 꾸며 할머니한테 들었을 설화 속의 두꺼비와 붉은머리왕지네가 싸우는 장면에 잠꼬대하는 건 아닌지 밤이 깊을수

록 미완의 꿈도 깊어갈 것이다. 조막만 한 아이들 손에 감기던 모래의 촉감은 부드러웠으리라. 공터 모래가 놀잇감이 되고 아이와 아이의 마음을 이어주던 금빛 서정은 그들 머리에 흰 서리가 내리더라도 잊지 못할 기억으로 남으리라.

아주 오래된 기억을 뚫고 나온 두꺼비를 보며 잃어버린 꿈을 꿀 수 있었다.

개구리와 달리 두꺼비는 몸집도 크고 통통한 생김새는 근엄한 제왕 같으면서도 조금 우스꽝스러워서 친근감이 들었다. 폴짝거리며 뛰어다니지 않고 엉금엉금 기어 다니며 아이들이 장난을 쳐도 갈 길을 가는 순한 표정도 좋았지만, 왠지 두꺼비라는 이름에서 풍기는 복스럽고 길한 이미지에 우직한 모습은 영물이라는 생각도 들었다. 장마철이면 채송화 핀 마당을 느릿느릿 걸어가던 두꺼비를 자주 볼 수 있던 시절은 얼마나 행복했던가? 그리고 두꺼비로 하여 동화 같은 꿈을 꾸며 살 수 있었던 어린 시절은 또 얼마나 행복했던가? 풀숲에서 우연히 만난 두꺼비가 잃어버린 시간을 되찾아 준 것만 같아서 다시 꿈을 꿀 수 있었다. 네 잎 클로버를 찾는다고 풀숲을 뒤져본 게 언제인지 모를 만큼 삶은 화살처럼 날아가고 있다. 유년에 본 사물을 잊어버리고 목적이라는 과녁을 향해 날아가는 화살처럼 산다는 건 점점 난쟁이가 되어가는 것 같다. 두꺼비를 보기 쉽지 않은 세상에서 선한 동물을 만났으니 네 잎 클로버를 못 찾을지라도 행운을 잡은 것 같았다. 언제 다시 또 두꺼비를 볼 수 있을까?

가장 낮은 자세의 나무,
그루터기

　세상의 모든 그루터기는 세상의 모든 나무였다.
　지금은 비록 밑동만 남았지만, 누구도 쳐다보지 않고 금 간 나무테가 환히 들여다보이는 초라한 모습이지만, 한때 그루터기는 눈부신 초록 잎을 달고 산새와 다람쥐와 사슴벌레의 집이 되었던 울창한 나무였다. 어느 해 풋풋한 봄날 딱따구리가 나무에 구멍을 뚫고 알을 낳아 새끼를 기른 것도, 칠 년을 땅속에서 버티던 애벌레가 여름밤 흙 위로 올라와 나무에 여섯 개의 발톱을 박더니 허물을 벗고 첫 비상의 꿈을 이룬 것도 바로 이 나무였다. 칠성무당벌레가 날아와 무성한 잎에 매달려 바람 그네를 탄 일과, 그해 겨울 폭설에 나뭇가지가 부러지고 고드름이 달렸을 때도 봉오리를 움트게 해 꽃을 피운 일 역시 그루터기의 오래된 추억 속에 잠들어 있다.

　나무줄기가 잘려나간 허공에는 아무것도 보이지 않았지만, 나무가 서 있던 공간이 기르스름 하게 보였다. 나무가 자라던 허공에 꽃이 핀 것도 보았다. 햇빛 사이로 일어난 작은 돌개바람 따라 회 오르던

뿌리줄기가 흙 위로 드러난 그루터기에 봄이 오니 송진이 올라왔다.

송홧가루도 보았다. 5월 초록 짙은 날이 아름다워서 찬란한 설움을 느꼈더라도 그루터기에 남은 고독한 존재의 아름다움은 차마 따라오지 못할 것이다. 나무는 베어졌어도 땅속에 묻혀 잠든 씨앗과 먼 곳으로부터 날아온 엉겅퀴 갓털이, 나무가 서 있던 자리 한두 뼘 앞뒤로 다시 피는 것도 보았다. 새가 날아간 자리에 박새, 딱새, 파랑새가 날아와 날갯짓하고 그 앙증맞은 부리로 그루터기를 톡톡 쪼는 것도 보

봄비 내린 날의 그루터기. 봄비 머금은 초록 그루터기.

아카시아 꽃잎 날아와 앉은 봄날 그루터기.

여름비 내린 숲길 그루터기

여름비 그친 뒤 그루터기

았다. 그럴 때면 지나는 바람을 불러 새들에게 소식을 묻는 그루터기의 전언도 들었다. 그루터기는 여전히 살아있는 나무다.

　여름비 내린 숲길 그루터기엔 초록 물이 짙게 들었다. 그루터기가 진초록빛으로 물드는 건 살아있다는 증거. 뿌리에서 우듬지로 가는 물관을 통해 수분을 공급할 길이 끊겼다는 것일 뿐, 그루터기는 굵직한 줄기로 뻗어가는 물길을 그리워하느라 저렇게 초록빛으로 물들었다. 그루터기는 오솔길을 뭉근히 바라보고 있다. 저 길을 거닐며 그루터기가 울창한 나무로 서 있을 때로부터, 누군가 걸어갔을 길에 붉게 물든 낙엽을 깔아주고, 나뭇가지마다 눈 쌓인 모습을 보여주던 오롯한 풍경을 기억한다. 다시 봄이 오는 길목마다 연둣빛 새순을 밀어 올리면 사람들은 가슴 벅찬 희열을 느꼈으리라. 시간의 발소리를 들으며 나무가 사람에게 사람이 나무에 안부를 물었을, 아니 그윽한 시선으로 서로 바라만 보아도 아름다웠던 기억을 그루터기가 된 나무는 알고 있을 것이다.

　가을볕 드는 그루터기 숲길을 걸으면 사색 깊은 사람으로 변신한다. 이맘때 길을 걷는 사람은 속도를 줄이고 달팽이처럼 느릿느릿 걸으며 속도의 무늬를 들여다보아야 한다. 파랗게 파랗게 사랑하고 싶은 공기를 폐부 깊숙이 호흡하며, 나무라도 한 번 안아주고, 바위에 앉아 돌을 쓰다듬며 나뭇잎 사이로 들이치는 광선을 바라볼 일이다. 속도가 몸에 밴 사람들은 나무 우듬지에서 살랑거리는 바람을 느끼지 못하고, 불그스레 익은 머루를 쪼아먹는 멧새나, 차가워진 기온에 힘을 잃어가는 딱정벌레를 보지 못하고, 그림자가 짧아져 가는 햇빛의 길이를 가늠하지 못한다. 가만가만 숲길을 걸으며 무량한 햇살

가을볕 내린 그루터기 오솔길은
묵상의 길이다

한 줌만으로도 고마워하는 그루터기를 물끄러미 바라볼 일이다.

눈 쌓인 그루터기는 꿈을 꾸고 있다.
초록 잎을 세상에 드리우고 도토리나 버찌를 사람과 다람쥐, 박새와 직박구리에게 내주곤 한겨울에도 무성한 가지를 자랑했던 나무는 자신의 존재를 인정하기 어려운 그루터기로 있으면서도 아무 일 없었다는 자세로, 하얀 눈의 환대를 받고 있다. 몸피는 비록 잘려나갔더라도 땅속에 깊이 뿌리내린 생명력은 허공에 보이지 않는 집을 짓고 있을 것이다. 우리 눈에 보이진 않으나 그루터기만 남은 나무를 밀고 가는 힘은 필경 꿈일 것이다. 꿈은 봄, 여름, 가을, 겨울 그루터기의 색깔을 만들어내고 여린 가지를 밀어 올려 초록 잎사귀를 달아 준다. 솜이불 같은 눈이 소복이 쌓인 그루터기는 꿈을 통해 자신의 삶을 읽고 있다. 니체가 말한 것처럼 삶의 이유를 오롯이 자신의 안에서 찾아야 한다는 명제를 생각하며, 꿈 많던 나무의 시간을 반추하며, 삶의 난해한 상형문자를 꿈을 통해 풀고 있다. 눈이 온 세상을 덮고 있는 동안은 그루터기도 삶에 새겨진 시름을 뒤로한 채 어린아이 같은 꿈을 꿀 것이다.

숲길을 다니다가 걸음을 멈추고 연민 깊은 마음으로 그루터기를 볼 때가 있다. 그루터기를 가만히 보고 있으면 동질감을 느끼기 때문이다. 나무처럼 등 푸른 모습을 간직한 내 몸도 언젠가 가지가 부러지고 정신이 잘려나가 그루터기처럼 변한다면, 나 역시 나무의 생과 다르지 않게 오롯이 꿈만 꾸고 있을 것 같아서다. 좀 더 삶에 대한 치열한 투쟁을 통해 정신의 초록 줄기에 잎사귀들을 달아야 하는데, 그루터기처럼 무엇인가 잘려나가 주저앉은 것은 아닌지 그런 생각이 들 때가 있다.

눈 쌓인 그루터기

숲속의 그루터기

　가장 낮은 자세의 나무가 그루터기라고 생각한다.

　살다 보면 몸에 난 가지가 부러지고, 몸을 감싼 껍질도 떨어져 나가고, 때로는 삶이 가하는 천둥 번개에 놀라기도 하고 벼락 맞은 나무가 새까맣게 타버리듯 속이 까매지기도 하지만, 그것도 우리 생이 보여주는 풍경이고 보면 서러워할 일도 아니다. 가장 낮은 자세의 나무, 그루터기를 보면 몸뚱이가 송두리째 잘렸는데도 뿌리를 깊게 박고 있으니 온몸으로 작은 이파리를 세상에 밀어내고 있다.

"별것도 아니야, 별것도 아니지, 우주를 바라봐! 별이 떨어지고 있잖아! 빨간 별, 파란 별, 보라 별…… 별은 빛나면서 떨어지는데……한 100억 년 빛나던 별도 떨어지는데 말이야." 그루터기는 상처가 아물고 덧나고 그러는 게 삶이라고 말한다. 하늘 향해 수직으로 서 있던 나무줄기가 사라져도 그루터기만 뿌리박혀 있으면 언젠가 꽃을 피울 수 있는 게 삶이라고 말한다.

가장 낮은 자세의 사람이 그루터기라고 생각한다.

할미꽃,
Ecce homo-이 사람을 보라!

할미꽃은 사람이다.

줄기부터 잎까지, 꽃과 열매마저 솜털 보송한 모습은 할미의 따뜻한 눈웃음을 닮았다. 진분홍 꽃이 살포시 고개 숙인 모습도 먼 옛날 그리운 꽃 각시 적 첫사랑 이야기에 쑥스러워 고개 돌리는 할미를 닮았다. 노을 지는 바닷가에서 한 깊은 여인의 마음을 파도에 실어 보내는 할미를 닮은 것도 그 꽃이다. 오월 햇빛보다 찬란한 덩굴장미처럼 고혹적이지 않고, 찔레꽃처럼 청순한 얼굴도 아니고, 왠지 나팔꽃처럼 수다를 떨 것 같지 않고, 수선화처럼 노란 환희를 주지 않고, 봄날 한적한 시골 골목에 들어서면 황토색 담장 아래 처연히 흙빛으로 변해가는 동백 같지 않고, 메꽃처럼 연분홍 치마를 펼친 것 같지 않고, 산모퉁이에 함초롬히 피어난 보랏빛 산국(山菊) 같지도 않지만, 할미꽃은 가슴속 잃어버린 시간 어딘가 저며둔 그리움을 품고 있다.

산과 들 양지바른 풀밭이나 언덕에서 우연히 할미꽃을 본 날은 가슴 한쪽이 저며 온다. 꽃들은 저마다의 사연과 전설과 신화 같은 이야

화순 들녘 고인돌 옆에 핀 할미꽃.

기를 품고 사람들 삶 깊숙이 살고 있다. 수많은 꽃 중에서 유독 할미꽃에 애잔한 마음이 더 갔을까. 남도를 방랑할 때 화순의 고인돌이 있던 언덕배기에서 할미꽃을 보았다. 비탈진 언덕에 고개 숙인 채 핀 할미꽃은 다시 만나기 쉽지 않을 것 같았다. 그날의 공기와 습도 청명했던 하늘빛과 미풍의 살랑거림이 할미꽃과 함께 기억의 서랍에 남아 있다. 먼 훗날 다시 화순을 찾아 보석 같은 그 꽃을 볼 수 없다면 얼마나 서운할까. 지천으로 널린 게 꽃이라지만 할미꽃은 심심산골에나 필 것 같은 느낌이 들었다.

꽃이 질 때면 인생의 한 구비도 따라 저문다.

　서운하고 섭섭하여 찡한 마음이 드는 게 꽃 지는 시간이고, 다시 돌아올 수 없는 생의 뒤안길은 꽃과 함께 사라져가기에, 지는 꽃의 순간은 생을 각성시킨다. 꽃이 필 때는 환희를 느끼고 약동하는 기운을 받지만, 꽃이 질 때는 영랑의 시구처럼 "봄을 여윈 설움"에 "하냥 섭섭해 우옵네다" 심정이 된다. 여느 꽃들과 달리 할미꽃이 질 때면 꽃봉오리에서 하얗게 세어버린 머리를 풀어헤치고 바람에 하늘거리는 모습을 볼 수 있다. 진분홍 꽃봉오리가 보여준 애수 짙은 모습은 간데없고 하얗게 센 긴 머리만 나풀거리는 모습만 남아 허무의 시간을 증언한다.

　할미꽃에서는 할미의 인정 깊은 그리운 냄새가 난다. 어느덧 머리가 하얗게 세어버린 솔베이그가 헌 옷을 기우며 부르는 회한 깊은 투

나무 새 꽃, 느림의 미학

프리드리히 니체의
Ecce homo 친필 원고 박스
위에 놓인 할미꽃은,
철학자가 쓴 글
<이 사람을 보라Ecce homo>
처럼 언제부턴가
사람으로 여겨졌다.
우주의 한 별로 다시
돌아갈 준비를 하는
(꽃집에서 사 왔던) 할미꽃!

명한 노래 같기도 하고, 장독대에 정화수 떠놓고 두 손을 쓱쓱 비비며 일월성신께 기도하는 여인의 주술 같은 읊조림 같기도 하고, 버선을 덮은 치맛자락이 마루에 끌리는 소리 같기도 하고, 그 집 앞을 지날 때 본 불 켜진 창가에 비치던 사모하는 여자의 실루엣 같기도 하고, 나르시소 예폐스가 연주하는 <로망스Romance> 선율의 애잔함 같기도 한 할미꽃은 무엇인가 말하고 싶은데 말하면 사라질 것 같은 마력을 지닌 꽃 같았다.

화순 고인돌 아래서 삶의 비밀과 아스라한 사연을 품은 채 고개 숙이고 삶을 묵상 중인 할미꽃!

아름다움은
돌을 뚫고 나온다

아름다움은 돌을 뚫고 나온다.

눈에 잘 보이지도 않는 씨앗 하나가 바람에 실려 여행을 하다가 돌에 내려앉았을 것이다. 보드라운 흙이 아니라 돌의 미세한 틈에 갇힌 씨앗은 조금 놀라지 않았을까 싶다. 그러나 그 작은 사이에도 흙먼지가 날아와 쌓이고 빗물이 스며들고 햇빛도 비춰 씨앗은 꿈을 꿀 수 있었다. 얼마나 시간이 지났을까. 씨앗은 싹을 틔우기 위해 무진 애를 썼다. 꿈이 삶을 밀고 갔다. 씨앗의 삶을 밀고 가는 꿈은 햇빛 한 점 들지 않는 날이면, 혹시 먹구름에 천둥 번개라도 치는 날이면, 먹구름보다 어둡고 천둥보다 큰 울음을 속으로 터뜨렸을지 모른다. 돌 틈에 낀 미세한 공기로 숨을 쉬고, 돌 속에 남겨진 미량의 원소로부터 영양을 공급받아 꿈이 시들지 않게 했다.

남도길 고서의 어느 허름한 담장을 떠받치고 있는 파리한 돌 틈에 갇혀 풀꽃을 밀어 올린 씨앗 앞에서 '오, 이런 경이를 보다니!'를 중얼거리며 나는 무릎을 꿇고 한참 동안 그 여린 것을 바라보았다. 살그머

허름한 담장 축대 돌에 핀 풀꽃

니 풀꽃에 손끝을 대어보고 가만히 감촉을 느껴본다. 이런 경이는 그렇게 쉽게 볼 수 있는 것도 아니고 아주 천천히 시간 속의 바람을 타고 내 꿈속을 방랑해야 겨우 만날 수 있다. 바람에 흔들리며 잠시 휘청하기도 했지만, 풀꽃은 작은 몸을 뉘었다 일어섰다. 아무도 눈길 주지 않고 아무도 말 걸지 않는 골목 축대 돌에서 자신만의 세계를 만들어낸 풀꽃을 한참 동안 바라보며 생각에 잠겼다.

연천 산 중턱에 있는 한 바위는 깎아지른 경사면에 생명을 품었다. 가파른 각도에서도 마침내 잎을 틔워낸 광경은 경이롭기만 하다. 직각에 가까운 바위에서 직립한다는 건 향일성이 강한 식물에도 쉬운 일은 아닐 것이다. 그러나 식물들은 중심의 괴로움 속에서도 중심을 잃지 않기 위해 생을 버티고 있다. "중심을 잃는다는 것은 인간성을 잃는다는 뜻이다"라고 말한 파스칼의 말을 알고 있다는 듯 식물은 식물성을 잃지 않기 위해 중심을 잡으려고 저항 중인지도 모른다. 낭떠러지 같은 면에서 줄기를 뻗어 올린 식물성의 저 우아한 저항이란 바로 존재론적인 의지 때문이 아닐까 하는 생각이 들었다.

마음이 어느 한 곳으로 온통 쏠려 자신의 존재를 잊고 있는 경지를 무아경(無我境)이라고 말하는데, 직각의 바위에 직립한 식물이야말로 살아야 한다는 무아의 풍경을 시각적으로 보여주는 것 같다. 저 식물은 자기를 비우는 방식으로 정신을 가볍게 하여 직립한 것은 아닐까. 불가에서 말하는 무아(無我)에는 '나라는 존재는 없다는 것' 즉 '내가 아닌 것'과 '나를 소유하지 않는 것'의 두 가지가 있다는데, 바위에서 살아가는 식물은 망아(忘我)의 경지에서 자신을 투명하게 만들어 깎아지른 바위에 직립한 것은 아닐까. 바위로 날아든 수많은 씨앗 중

경기도 연천의 깎아지른
바위를 뚫고 솟아오른
연초록 풀

에 오직 하나만 살아남아 연초록빛 존재를 보여주고 있다. 바위가 깨질 것 같은 산속 혹독한 추위와 부족한 일조량과 절대 모자란 빗물을 극복하고 마침내 생을 꽃 피운 저것은 식물이 아니고 부처라는 생각도 든다. 어디서든 모든 것은 오직 마음이 지어낸다는 일념으로 바위이든 절벽이든 중심을 잃지 않고 자기 앞의 생에 온 힘을 다 기울이는 아주 연약한 식물이 가장 강인한 식물이지 않은가 싶다.

연초록 식물의 숨소리,
얼음 왕국을 허무는 기적

팽팽하던 겨울의 장력이 허물어지는 것은 찰나다.

봄은 햇빛과 바람과 마음 사이로 온다. 눈 덮인 산등성이 휘돌아 내려오는 채마밭에 봄이 오고 있었다. 얼어붙은 눈이 대지를 덮고 있어도 아주 작은 연초록 식물의 숨소리에 얼음 왕국은 조금씩 조금씩 허물어졌다. 땅에 뿌리내린 손톱만 한 식물들은 눈에 뒤덮여 영하로 내려가는 산속에서도 얼지 않고 생명을 유지하고 있다. 이즈음이면 산봉우리에 쌓인 꽁꽁 얼어붙은 눈과 꽝꽝 언 얼음장 밑을 흐르는 강물도 서서히 몸을 풀고 사람들의 언 마음에도 빛-균열이 일어난다.

날마다 산길을 걸어 숲을 만나는 시간은 안드로메다 별의 숲에서 오색영롱한 별빛을 보는 것처럼 설렘을 준다. 겨울 숲은 봄에서 가을까지의 흔적을 품고 있다가 계절이 도래하면 다시 새순을 밀어 올리며 그 빛을 돌려준다.

겨울의 끝이 봄을 물고 오고 있었다. 가만가만 산 밭길을 걷는데 어디선가 봄의 소리가 들려왔다. 봄은 보이지 않는 세계에서 우리가

얼음 왕국을 허무는 기적

모르는 소리를 품고 있는데, 바람의 숨결이나, 햇빛의 부드러움, 순해진 공기만으로도 봄이 멀지 않음을 느낄 수 있다. 산을 오르는 길에 보니 대지를 뒤덮은 견고했던 얼음꽃이 슬금슬금 시드는 것을 보았다. 눈-얼음의 밀도가 느슨해지면서 눈 속에 묻혀있던 초록색 식물이 설핏 보였다.

'이건 기적이다!'
나도 모르게 탄성이 나왔던 것은 그 짱짱했던 얼음장 밑에서도, 눈 덮인 대지에서도, 앉은뱅이 식물은 꿈을 꾸고 있었다. 존재하려는 생명이 지닌 숭고한 저항이라고 할까. 생명의 의지는 투쟁하며 빛을 더해간다는 것일까. 연초록 식물이 날마다 초록을 머금을수록 그 주변은 조금씩 녹아가고 있었다. 다른 곳은 아직 겨울인데 식물이 호흡 중인 자리는 봄으로 변신해 가고 있다. 나는 눈밭에 쭈그리고 앉아서 낯선 별에 불시착한 사람처럼 두리번거렸다. 발밑 어딘가에서도 식물이 자라고 있을 것 같아 마음이 불안했다.

눈에 덮여 있으면서도 슬그머니 눈이 조금 녹은 곳에는 잔해처럼 드러난 열매 꼬투리도 보이고, 반달처럼 휘어진 황톳빛 나무줄기도 싱싱해 보인다. 무심히 지나치지 않고 땅과 나무와 시내와 바위를 보면 아무것도 아닌 것 같은 사물들이 나에게 신호를 보내고 있음을 알 수 있다. 살아 있음의, 살아야 한다는, 살아서 무언가로 존재해야 한다는 저 꿈틀거림은 얼마나 신비로운 것인지. 엄지손톱만 한 초록색 식물들은 밤이면 꽁꽁 얼어붙을 눈밭에서, 별이 지고 햇살이 움트기까지의 적막한 어둠 속에서, 살아날 수 있을 것인지 꽃은 피울 수 있을 것인지 흔들림조차 없이 초록으로 초록으로 짙은 숨을 몰아쉬고 있다.

  작은 식물을 위하여 눈밭의 눈을 새끼손가락으로 살포시 밀쳐내려다 말고 그냥 무심히 바라보기로 했다. 자연이란 어느 때에 이르면 꽃을 피우고 열매 맺게 하는 힘이 있으니 그 순환에 맡기기로 했다. 식물성의 저항이란 것은 스스로 존재하기 위하여 자연에 순응하며 자기 자신에게 저항하는 것이지 자연에 대한 저항은 아니지 않겠는가. 식물들은 존재만으로 위대하다는 것을 겨울 눈밭에서 봄으로 가는 길목에서 보여주고 있다. 어느 순간, 아무도 믿지 않았던 얼음 왕국을 허물며 기적이란 신의 계시가 아니며 순환하는 자연 속에서 무심하지 않기란 것을, 누구든 무심하지 않게 사물을 바라보면 기적은 찾아온다는 것을.

독 안에 든 나무와
파란 하늘

순천 낙안의 한 폐사지에 갔을 때 일게다 녹이 낀 기와 조각 뒹구는 들녘에선 갈까마귀 떼가 공중을 빙빙 돌고 어디선가 말발굽 소리 들릴 것 같았을 게다 개울가 덤불 사이로 까만 머루가 보이고 귀 기울이면 졸졸졸 흐르는 소리 따라 남빛 달개비꽃이 피었을 게다 한 걸음 옮기면 참새가 포르르 날아가는 산등성이엔 낮달이 걸려있고 저 만치 마을 신작로 따라 경운기 소리 사라져가고 있었을 게다 밭에서는 할머니가 참깨를 털고 콩을 털고는 키질을 했을 게다 키질을 할 때마다 낟알 구르는 소리 저르륵저르륵 이리 까불고 저리 뒤치는 소리에 안개 걷힌 가을이 깊어가고 있었을 게다 할머니 그늘진 마음에 말 건네는 여린 바람 소리 한줄기 가만가만 지나고 있었을 게다 신비한 소리 속에 또 소리가 문을 열고 나와 처음 같은 소리 들리는 신비한 시간도 있었을 게다 사라져가지만 사라져 가지 않는 시간은 깃을 치고 그래도 남은 시간은 할머니 머리를 은색으로 물들이거나 떡갈나무 줄기가 되었을 게다 요사채 터였을까 부엌 터였을까 케케묵은 아주 커다란 독 하나 동그마니 있었을 게다 까치발을 하고 독 안을 들여 다 보았을 게다 간밤에 비가 오셨으니 빗물이 고여 있었고 노란 은행잎이 잠겨 있었을 게다 순간, 거울같이 맑은 물에 파란 하늘이 비치더니 흰 구름도 한 점 비치더니 빗물 속에 나뭇가지가 걸쳤을 게다 산 감나무에 달랑 하나 남은 감도 그 파란 물-하늘에 비쳤을 게다 독 안에 계신 부처님께 바치는 공양인지 주홍빛 감 하나 동동 떠 있어 두 손 모아 합장하고 절을 올렸을 게다 일주문도 보이지 않고 대웅전도 보이지 않는 환멸 같은 빈 들에서 부처님은 독 안 파란 하늘이 되셨을 게다 참깨를 털고 절망을 털고 일어나 보따리를 머리에 이고 귀가하는 할머니의 청 보랏빛 얼굴엔 강물이 흘러가고 침묵 고인 가슴엔 어둠이 찾아오고, 그래 산다는 것은 순간을 이별하듯 눈물마저 서럽지 않다는 것을 알고 있었을 게다 빨간 분꽃이 피는 시간 연기 나는 마을로 돌아가는 부처님을 보았을 게다 나를 만났을 게다.

폐사지 커다란 독에 고인 빗물이 해맑은 풍경을 만들었다.
작은 연못가에 노란 은행잎 쌓이고 파란 하늘과 흰 구름에 나뭇가지 드리운 자리, 석가세존의 자리.

나무가 이파리를 비우면
신은 아름다운 불꽃을 채워주지

-장 폴 사르트르의 '실존은 본질에 앞선다', 나무의 말

나무는 아름다운 '성물'이다.

신을 매개해주는 종교적 도구로서의 성화, 묵주, 성모상 등을 성물이라고 하지만 나무도 '신성하고 거룩한 사물'이다. 아사달 아사녀가 살았던 시대까지 거슬러 가지 않더라도 할머니 세대가 믿었던 성주신도 신이다. 할머니들은 집을 지키고 보호하는 성주신께 정성스레 두 손을 모으고 식구들의 무병장수를 빌었다. 시골 마을 입구에는 지금도 성황당 나무로 보이는 수령이 오래된 성물을 볼 수 있는데 사람들은 그 앞을 지나칠 때도 허리 숙여 나무 신께 빌었다. 화순 적벽과 운주사, 고인돌군을 돌아보러 다닐 때 보았던 마을 어귀에는 여전히 장엄한 나무가 신처럼 서 있었다. 한 오백 년쯤 살고 있는 그 나무들이 쪽빛 치마에 자주 고름 달고 장터로 향하던 어머니들의 숨결이며, 평생을 흙을 파서 씨앗을 심고 도리깨질하던 할머니의 거친 손등을 닮은 침묵의 신 같았다.

수직의 자세로 서서 광막한 우주를 올려보던 나무가 가을볕 덮인

낙엽 위에 비스듬히 누운 나무

대지에 긴 그림자로 몸을 뉘었다. 울긋불긋한 낙엽이 나무의 무거운 그림자를 받쳐주고 있다. 나무의 그림자는 나무의 영혼이 비친 흔적이다. 그림자가 나무의 생을 증언하고 있다. 나무만 보면 곧은 것 같지만 그림자를 보면 굴곡진 나무의 생도 이곳저곳 굽고 휘어진 것을 알 수 있다. 시간의 풍파를 겪은 뿌리가 흙 위로 드러난 모습은 산골 농부의 힘줄 튀어나온 억센 팔뚝을 닮았다.

나무는 지금 붉게 물든 잎을 떨구느라 여념이 없다. 머지않아 들이닥칠 엄혹한 겨울을 나기 위한 전략은 비우기다. 엽록소가 파괴된 나뭇잎은 추락 전에 가장 아름다운 모습으로 지상을 물들이며 삶을 묵상 중이다.

가을 햇살 받으며 낙하하는 잎들을 속수무책으로 보고 있을 나무는 "실존은 본질에 앞선다(l'existence précède l'essence)"는 사르트르(Jean-Paul Sartre)의 말을 숭고하게 실행 중이다. 인간에게 있어 운명 같은 정해진 본질은 존재하는 게 아니다! 인간은 자유 의지 혹은 실존 의지로 자신의 정체성을 형성해 간다는 철학자의 말은 나는 무엇인가? 나는 무엇을 해야 하는가? 삶을 통해 스스로 만들어가는 본질이란 무엇인가?에 대한 질문일 것이다. 나무가 생각하는 실존적 자세란 무엇일까? 나무는 끊임없이 성장하는 사물로서 꽃을 피운다. 그런데도 나무들은 우리가 잘 알지 못하는 영혼의 세계를 갖고 있으며 자신에게 운명처럼 각인된 본질마저 실존 의지로 헤쳐나가는 힘이 있다고 나는 믿는다. 사람이 살기 오래전 까마득한 옛날부터 사는 법을 터득한 나무는 어느 순간엔 미련 없이 버려야만 살아갈 수 있다는 삶의 본질을 실천하고 있다. 햇빛에 드리운 나무 그림자에는 아직 붉은 잎들이 매달려 있다. 머지않아 앙상한 가지만 드러날 텐데, 한겨울에

언 수피가 터질 수도 있으련만, 나무는 고락의 시간마저도 삶이려니 여기면서 의연한 모습으로 있다.

"나무여, 어머니 눈웃음처럼 빛나는 가을 햇살 속에 그림자를 길게 드리운 나무여! 그대는 자신을 비운다는 게 무어라 생각하는지?" 시간마저 멈춘 것 같은 풍경 앞에서 나무에 물었다.

"친구여, 비움에는 '신들의 아름다운 불꽃'이 살고 있지. 비웠을 때만 채워지는 아름다운 불꽃의 신성!" 그림자에 반짝이는 빛 언어로 나무는 계속 말을 이어갔다.

"나무가 이파리 하나 남기지 않은 채 혹한을 날 수 있는 것은, 에고(ego)마저 비웠을 때 살아나는 신들의 아름다운 불꽃 때문이거든. 그 불꽃이 겨울을 나게 하고 새순을 밀어 올리는 힘이 되고 꽃불의 심지가 되는 거지.

친구여! 너의 보이지 않는 심연 그 어딘가에도 신들의 아름다운 불꽃이 있을 것이네. 겨울나무처럼 미련 없이 에고를 내려놓아야 겨우 보인다는 걸 잊지 마시게, 그 불꽃!"

6부

나무의 얼굴

―셰이머스 히니의 시 「땅파기」, 나무의 땅파기

나무에도 얼굴이 있다.

나무가 살아온 시간을 헤적여보면 그만큼의 상처가 새겨져 있고 그만큼의 이야기가 침식되어 말을 걸어온다. 나무의 말은 흔적이다. 어느 혹독하게 추운 겨울날 눈의 무게를 견디지 못한 생가지가 얼어 터져 부러지면 뾰족뾰족한 자리가 뭉근해지기까지 나무는 기다림을 배운다. 새순은 시간의 젖을 먹고 자라다가 눈을 떠서 바람에 흔들리는 법을 배운다. 천둥 번개 앞에서, 어느 날 벼락에 맞은 몸 일부가 시커멓게 타들어가도 나무는 사노라면 별별 일들이 다 있는 게 삶이고 어떤 일들도 다 일어날 수 있는 것이려니 하고 만다. 뿌리만 깊게 박혀있다면 삶은 흔들리지 않고 까맣게 타버린 가지 위로 연둣빛 새순을 밀어 올릴 수 있다는 걸 나무는 알고 있다. 사람들이 이 별에 오기 전, 아주 까마득한 날부터 불과 물과 눈과 바람을 온몸으로 겪으며 터득한 사려 깊음이란, 사람들의 지혜로 가늠할 수 없다.

언덕배기에서 몸이 피폐해질 대로 피폐한 나무를 만났다.

오래된 나무줄기 상단부

 시간의 풍상에 헤질 대로 헤지고 살점이 떨어지며 얽히고설킨 나무껍질의 이 위대한 성곽은 봄 햇살을 받아 거룩하게 빛나게 있었다. 우듬지 가득 초록 잎을 달고 있지만, 몸통은 깨지고 깊게 파여 바라보기조차 민망하다. 이끼는 거북 등 같은 껍질에 붙어 오랜 세월 함께 살다 보니 나무와 한 몸이 된 지 오래고, 손끝만 스쳐도 살점이 떨어져 나갈 것 같았다. 오랜 시간의 풍화가 남겨놓은 전율 속에서 나무는 무슨 생각에 잠긴 것일까. 나무는 형해화 되어 가는 중이지만 봄빛에 반짝이는 초록 잎을 달고 바람에 생을 나부끼고 있다. 무엇이, 어떤 숙명이 나무에 새순을 밀어 올려 생명을 노래하게 만드는 것일까. 삶이란 무엇이기에 몸은 만신창이가 되면서도 정신은 초록 눈을 뜨게 하는 것일까. 신령한 나무의 귀를 열고 물어보고 싶었다. 삶이란 무엇인지? 순간을 해체하며 순간을 불러오는 시간 앞에서 생은 무얼 찾아가는 것인지? 나무의 정령이 살만한 곳을 헤아려본다. 땅속 캄캄한 샘 줄기 저만치에서 나무의 생을 운영하는 뿌리일지, 살점이 파여나간 껍질 어디쯤일지, 바람에 나부끼는 나무의 초록 깃발 같은 수많은 가지일지……

아름드리나무를 두 팔 벌려 안아보았다.
내가 할 수 있는 것이라곤 오랜 세월 경이로운 삶을 사는 나무에 따뜻한 심장 소리를 들려주며, 온기로 낡은 시간의 무늬를 안는 것뿐이다. 천둥벌거숭이 같은 나에게 침묵하는 지혜와 대지에 뿌리내리는 법과 중심의 괴로움 속에서도 중심을 잃지 않는 정신과 파란 하늘을 우러를 수 있는 마음이 무엇인지 숙고하게 해준 나무를 안아주고 싶었다. 그리곤 나무 얼굴에 뺨을 대고 귀 기울여 듣기로 했다. 껍질 저 안쪽 수심에서 들려올 비밀스러운 말을 들으려면 세속의 소음에 갇힌 내 귀를 먼저 열어야 한다.

나무 줄기 위쪽에서 우듬지까지 풍성한 초록 잎을 달았지만, 흙 위로 드러난 몸통은 처참할 정도로 껍질이 파이고 깨져나가 나무를 바라볼수록 아픔 같은 전율이 저며왔다. 그런데도 줄기의 상단은 아무렇지도 않다는 듯 해맑은 신록의 향연을 펼치고 있으니 나무는 도대체 어떤 삶을 사는 것인지! 나무는 지금 이 순간도 한 영원에서 또 다른 영원을 향해 건너가며 '그래, 삶이란 어떤 순간에도 새순을 밀어 올리는 과정일 뿐, 설령 나를 파괴할 것 같은 시간이 닥쳐와도 '그래, 보이는 몸 일부는 파괴당할지언정 보이지 않는 정신은 파괴당할 수

오래된 나무줄기 몸통

피폐해진 몸으로
줄기 우듬지까지
초록을 물들이고
꽃을 피우는 나무

없는 것'이라며, 보라! 당당하게 온몸을 드러낸 채 나에게 말하고 있었다.

시간에 침식당해 파괴된 나무의 몸을 어루만지다가 실오라기 같은 것들이 줄기를 타고 흘러내린 것을 보았다. 어떤 곳에서는 돌돌 말아져 있고 또 다른 곳에서는 실타래처럼 있는 것도 보였다. 자세히 보니 실오라기 같은 것들은 지난해 나무에 기생해 살아가던 식물의 줄기였다. 나무는 새와 벌레와 이끼와 줄기식물과 해와 달과 별이 언제든 찾아올 수 있는 우주의 나무이며 사람의 또 다른 생을 사는 거울이다. 우리가 지쳐 찾아가도 나무는 언제나 말 없음의 거룩한 침묵으

나무와 한 몸이 되어 살아가는 이끼의 갑옷

실오라기 같은 식물 줄기의 흔적

오랜 세월 나무에 살던 이끼는
청동 녹처럼 굳어 나무가 되었다.
나무 몸통.

로 사람을 비춰주고, 고요한 형상에서 나뭇잎 하나 내리며 사람에게 무언의 존재론을 말한다. "코기토 에르고 숨cogito, ergo sum", "나는 생각한다, 그러므로 나는 존재한다"라는 르네 데카르트의 이 격언은 결코 회의하거나 의심할 수 없는 절대적인 명제이겠지만, 이 말이 가장 잘 어울리는 현존재가 나무라고 생각한다. 세상을 푸르게 만드는 나무의 일생이 "나는 푸르다, 그러므로 나는 존재한다."라는 절대 진리를 증명해주기 때문이다.

　언덕배기에 채마밭이 있었다.
　농부는 힘겹게 푸서리를 가꿔 채마밭을 만들었을 텐데, 봄이건만 부추나 상추는 보이지 않고 비스듬히 삽 하나가 땅에 박혀있었다. 농부의 삽은 발갛게 녹슨 채 땅에 박혀 켜켜이 쌓인 시간을 증언하고 있었다. 어찌 된 영문으로 녹슨 삽이 땅에 박혀있는 것인지, 빛바랜 삽자루 손잡이에선 금방이라도 농부의 억센 손길과 흙을 파던 거친 숨결이 느껴질 것만 같다.

　삽날에 돌멩이 부딪치던 날카로운 금속성 소리와 농부 팔뚝의 구릿빛 힘줄과 밀짚모자를 쓴 늙은 사내의 주름진 목을 타 내리던 굵은 땀방울과 야윈 등에서 허리, 엉덩이, 장딴지에 새겨진 노동의 멍에가 눈 앞에 펼쳐지는 것 같았다. 농부는 삽을 땅에 박아놓고 어디로 떠난 것일까. 물끄러미 삽의 풍경을 바라보다가 내가 좋아하는 아일랜드 시인 셰이머스 히니의 시 「땅파기Digging」를 떠올렸다.

　　내 손가락과 엄지 사이에
　　Between my finger and my thumb

언덕배기 채마밭에 꽂혀있는
삽은 발갛게 녹슨 채
땅에 박혀있다.
세월이 얼마나 흐른 것인지
손잡이 나무도 퇴색된 채
농부는 사라지고,
뒤편에 무꽃만 피었다.

몽당연필이 놓여있다, 손에 딱 맞는 권총처럼.

The squat pen rests; as snug as a gun.

내 방의 창문 아래에서 나는 맑고 쟁쟁한 쇳소리

Under my window a clean rasping sound

삽이 자갈밭에 꽂히는 소리,

When the spade sinks into gravelly ground:

내 아버지가 땅을 파신다. 나는 내려다본다.

My father, digging. I look down

아버지의 힘을 꽉 준 엉덩이가 화단 사이로

Till his straining rump among the flowerbeds

내려갔다가, 20년 전으로 거슬러 올라가

Bends low, comes up twenty years away

감자 이랑 사이로 율동감 있게 구부러졌다 다시 올라온다.

Stooping in rhythm through potato drills

그때 아버지는 감자 이랑 사이에서 땅을 파던 중이었다.

Where he was digging.

거친 장화가 삽귀에 버텨 있었고, 삽의 손잡이는

The coarse boot nestled on the lug, the shaft

무릎 안쪽에 단단히 받쳐 있었다.

Against the inside knee was levered firmly.

아버지는 제법 자란 잎사귀들을 뒤엎고, 빛나는 삽날을 땅속 깊이 박아

He rooted out tall tops, buried the bright edge deep

흙 속에, 우리들이 손에 닿는 그 차가운 단단함을 즐기면서

To scatter new potatoes that we picked

땄던 햇감자를 뿌려 놓았다.

Loving their cool hardness in our hands.

정말이지, 아버지는 삽을 다룰 줄 아셨다.

By God, the old man could handle a spade,

바로 할아버지가 그랬듯이.

Just like his old man.

내 할아버지는 하루에 토탄을

My grandfather could cut more turf in a day

토우너 늪지대의 그 누구보다도 더 많이 파내셨다.

Than any other man on Toner's bog.

한번은 내가 할아버지에게 종이로 헐렁하게 병마개를 한,

Once I carried him milk in a bottle

병에 든 우유를 갖다 드렸다. 할아버지는 몸을 쭉 펴시더니

Corked sloppily with paper. He straightened up

단숨에 우유를 다 마셔 버렸다. 그리고는, 곧 다시 몸을 숙여

To drink it, then fell to right away

뗏장을 먼저 금을 내서 깔끔하게 조각낸 후,

Nicking and slicing neatly, heaving sods

어깨너머로 내던지고는, 밑으로 밑으로

Over his shoulder, digging down and down

좋은 토탄을 찾아 파 내려갔다. 땅파기.

For the good turf. Digging.

감자 양토의 싱그러운 냄새와 축축한 토탄이 철벅하며 철썩거리는 소리와

The cold smell of potato mold, the squelch and slap

뭉툭하게 잘라낸 감자의 단면이

Of soggy peat, the curt cuts of an edge

그 살아있는 뿌리를 통해 내 머릿속에서 깨어난다.

Through living roots awaken in my head.

하지만 나에겐 아버지와 할아버지를 뒤따를 삽이 없다.

But I've no spade to follow men like them.

내 손가락과 엄지 사이엔

Between my finger and my thumb

몽당한 연필이 놓여있다.

The squat pen rests.

내 그것으로 땅을 파리라.

I'll dig with it.

–셰이머스 히니의 시 「땅파기Digging」 전문

3대에 걸친 아름다운 '땅파기'를 노래하는 시인은 아버지와 할아버지와 달리 삽이 없다. 아버지는 흙에서 햇감자의 싱그러운 냄새를 맡을 줄 아는 농사꾼이고, 할아버지는 늪지대의 축축한 토탄을 파내던 노동자였지만, 몽당연필을 삽자루 삼아 인간 심연의 너른 대지에서 "땅을 파리라" 말하는 시인은 어쩌면 진정한 땅파기의 명수가 아닐까 하는 생각이 들었다.

사람들은 저마다의 삽을 품고 살아간다.

어떤 이는 농사꾼처럼 삽으로 땅을 파고는 도랑에서 흙을 잘 씻어 말리기도 하고, 어떤 이는 삽날이 깨질 정도로 삽 간수를 잘못하기도 하고, 어떤 이는 자기의 삽을 잃고 살아가기도 한다. 삽이라는 사물은 하나의 도구이기도 하지만 그것은 밥이기도 하다. 주인 잃은 삽을 보며 내 안에 있을 삽을 생각한다. 한 번도 보지 못했으나 언제나 나의 땅을 파고 있을 삽이 불현듯 보고 싶어진다.

몸은 깨졌어도 가지 상단부에는 찬란한 잎을 달고 있다.

삽 뒤편 좁은 밭에서 무꽃이 피어 바람에 흔들리고 있다. 몸뚱이가 피폐할 대로 피폐해진 나무와 동그마니 땅에 박혀 녹슬고 있는 삽 한 자루와 이 적요한 시간을 미적으로 발화시키느라 봄날의 한 절정에서 흔들리며 피는 무꽃이 있는 풍경 속을 바람이 지나고 있었다.

나무가 성인처럼 서 있으므로 나무 주위를 떠날 수가 없었다.

나무를 위해 내가 할 수 있는 게 없어서가 아니라, 나무의 내면으로 가는 길에는 무엇이 빛나고 있기에 몸은 만신창이가 된 것 같은데 저렇듯 아무렇지 않게 싱그러운 초록 잎을 달고 있는 것일까? 하는 생각 때문이다. 정신이 얼마나 형형하면 자연을 탓하지도 않고 사람을 원망하지도 않고 늘 푸른 잎을 내어 우리의 마음에 꽃을 피우는 것일까?

그해 봄을 끝으로 두 번 다시 이 나무를 볼 수 없었다.

천수를 다한 것도 아닌데 나무는 처참하게 목이 잘려나가고 몸뚱이는 여러 토막으로 나뉘어 어디론가 사라졌다. 아파트가 들어서고 공원을 만드느라고 산등성이 나무들은 모두 베어나갔고 나무의 정령들은 이 별을 떠나 안드로메다 어디쯤 나무별로 떠났다.

그해 봄, 나무가 있던 빈터에서 나는 추억제를 지내며 나무를 생각했다.

나무는 나무이다.

고성 바닷가에서 만난 '해변 청동풍뎅이'는 초록 별에서 왔다.

–동물원의 <혜화동> 골목길에서 만난 풍뎅이

강원도 고성 바닷가에서 난생처음 본 '해변 청동풍뎅이'는 우주의 초록별에서 떨어진 것 같았다.

빛나는 청동 갑옷을 입고 촉촉한 비 내린 바닷가를 산책 중인 풍뎅이는 돌과 흙과 풀잎 사잇길을 분주히 오갔다. 무엇을 잃어버린 것인지 무언가를 찾으려는 것인지, 쉴새 없이 길을 내는 풍뎅이는 미로 같은 풀잎 사이를 지나 돌 틈으로 들어갔다 다시 나타나 청동색 줄무늬를 반짝였다. 잠깐잠깐 날아다니거나 뒤뚱뒤뚱 돌길을 걸어 다니는 세상은 모두 낯선 미로였다. 정해진 길도 보이지 않고 정처 없이 방랑해야 하는 풍뎅이의 생은 청동 갑옷만큼 견고해 보이고 아름다웠다. 마치 누구에게나 좋은 시절은 있는 거라며, 과거는 다시 오지 않는 시간의 수레바퀴에 실려서 갔고, 미래는 환상일 뿐 오직 숭고한 것은 현재이니 지금을 즐겁게 살라는 듯 초록 딱정벌레는 삶을 탐색 중이다.

유년 시절 북악산과 인왕산은 나에게 또 하나의 놀이터였다. 진경산수화로 잘 알려진 겸재 정선의 그림 <인왕제색도>(국보 제216호)나

풀잎과 돌 사이에서 숨바꼭질 하는 어미 해변청동풍뎅이

　<수성동> 계곡은 실제 인왕산 암벽 풍경과 비교해 사실에 가까운 것을 알 수 있는데, 정선이 청운동에서 태어나 자랐기에 그의 마음에 각인되어 있었기 때문일 것이다. 나에게도 <인왕제색도>가 남다르게 보이는 것은 그 산에 자주 놀러 갔던 오래전 기억이 남아있어서다. 소설가 박완서 선생님께서 살아계실 때 인왕산, 서촌, 사대문 안에 관해 얘기할 적이 종종 있었는데, 그분 역시 인근에서 초등학교를 나온 추억이 한몫했던 것 같다. 초등학교 앞 문방구에는 여자아이들이 즐겨 갖고 놀던 검정 고무줄이 국수 말리듯 길게 매달려 있었고, 양동이 물 위를 바삐 돌아다니던 물방개를 팔기도 했다. 소설가나 시인에게 초등학교 적 문방구는 상상력의 보물 창고 같은, 초현실적 공간이 되기

도 하고, 다른 이들 또한 생각만 해도 눈웃음을 짓게 만드는 아련한 장소이다. 내 기억을 뒤져보면 주홍색 구슬 같은 꽈리가 문방구 기둥에 매달려 햇빛에 반짝거렸고, 꼬맹이들에게 인기 좋은 풍뎅이도 팔고 있었다. 풍뎅이를 처음 본 것은 만물상 같은 문방구에서였다.

인왕산에 가는 날은 친구들과 함께 곤충채집을 했다.
그때 친구들과 자주 잡았던 것이 풍뎅이였다. 아주 흔한 곤충이었고 친구들은 풍뎅이를 잡아서 날개를 늘어뜨리거나 무명실로 풍뎅이 다리를 매어 누구 풍뎅이가 더 멀리 날아가는지 시합을 하곤 했다. 한 친구가 무명실을 놓쳐 풍뎅이가 날아가 버리면 나는 마음속으로 덜컥 겁을 냈었다. 멀리 날아간 풍뎅이가 자기들만의 왕국에 가서 왕에게 이 사실을 고하면 독을 입에 문 병정 풍뎅이들이 우리에게 쳐들어오는 건 아닌지 하고 말이다.
풍뎅이는 다시 돌아올 수 없는 유년과 함께 사라져갔다.
풍뎅이를 잊고 살면서도 아무렇지 않았고 세월은 잘도 흘러갔다. 풍뎅이도 나를 잊은 지 오래였고, 나 역시 풍뎅이를 기억할 생의 공간이 없었다.

> 덜컹거리는 전철을 타고 찾아가는 그 길
> 우린 얼마나 많은 것을 잊고 살아가는지
> 어릴 적 넓게만 보이던 좁은 골목길에
>
> 동물원, <혜화동> 부분

"우린 얼마나 많은 것을 잊고 살아가는지" 노래 가사를 흥얼거린

아기 해변 청동풍뎅이

   것은 그때였다. 실바람을 타고 온 건지, 타마구가 검게 칠해진 전봇대 골목길에서 떨어져 나온 추억 한 조각이 가슴에 박힌 것인지, 풍뎅이는 다정한 옛친구처럼 내 앞에 나타났다.
   '해변 청동풍뎅이'가 낯설면서 낯설지 않았다.
   아주 오래된 기억이 반가움을 불러왔고 호기심 많은 어린아이처럼 풍뎅이 나라에라도 온 듯 즐거웠다. 태양도 청동빛으로 뜨고 하늘과 구름과 강도 초록빛으로 흐르고 동물과 식물과 사람도 온통 초록빛으로 태어나 초록빛 마음으로 살아가는 초록별에서 온 풍뎅이가 내게 행운을 가져다준 것 같았다. 매우 작은 초록 풍뎅이 한 마리가 식물 틈으로 급히 숨는 모습이 설핏 눈에 들어왔다. 앙증맞은 크기가 갓난아기 새끼손톱만 하다. 큰 초록 풍뎅이는 어미인 것 같다. 어미와 새끼는 숨바꼭질이라도 하듯 잎과 잎 사이를 드나들며 재미있게 놀고 있다. 10권에 이르는 『곤충일기Souvenirs Entomologiques』로 잘 알려진 파브르(Jean Henri Fabre)는, 특히 딱정벌레목(Coleoptera)에 관한 연구를 많이 했는데, '뿔풍뎅이'는 새끼를 안전하게 보살피기 위하여 4개월여간 먹지도 않고 알 곁을 지킨다니 그의 모성애가 놀랍기만 하다. 오묘한 빛깔을 보이는 어미 청동 풍뎅이도 그런 모성애를 가진 것은 아닌지, 초록 잎사귀와 돌멩이 사이를 바삐 오가는 풍뎅이 가족을 무심히 바라보았다.

지구의 기울기가 아침저녁 다르고, 파란 하늘의 구름이 순간 변화를 하고 산색도 매일 다르듯, 강물도 조금 전의 강물이 아니다. 변해가는 것들 속에서 사물을 새롭게 바라보면 신비한 것들이 참 많다. 어릴 적 풍뎅이를 찾아 산을 헤매면서도 그때는 몰랐지만, 어떤 동경이, 인간이 품고 있는 어떤 그리움이, 풍뎅이라는 사물에 투영되어 있었던 게 아닌가 하는 생각이 들 때가 있다. 무지개를 찾아가는 마음처럼 세상 풍파에 사라져버린 것 같은 동심이 살아있음을 보여주는 게 '해변 청동풍뎅이'가 아닐까? 파도 소리 들리는 바닷가에서 한참을 쭈그리고 앉아 회상에 잠기며 은하로 가는 기차를 탔다. 풍뎅이를 보고 초록별에서 온 친구라고 생각하니 나에겐 낯선 친구가 생긴 것이며, 예전에 미처 몰랐던 꿈을 꿀 수 있어 좋았다. 사물에는, '해변 청동풍뎅이'에는 아직 우리가 찾지 못한 초록빛 꿈이 빛나고 있다.

숲길 빛살무늬로
생을 수선하는 제비꽃

눈 내리는 겨울 깊을수록
언 땅에 그리움을 묻었습니다
세상이 꽁꽁 얼 때도
결빙되지 않는 게 있더군요
달빛 뭉근한 자리마다
씨앗에 숨이 트고
별빛 들어선 자리마다
기억에 길이 나고

한겨울에도 점선 같은 시간에
물을
주었습니다

어느 비 오는 날,
시간의 몸이 열리고

잠든 물이 깨어나더니

씨앗에 생기는 균열

소쿠리 끼고 고사리 꺾으러 산길 걸어가는

쪽 찐 할머니 발소리 들으며

연둣빛 물드는 바람 소리 들으며

빛살무늬로

생을

수선하는

자줏빛 제비꽃

봄이 오는 숲에는 님프(nymph)가 찾아와 산다.

산, 강, 나무, 바위에는 신화에 나오는 산천초목의 요정이 살게 마련인데 운수가 좋은 날에는 님프를 만날 수 있다. 잿빛 나무들이 연둣빛으로 변신해가는 숲은 신비한 시간으로 차오른다. 겨울 동안 죽은 것 같았던 나무들은 순한 바람으로 옷을 지어 입으며 우듬지까지 새순을 달고 살아있음을 증언한다. 이 무렵 숲을 찾는 이들 중에는 님프를 만날 수도 있다. 눈이 해맑은 사람, 마음이 선한 사람, 나무와 새와 사슴벌레를 만나더라도 말 걸 수 있는 사람, 숲을 지나는 바람에 잠시 나뭇등걸에 머물다 가라고 하는 사람, 바위에 걸터앉아 흰 구름을 올려보는 사람…… 마음 그 어딘가의 구비에는 이미 님프가 살고 있다. 신화 속에서도 그렇지만 현실에서도 님프는 변신하게 마련인데, 나무로 수백 년을 살기도 하며, 캄캄한 밤이면 반딧불이 되기도 하고, 팔색조나 낯선 새의 아름다움을 눈 깜짝할 사이 보여주곤 사라지기

해 저무는 숲길의 반가사유 제비꽃

노을 사위는 저물녘 제비꽃

도 한다. 특히 님프들은 꽃으로 변신하기 좋아한다. 님프가 변신한 꽃 중에서 내가 제일 좋아하는 것은 제비꽃이다. 회색빛 숲 부스스한 낙엽 사이에서 아침 이슬 머금은 그 꽃은 새 우주가 열리고 있다는 신호이다. 키 작고 가녀린 모습의 제비꽃이 연약한 꽃대를 언 땅속에서 밀어 올린 것은 기적이다. 흙의 우주를 뚫고 빛을 찾아 솟아오를 힘은 무엇일까. 이루어야 할 꿈이 밀고 올라간 개화일까, 아름다움이란 어느 순간 태어난다는 진리를 보여주는 것일까. 꽃들에는 다시 돌아오지 못할 시간을 위하여 이루어야 할 꿈이 있고, 생은 아름다움으로 만들어가야 한다는 법칙이 있을 것만 같다. 그렇지 않고서야 어떻게 세상을 꽃이라는 빛으로 채울 수 있는 것인가.

무릎 꿇은 자세로 엎드려 꽃을 경배할 시간이 왔다.

인적 끊긴 저녁 무렵 숲길로 고개 내민 제비꽃

    한겨울 동안 땅속에서 죽은 것처럼 지내는 마른 알뿌리와 씨앗들은 신기하게도 깨어날 시간을 기억하고 있다. 깨어나 꽃을 피운다는 사실은 온 우주의 집약된 힘을 느낀다는 것이다. 동결된 땅속에서 씨앗은 꿈을 꾸고, 달에 소원을 빌어 환생할 날을 기다리며, 지상에서 별처럼 반짝일 날을 위하여 싹을 틔운다. 어느 순간 따뜻한 빛살무늬가 도솔천 땅속 어딘가로 흘러와 간지럽힐 때 조금씩 아주 조금씩 꽃대를 밀어 올리면 꽃의 개벽이 시작된다. 그해 첫봄, 제비꽃과의 조우는 해쓱한 그리움으로 마주한다. 이 만남을 위하여 꽃과 나는 지난겨울 동안 서로의 별을 세며 기다렸다. 폭설이 퍼부은 날은 숲길 눈밭에서 언 꿈에 숨결을 불어넣었고, 땅거미 내리는 나무 밑에서 새봄에 피어날 제비꽃을 위하여 기도했다. 씨앗을 품고 있는 겨울 숲은 눈보라 속에도 생명을 잃지 않으려 애를 쓰고, 산길을 내려오던 나는 숲을

제비꽃 '가인(佳人)'

향해 뜨거운 숨을 후후 불어넣었다. 비록 여린 숨결 한 올을 나무 곁에 남기고 오는 일이란 아주 미미한 일이겠지만, 땅속 씨앗에게 마음을 보태는 작은 정성이라고 생각했다. 봄날 제비꽃을 본다는 것은 우주가 새 기운을 실어 보낸 힘을 느끼는 일이다. 이맘때가 되면 거대한 탄생의 순환을 재현하고 있는 제비꽃 앞에 무릎 꿇고 고개 숙여 살그머니 꽃잎을 어루만져 본다. 이것은 꽃에 대한 예의이다.

　해 저무는 숲길, 투명한 공기 머금은 빛살무늬가 사위어가고 있었다. 길가 나지막한 자리에 핀 제비꽃은 해거름에야 보랏빛 꽃잎을 수선하며 하루를 되새기고 있다. 산책하는 이들이 가끔 지나갔지만, 목표를 향해가는 병사처럼 앞만 보고 걸어가거나 노래를 듣는 사람, 유튜브를 보거나 통화를 하느라 누구 한 사람도 그 작은 꽃에 정신 팔

봄비 맞은 숲길 제비꽃   제비꽃, 지다!

겨를이 없어 보였다. 나는 무릎 꿇고 앉아 노을에 사위어가는 제비꽃을 보다가, 더 낮은 자세로 허리 숙여 제비꽃을 보다가, 엎드려 꽃과 눈을 맞췄다.

"고마워! 올해도 어김없이 자줏빛 꽃을 피워서."

제비꽃은 가볍게 숙인 얼굴을 빛살무늬로 괸 채 생을 숙고 중이다. 반가사유의 표정을 지은 것은 제비꽃인데, 이상하게도 남루한 생을 치유 받는 느낌이 들었다. 순간, 거룩한 빛이 제비꽃에서 내 안으로 건너오는 것을 보았다.

나무 그림자에
취하다

　나무는 지금 화양연화다.
　바람이 연분홍 진분홍 산철쭉 꽃잎을 생의 고독한 시간 길게 드리운 나무 그림자 곁에 보냈다. 나무는 그림자를 세워 꽃잎을 맞이하고 있다. 나무 옆에 핀 산철쭉은 봄날의 한 절정에서 소멸을 향해 가고 나는 나무 그림자에 의지해 봄을 건너는 중이다. 햇빛은 심장을 뛰게 하고, 나무는 바라만 보아도 의연하고, 떨어진 꽃은 생을 돌아보게 하고, 그림자는 내면을 비추는 거울처럼 짙게 드리운다.

　나무 그림자에서도 꽃이 피고 있었다.
　우연히 나무 그림자에 겹쳐진 꽃잎들과 흩어진 꽃잎들은 가지에서 피어난 꽃으로 보였다. 바람이 만들어 놓은 추상화는 머지않아 숲에서 사라져가겠지만 이 감흥을 놓칠 수 없는 나는 나무에 기대어 그림자 세계로 들어가는 중이다. 그림자 세계는 환한 빛-어둠의 세계였다. 겉으로 드러난 그림자는 내부로부터 나오는 빛의 여울이 공기와 부딪히며 만든 흔적이다. 빛은 우주를 지나 올 때 그림자를 만들지 않

나무 가장자리에서 무심히 지는 산철쭉이 바람에 흩날린다

는다. 태양에서 만들어진 불덩어리 빛은 우리가 가늠할 수 없는 순수한 결정으로 별에 닿는 극적인 순간 파란 불꽃을 일으키며 그림자라는 윤곽을 만든다.

며칠이 지난 뒤, 며칠 뒤…… 숲으로 산책하러 갔을 때, 꽃들은 모두 사라지고 허무한 시간만 그림자에 고여 있었다. 바람이 데려왔던 꽃잎들은 흔적 없이 바람에 실려 가고 나무 그림자만 동그마니 남아 꽃이 피고 지는 생을 사유 중이다. 꽃 자리에 꽃이 피어 나무를 숲을 흙을 환하게 하곤 다시 사라지는 꽃을 보면 나무도 아쉬움이 있겠지만 나무는 현상에 집착하지 않는다. 오고 가는 세월 속에서 꽃은 다시 피겠지만 본질은 어떻게 살아가느냐임을 나무는 알고 있다. 길고, 곧게 드리운 그림자는 나무가 사람에게 보내는 신호 같았다. 지나간 시간은 그림자를 한 뼘 더 자라게 하여 현재를 숙성시키고, 다가올 시간은 지금 이 순간을 뜨개질하여 만드는 미완의 기다림이라는 전언 말이다.

나무 그림자 속을 산책하다가 구스타프 E.B. 트링크스(Gustav E.B. Trinks.1871-1967)의 사진이 생각났다. 19세기 중반 이래로 화가와 사진작가는 긴밀한 접촉을 유지하며 서로를 풍요롭게 해왔는데, 이 작품은 사진에 나타난 인상주의라는 점에서. 20세기 초의 <새로운 예술: 사진과 인상주의Eine neue Kunst: Fotografie und Impressionismus>라고 이름 붙여도 좋을 것 같다. 사진 속 나무는 그림자를 길게 드리운 채 삶의 점선 같은 이야기를 품고 있다. <색채 그림자Farbige Schatten>, 1902 라는 제목의 이 사진은 회화적 접근방식이 간결하고 추상적인 이미지로 나타나 있다. 함부르크 출신의 예술가 구스타프 트링크스는 낭만적인 서정성으로 미적 이상을 보여주려 했는데, 사진의 진경은 겉

고독 깊은 나무 그림자

으로 드러난 이미지가 아니라, 삶이라는 형상 공간에서 벌어지는 수많은 일을 안고 살아가는 한 인간의 모습을 그림자를 길게 드리운 나무로 형상화했다는 데 있지 않을까 싶다. 나무들 몇 그루가 사람처럼 서성이고 있고, 장대처럼 길게 뻗은 그림자가 향하는 곳은, 미처 다 할 수 없는 내면에 고인 삶의 이야기일지도 모른다. 숲길을 산책하며 본 나무들도 백 년 전 사진 속 풍경처럼 그림자를 길게 드리우고 서 있는데, 내 그림자도 저기 어디쯤에서 삶을 명상 중일 것이다. 함부르크 예술 공예 박물관(Museum für Kunst und Gewerbe Hamburg)에 전시된 이 사진을 처음 보았을 때, 나무들이란 자신의 생을 인간 내면에 뿌리내려 자라게 하는 현실주의자이면서 꿈을 꾸게 만드는 초현실주의자라는 생각을 한 적이 있다. 오래전 인상이 꿈을 밀고 와서 산책길 숲에서 본 나무에 아름다운 그림자를 덧씌워놓았다.

바람에 실려 간 산철쭉 꽃잎들을 보며 나무 그림자에 내 마음을 심기로 했다. 나무는 상황을, 대상을 탓하지 않는다. 중심의 괴로움도 말하지 않고 끝없이 내면으로 길을 내고 있다. 놀라운 것은 중력의 무게를 뚫고 가문비나무처럼 키 작은 전나무처럼 자기만의 "의지와 표상으로서의 세계"를 만들어간다는 점이다. 새를 날아오게 하여 깃을 치고 생명을 키워내는 나무의 힘이란 얼마나 위대한 것인지. 나무라는 화석 식물은 우리와 함께 가며 길을 묻는 사람들에게 길이 되어주고, 나무의 그늘이란 불투명한 물체에 가려 빛이 닿지 않는 현상이 아니라, 무수한 생장의 시간이 빚어놓은 우직한 광채임을 알게 해준다.

길과 길 사이 나무와 그림자 사이를 산책하며 본 것들은 어쩌면 허무가 남기고 간 것인지 모른다. 생 또한 허무 속의 그림을 찾아가는 수수께끼일지 모르고 그림자의 이면에 숨은 별빛을 바라보기 위하여 먼 길을 가는 것인지 모른다. 오로지 별을 바라보며 낙타를 타고 사막을 건너가는 캐러밴처럼 우리는 살아가는 것인지 모른다. 나무에 기대어 그림자에 의지해 본 풍경의 안쪽에는 보지 못한 것들이 웅성거리고 있었다. 바람이 불러온 꽃들과 내가 놓친 기억들과 숲에서 처음 본 파랑새와 금 간 마음까지, 나무 그림자에는 잃어버린 시간이 쌓여 있었다. 그림자 속의 길을 걸으며 옆에 오는 내 그림자를 바라보니 순정한 내가 그곳에 있었다.

구스타프 E.B. 트링크스(Gustav E.B. Trinks, 1871-1967), <색채 그림자Farbige Schatten>, 1902

뿌리를 보면
알게 되는 것들

뿌리는 벽 앞에서 존재하기 위하여 자신의 몸을 둥글게 말아 올리기로 했다.

흙에서 뻗어 나가야 할 뿌리는 벽에 부딪히자 화분의 곡선 따라 원을 그리며 둥글게 둥글게 자신의 몸을 말아 올렸다. 삶의 경계에 서면 사람이든 뿌리이든 직관적 판단을 한다. 나무는 화분 안에서 뿌리내리다가 벽에 가로막혔을 때 순간적으로 생각에 잠겼을 것이다. 벽은 존재를 불안케 하지만 뿌리는 몸을 웅크려 생의 또 다른 기회를 만들 뿐이다. 나무는 지상에서 중력의 저항을 뚫고 별처럼 빛나는 모습으로 나뭇잎을 살랑거리지만, 지하세계에서는 햇빛과 바람과 하늘도 없이 오직 캄캄한 심연에서 에우리디체를 찾아가는 오르페우스처럼 목숨을 걸고 난관을 헤쳐나가야 한다. 촉수만으로 암석 지대를 피해 양토를 찾아 뿌리를 내려야 하는 나무는 혹독한 시간을 이겨내는 중이다.

남도를 방랑할 때 한 할머니가 신작로에서 화분 속 나무를 빼내고 있었다. 뿌리를 뻗어야 하는데 화분이 작으니 꼼짝달싹 못 했을 거라

남도 할머니의 화분 안에 들어있던 나무의 뿌리

고 속상한 표정으로 나무에 무척 미안해 하셨다. 꼬부랑 할머니는 화분에서 나무를 분리해 낸 뒤 투박하고 주름진 손으로 뿌리를 일일이 어루만져 보았다. 기억의 강을 거슬러 올라가는 할머니의 손에선 한 줌만 했던 뿌리를 보드라운 흙에 감싸주던 감회 때문인지 대견하게 자라준 고마움 때문인지 정 깊은 눈길을 뿌리에 주고 있었다. 마치 명절에 온 손주 얼굴을 쓰다듬듯이 그러나 안쓰러운 눈길로 진즉 분갈이를 해주지 못한 회한으로 뿌리를 쓰다듬으셨다. 뿌리를 볼 일이 없는 사람들은 흙 위로 자라는 줄기와 가지와 초록 잎들과 꽃, 달콤한 열매만 생각하지 흙 밑에서 중심의 괴로움을 안고 살아가는 뿌리를 생각하지 않는다. 르네 마그리트 그림처럼 초현실적인 상상을 보여주는 게 아니라면 좀처럼 실체를 드러낼 리 없는 나무뿌리는 이미지 혹은 게슈탈트라는 말처럼 가시적인 형태를 의미하면서 비가시적인 것을 지칭하는 가변성을 지닌 사물 같다. 실재하지만 지하 왕국으로만 뿌리를 뻗어가는 나무의 초상.

뿌리는 나무의 또 다른 얼굴이다.

뿌리를 보면 나무가 어떤 생을 살았는지 알 수 있다. 단단한 무명실타래처럼 뒤엉킨 뿌리는 존재가 얼마나 힘겨운 일인지 미로처럼 얽히고설켜 서로를 의지하고 있었다. 죽은 뿌리 가지도 보였고 솜털 보송한 잔가지가 새순처럼 돋아난 것도 있었고 뿌리의 부러진 가지들도 적지 않았다. 삶에는 언제나 소설보다 더 소설적인 일들이 일어나곤 하는데 뿌리라고 다르지 않다. 삶과 죽음, 태어나려는 진통이 저 뿌리에도 혼재해 있다니. 할머니는 주문을 외우는 신녀처럼 뿌리를 쓰다듬으며 "나무관세음보살!" 하시더니 텃밭 한쪽을 호미로 힘겹게 파며 흙구덩이를 만들어갔다. 호미의 뾰족한 날이 자잘한 돌에 부딪힐 때마다 금속성 소리가 났지만, 할머니는 힘을 다해 흙을 파 내려갔다. 흙구덩이의 너비와 깊이는 할머니의 회한만큼 커졌고 옷 소매로 이마의 땀을 훔치는 주름진 얼굴에는 조금씩 희열이 일어나고 있었다. 노을이 할머니 얼굴에 번지며 주름진 흔적을 물들이자 헤아릴 수 없는 붉은 강줄기가 일어서고 있었다.

텃밭 한쪽을 차지한 나무는 둥글게 말아 올린 뿌리를 직선으로 곧게 펴나갈 것이다. 언제 그랬냐는 듯, 빗살무늬토기에 그어진 사선처럼 쭉쭉 뿌리를 내리며 땅 위로는 줄기를 뻗어 우듬지가 별에 닿는 날을 꿈꿀 것이다. 나무, 뿌리는 흙을 탓하지 않고 천둥 번개마저 사랑하며 겨울날의 혹한을 두려워하지 않고 폭우 내리는 하늘을 원망하지 않고 오로지 자기 자신에게 집중하며 생의 한가운데를 살고 있다. 세상을 탓하지 않는 나무, 뿌리를 보며 침묵하는 법을 배운다. 침묵이란 조용히 지내는 시간이 아니라 나와 마주하는 시간이란 걸, 내면으로 가는 길을 내는 고요한 시간이란 걸, 나무-뿌리를 보며 알았다. 뿌리처럼 벽을 만났을 땐 정신을 둥글게 말아 올려 속으로 더 단단해질 것! 나는 나무를 쓰다듬고는 뿌리와 작별을 했다. 방랑길에서 내가 본 것은 신기루일지도 모른다. 나무의 생도 뿌리의 진화도 나의 삶도 사라져가는 풍경 속의 신기루일지도 모른다.

꽃의 화석

-숲길에서 가져온 미적 명상

    책과 세상의 페이지에 꽃의 화석을 만들었다.
    화석은 지질시대 동식물의 흔적이 퇴적암에 남겨진 것이지만, 책갈피에 남겨진 꽃의 화석은 하이퍼텍스트처럼 책장과 책장 사이의 활자, 고정관념을 초월하여 존재한다. 책장에 남겨진 꽃의 흔적은 몽롱한 상상력을 피어오르게 하는 이상한 마력을 지녔다. 생기 있을 때의 꽃은 아름답고 향기롭게 느껴지지만, 식물이 박제되어있는 표본실의 진열장 꽃은 낯설게 보인다. 책갈피 사이 눌러놓은 꽃도 그랬다. 색과 탄력을 유지하던 수분과 저마다의 독특한 향기, 바람에 흔들리던 동작, 사람을 유혹하던 아름다운 자태가 거세된 꽃은 디오니소스적인 도취보다 아폴론적인 꿈의 세계, 즉 꽃을 자연적인 아름다움으로 느끼기보다는 예술적이고, 성찰적으로 보게 한다. 제비꽃, 찔레꽃, 들장미, 패랭이꽃, 쑥부쟁이…… 꽃이 질 무렵 채집해서 책갈피에 눌러 판화처럼 두는 것은 눈으로 보던 꽃을 마음으로 보기 위해서다. 흙에 뿌리내리고 꽃을 피운 식물을 바라보면 향기나 자태에 마음을 뺏겨 '예쁘다', '아름답다'라고 말하지만, 오랜 시간 책갈피에 눌러 놓은

책갈피 사이 눌러놓은
당근꽃 화석

꽃의 화석은 우리를 사색에 잠기게 한다.

    꽃은 들녘에서 유한한 시간을 살지만, 현실을 초월한 신비를 갖고 있다. 오지 않을 것 같은 시간을 견디게 하는 것도 꽃이고, 숙명에 대해 저항하는 힘을 샘솟게 만드는 것도 꽃이다. 비바람에 쓰러지면 영원히 일어서지 못하는 것 역시 꽃이지만, 어느 순간 아무 일 없었다는 듯 일어나 햇빛을 받고 바람에 살랑살랑 흔들리는 것도 꽃이다. 라이너 마리아 릴케, 알베르 카뮈, 헤르만 헤세, 프리드리히 니체, 리카르다 후흐, 안톤 체호프 책갈피를 펼쳐보면 빛바랜 나뭇잎이나 꽃의 화석이 있을 것만 같다. 숲길을 사랑하고 푸른 하늘과 나무와 꽃과 산들

바람과 흰 구름을 좋아하는 산책자들은 떨어진 꽃과 나뭇잎도 예사롭게 보지 않는다. 숲길을 걷다 보면 나무는 의지를 표상하는 삶의 스승이고 친구이며, 꽃은 미의 세계로 들어가는 문이니까. 책갈피에 박제된 꽃들은 시적 상상력을 발휘하게 한다. 칸트는 『판단력비판 Kritik der Urteilskraft』에서 "아름다운 것은 개념 없이 필연적으로 만족감을 주는 대상으로 인식된다"라고 했는데, 고즈넉한 풍경 같은 꽃의 화석도 미를 인식하게 한다는 점에서 그렇다. 책갈피 사이 꽃의 화석은 사물이나 추억, 사람에 대한 노스탤지어를 불러일으키면서, 현실 너머를 동경하게 만들고, 보는 것만으로도 마음을 정화해준다. 꽃의 아카이브가 구축된 십수 권의 크고 작은 책을 오래된 무쇠 다리미로 눌러 놓았다. 스코틀랜드 철학자 데이비드 흄(1711-1776)은 『취미의 기준에 관하여』에서, 미는 "보는 사람의 눈에 달려 있다"라고 했는데 그 말에 동의한다.

1911년 노벨문학상을 받은 벨기에의 시인이자 극작가, 수필가인 모리스 마테를링크(Maurice Maeterlinck.1862-1949)의 꽃에 관한 글을 읽다 보면, 모르고 있던 꽃의 생각과 그들의 삶의 방식을 조금은 알 것 같을 때가 있다. "침묵이요, 복종이요, 묵상으로 보이는 이 식물의 세계는 그러나 사실은 숙명에 대한 저항이 가장 격렬하고 집요하게 펼쳐지는 곳"이란 말 때문이다. 자연 속의 고독한 은둔자였을 마테를링크가 꽃을 통해 생의 지혜를 사유한 것처럼 나도 꽃의 화석을 통해 생을 묵상하곤 한다. 숲길이나 들녘에서 보는 꽃들과 달리, 책갈피에 오랫동안 눌러놓은 꽃을, 주홍빛 램프가 켜진 책상에서 보면 마치 마법의 램프가 나타나는 꿈의 세계 같다. 그러나 꽃의 흔적이 남겨놓은 꿈의 세계란, 감성적이면서도 사색적이고 문학적인 은유

제비꽃 화석

의 공간이며, 예술의 오브제 같은 것이다. 일상에서 감흥에 젖거나 시적인 '것'을 찾으려면 어떤 매개체가 필요하다. 별도 보이지 않는 건조한 사막을 묵묵히 걸어가야만 하고, 공장에서 스테인리스 그릇을 찍어내는 노동자처럼 프레스로 삶을 눌러야 하는 나날이라면, 어깨는 석회암처럼 굳어지고 정신은 메말라가고 가슴에서 꽃이 피기란 쉽지 않다. 바로 이 때, 책갈피에 숨어있는 꽃의 화석은 무언으로 말을 걸어온다. 산사에 적요하게 번지는 안개 같기도 하고, 처마 끝에서 은은히 흐르는 풍경 소리 같기도 한 꽃의 화석 말에, 답이 있을 리 없지만, 그 순간이 티끌만큼 또 삶을 정화 시킨다. 열흘 붉은 꽃 없다고 지고 나면 흔적도 없이 사라지는 게 꽃이지만, 책갈피에 남은 꽃의 화석은 거울처럼 나를 비춰주기에 궁극적으로는 삶을 밀고 가는 작은 힘이 되어준다.

 꽃의 화석들을 보고 있는 시간은 나와 마주하는 때이다.
 화석처럼 책갈피에 남아 나와 마주한 꽃들은, 침묵하면서 발언하고 묵상하면서 외치고 있다. "친구여, 그대는 자신의 숙명을 알고 있는지? 만약 숙명이 다가와 그대를 무릎 꿇게 하면 순순히 복종할 것인지? 오르페우스처럼 에우리디체를 찾아 명계라도 찾아갈 것인지?……" 꽃의 화석을 보고 있으면 꽃의 목소리가 들려온다. 꽃의 화석은 매체미학(Medienästhetik)으로 존재하며 사람을 각성시키고 연민 깊은 시선으로 삶을 바라보게 한다. 책갈피에서 화석처럼 존재하는 꽃과 디지털 사진으로 변환된 꽃의 화석은 '아름다움이란 무엇인가?'에 대한 물음을 갖게 하는 매체이다. 아날로그 시대의 유희 같은 꽃의 화석을 롤랑 바르트(Roland Barthes)식으로 말하면 '푼크툼(punctum)'이라고 할 수 있는데 라틴어로 '찌름'을 의미하는 이 말은 사진을 보

라이너 마리아 릴케 시집 『오르페우스에게 보내는 소네트』 표지에 들장미 세 송이 꽃의 화석을 놓아 장미의 모순을 노래한 시인을 생각한다.

앉을 때 이미지의 어떤 요소가 사람 마음을 찌르는 것을 의미한다. 독일어 '키치(kitsch)'는 예술적 가치가 떨어지는 감상적인 통속물 즉 고상하고 품위 있는 것의 반대를 말하는데 책장에 눌러 놓은 꽃이 유치한 놀이, 키치다운 궁상으로 보일 수도 있지만, 나에게는 꽃의 화석이라 명명할 만큼 심미적인 푼크툼의 통증을 느끼게 한다. 숲길에서, 들녘에서 꽃을 보며 놓쳤던 미에 대한 생각들이 어쩌면 꽃의 화석에 잠들어 있는지 모른다. 한참 동안 꽃의 화석을 잊고 지내다가 우연히 책갈피에 든 마른 꽃-잎을 보면, 아름다움이란 존재했던 색과 향이 퇴색된다고 꽃이 지닌 부동의 시간성마저 사라지는 게 아닌 것을 알았다.

책갈피 속 꽃은 조금 다른 생을 살고 있다.

초원을 달리고 싶은 말의 침묵,
누구에게 내 슬픔을 이야기하랴?

-안톤 체호프의 「우수」를 말하고 있는 말(馬)

　말은 눈부신 조명 아래 미동도 하지 않은 채 침묵만 되새기고 있다. 자신의 안쪽만 응시 중인 것인지, 어찌할 수 없는 무력감인지 말은 고개를 숙이고 있다. 지평선에서 바람도 불어오지 않고, 늑대가 느릿느릿 걸어가는 모습도 보이지 않고, 산처럼 일어나던 뭉게구름 한 점 없는 곳, 대지를 박차고 달려야 할 말발굽에는 보이지 않는 족쇄가 채워졌는지 갈기를 휘날려야 할 목덜미는 다소곳이 숙인 채 석고상처럼 서 있다. 말은 단 한 번만이라도 심장이 터지도록 거친 초원을 달리고 싶었을 것이다.

　내가 아는 말은 야성을 잃지 않고 "히히히힝! 히히히힝! 푸르륵 푸르!" 목을 쳐들고 외치거나 뒷발로 땅을 구를 수 있는 말, 그렇지만 말갈기를 쓰다듬으며 머리를 맞대면 언제 그랬냐는 듯 "푸르륵! 푸르!" 반응하는 말이었건만 전시 중인 말의 눈물은 조명에 말라가고 있었다. 꿈쩍 않고 서 있는 말을 사람들은 신기한 듯 바라보았다. 불현듯 안톤 체호프 소설에 나오는 첫 문장의 비애를 저 말이 곱씹고 있

초원을 달리고 싶은,
말의 침묵

는 것 같다는 생각이 들었다.

 안톤 체호프의 단편 「우수」에는 말에 매단 썰매 마차로 손님을 데려다주는 가난한 마부 요나 이야기가 나온다. 늙고 병든 아버지와 함께 마부 일을 하던 아들이 병으로 죽자 그는 가눌 수 없는 고통과 슬픔으로 겨우 살아가는데, 썰매 마차를 끄는 말이 유일한 식구다. 눈보라 휘몰아치는 밤, 상트페테르부르크 거리에서 온몸으로 눈을 맞으며 손님을 기다리는 요나와 말은 끼니도 제대로 먹지 못했다. 별도 보이지 않는 늦은 밤 요나는 말에게 건초를 먹이며 자기 안의 설움과 울분을 말에게 이야기한다.

"귀리값을 벌지 못했으니 건초라도 먹어야지…….

그래…… 나는 마차를 몰기에는 너무 늙었어……. 아들놈이 몰아야 하는데……

내가 아니고 말이야 그놈은 진짜 마부였는데…… 살아야만 했는데…….”

요나는 잠시 침묵하다 말을 잇는다.

"그래, 애야…… 쿠지마 이오니치는 이제 이 세상에 없단다…….

죽었단 말이다…… 헛되게 가버렸단다……. 지금 너한테 망아지가 있다고 치자.

그러면 너는 그 망아지의 어미가 되잖나……. 그런데 갑자기 그 망아지가 죽었다고 생각해 봐……. 슬프지 않겠니?”

말은 우물우물 건초를 씹으면서 요나의 이야기를 듣고 있다는 듯이 주인의 손에 콧김을 내뿜는다.

요나는 열심히 말에게 모든 것을 이야기한다.

-안톤 체호프, 「우수」 중에서

가난한 마부와 말에게 관심을 두지 않던 소설 속 상트페테르부르크 사람들처럼 전시된 말을 보는 사람들은 물건을 사느라 바쁜 걸음을 옮겼다. 아무도 말에게 관심을 두지 않고 힐끔 쳐다보곤 지나쳐 갔다. 나도 그중의 한사람이었다. 칸트의 『도덕형이상학Die Metaphysik der Sitten』을 들먹이지 않더라도 양심적이 되기 위해서는 무엇을 말해야 하는가? 라는 질문이 엄습했다. 칸트는 이 책에서 "착오를 일으킨 양심(ein irrendes Gewissen)이란 무의미하다"라고 말했는데, 나의 실천 이성이란 존재하는 것인지 의문이 들었다. 휘황한 불빛 아래 전시 중인 말을 보고도, 마치 큰 죄라도 지은 듯 꼼짝하지 않고 서서 고개 숙인 채 있는 말을 보고도, 눈물 한 방울 핑그르르 맺힌 것 같은 말을 보고도 말이다. 말이 체호프 소설 속의 첫 문장을 곱씹고 있는 건 아닐까 하는 생각에 이르자 명치 끝이 뜨거워졌다.

"누구에게 내 슬픔을 이야기하랴?"

소설 속 첫 문장을 곱씹으며 있는데 말 없는 말이 나를 쳐다보았다. 순간, 말의 선량한 눈망울과 마주친 내 눈동자는 그만 얼어버렸다.

나는 말고삐를 붙잡고 문을 박차고 나가서 초원으로 데려가고 싶었다.

너는 이제 자유의 몸이란다. 네 정신도 너의 것이고 저 푸른 하늘도 네 것이란다. 두 발을 허공으로 솟구치며 그 옛날 북방을 정벌하던 고구려 병사처럼 우렁차게 지축을 흔들며 달려가라! 말아! 달리고 또 달려라! 심장이 터지도록 말 갈기를 휘날리며 달리거라! 너의 생명선이 타들어 가도록 달리고 또 달리다가 초원의 끝에서 마음껏 울며, "히힝힝 히힝힝 히힝힝힝힝!" 힘차게 울다가, 영원히 자유를 누릴 수 있는 그곳에서 설움을 벗고, 말아! 달리고 달려 아무도 모르는 곳으로 가거라!

길과 길 사이의 낯선 길,
허물

폭설 내린 마을 숲은 얼어붙은 시처럼 은빛으로 빛났다.

개똥지빠귀가 빨간 열매에 내린 햇볕을 쬐는 아침이면 숲으로 가서 떡갈나무 줄기를 유심히 살핀 것은 그곳에 보물이 있기 때문이다. 황량한 세상에서 숲에 보물을 숨겨두었다는 것은 틀림없이 정신을 고양시키는 즐거운 일이다. 아무도 모르게, 아무도 모르라고, 혼자만이 아는 비밀이니 그 신비감은 천일야화에 나오는 알리바바처럼 세상 부러울 게 없는 마음이다. 산책길 해거름 녘에도 나무의 한 부분을 확인하고는 보물을 숨기듯 두리번거리다가 몰래 집으로 오는 것이 생활처럼 된 것은 지난해 여름부터였다.

지난여름은 학교 앞 문방구 벽에 길게 달려있던 검정 고무줄처럼 장마가 늘어지기도 했고 무더위도 심했다. 비가 그친 숲에는 진홍색 엉겅퀴가 피고 오색딱따구리가 나무를 쪼는 소리 경쾌하게 울리고 무지개가 서기도 했다. 숲을 다니다 보면 야생의 풍경이란 얼마나 선한 것인가! 라는 말이 저절로 나왔고 길과 바위와 나무가 있는 풍경

눈 덮인 숲 나무에서 꿈을 꾸고 있는 매미 허물.

가을날, 생의 고독을 묵상 중인 매미 허물.

을 스마트폰에 담기 바빴다. 그렇게 홀린 듯 숲을 다니다가 나무에 붙은 이상한 것을 보았다. '이게 무엇일까?' 처음 보는 것인데 '이게 무엇이지?'…… 곤충 같은데 곤충은 아닌…… 산 것처럼 보이지만 껍질 같은…… 순간 '아, 허물이구나! 매미 허물!' 등에는 칼자국처럼 예리한 선이 일자로 나 있었다.

초록 짙은 밤 애벌레는 땅속을 뚫고 나왔을 것이다. 떡갈나무 줄기에 붙어 있는 허물은 황토를 뒤집어쓴 모양 그대로이다. 7년여 동안 암흑세계에 살다가 땅속을 뚫고 나온 애벌레가 처음 본 것은 별빛이었으리라. 애벌레는 별빛이 이끄는 대로 땅을 기어가 나무를 타올라

한 여름날의 꿈, 매미 허물

서는 여섯 개의 발톱을 가차 없이 나무에 박았을 것이다. 그러고는 한 생명을 새로 태어나게 하려고 여섯 시간 가까이 온몸을 부르르 떨며 산고를 겪었겠지. 한 우주가 찢어지는 고통 후에 매미는 저 스스로 오래된 기억의 집을 허물고 나왔으니 태어나려는 것은 한 세계를 파괴해야만 새로운 세계를 만날 수 있다.

 매미의 허물과 같은 흔적은 나도 잘 아는 상처이다.
 어머니 몸으로부터 탯줄처럼 이어져 내 정신에 박혀 있던 것이니 모를 리 없다. 껍질을 찢고 나와 젖은 날개를 말린 매미는 초록 잎사귀 무성한 나무로 날아갔을 것이다. 땅속에 살던 애벌레가 매미로 변신

해 나무에서 한세상 뜨겁게 사는 것은, 매미가 나무껍질 속에 알을 낳고, 알에서 부화한 애벌레가 땅속으로 들어가 7년여를 살기 때문이니 나무는 매미의 고향, 기억의 집이다. 귀소본능이 매미가 나무에 살게 하는 것처럼 나에게도 돌아갈 집, 어머니의 품이 있다. 그러나 지금은 매미 허물처럼 어머니의 허물만 그림자처럼 남은 기억의 집이다.

그 여름부터 하루도 거르지 않고 나무의 허물을 확인하는 것이 일상이 되었다. 신기한 것은 태풍도 있었지만, 비바람이 불고 천둥 번개가 칠 때마다 나무들은 웅웅 소리를 내며 흔들렸지만, 가을이 깊어가는 데도 허물은 미동조차 하지 않고 석불처럼 있었다. 낙엽 물든 숲에

땅속에서 흙을 뚫고 나와서 나무로 기어 올라가 생의 날개를 펼치게 한 매미 허물

노을이 질 때면 허물도 저물면서 빛났다. 숲으로 불어오는 여린 바람이 말을 걸면 대답이라도 하듯 파르르 떨기도 했지만, 허물은 생에 대한 어떤 미련인지 견고한 자세를 흐트러뜨리지 않았다. 존재한다는 것은 무엇인가 기다리는 일일까? 매미 허물처럼 비록 껍질만 남아있더라도 무엇이 될지 모르는 생을 하염없이 기다리는 일일까?

사람들은 숲을 산책하면서도 앞만 보고 걸었다. 목표를 향해가는 병사처럼 오로지 앞만 보고 나아가며 푸른 하늘이나 뭉게구름, 길모퉁이의 그루터기나 직박구리, 무당벌레, 처음 보는 새, 나무 그림자 같은 것에는 관심이 없었다. 숲에 와서도 두리번거리는 법을 잊어버린 사람들은 땅만 보고 걸으며 걸음으로 시간을 완성하려는 듯 모두 운동선수처럼 걸었다. 젊은 부부는 아파트 신청 문제와 은행 대출금 이야기로 오솔길을 걸어갔고, 중년 부부는 부동산과 주식과 아이들 결혼 이야기로 산굽이를 돌아갔고, 혼자 숲길을 걷는 아저씨는 흘러간 옛노래를 크게 들으면서 또 어떤 아주머니는 성경 강론을 크게 들으며 노을 물드는 산모롱이를 지나갔다.

숲에는 첫서리가 일찍 찾아왔다. 이른 아침에 본 허물은 하얀 김을 뒤집어쓰고 있는 것이 얼음 왕국에서 온 사자 같았다. 언제까지 변함없는 자세로 나무에 붙어 있으려는 것인지 갑자기 호기심을 넘어 저게 무슨 의미일까? 라는 생각이 들었다. 어떤 힘이 껍질뿐인 허물을 나무에 잡아두는 것일까. 허물에도 영적인 기운이 있는 것일까. 마침내 첫눈이 내렸다. 나는 숲으로 가는 발걸음을 재촉했다. 있던 그대로의 모습에 안도했지만, 허물에는 흰 눈이 도톰하게 쌓였다. 언제나 그랬듯 사진을 여러 장 찍어 허물의 생을 기록했다. 섣달그믐이 코앞에 왔는데 영하의 밤은 깊어만 가는데 허물은 알몸 그대로 겨울의 한복

판에 서 있다.

　한여름 밤의 꿈이라고 생각했다. 매미 허물이 여섯 개의 발톱을 나무껍질 깊숙이 박고 한겨울에도 저렇게 있는 것이 아직 이루어야 할 꿈이 있어서라고 믿게 됐다. 순간, 쉽게 꿈과 헤어져 사는 내 삶에 미세한 균열이 일었다. 내 꿈은 시간에 따라 흘러가다 여울목을 만나면 흩어지기도 하고 꿈 한 모퉁이가 부서지기도 했고 금이 가서 수선해야 했다. 여울이 턱져 세찬 물살 흘러넘치는 게 세상이련만 나는 상처 난 꿈과 헤어지면 관성적으로 또 다른 꿈을 찾았다. 꿈이라는 상자를 열고 핀셋으로 꿈의 빛깔을 골랐다. 이 꿈은 돈을 조금 많이 벌 것 같은데 저 꿈은 남들 보기에 조금 더 그럴듯해 보이는데……

　장좌불와(長坐不臥)다.
　새해 첫날 눈 쌓인 숲에서 매미 허물을 보며 오랜 시간의 숙제가 풀린 듯했다. 한여름 밤 매미를 비상하게 한 후 허물은 결코 눕지 아니하고 꼿꼿이 앉은 채로만 수행하는 선승처럼 깨달음을 얻는 중이다. 깨달음이 무엇일지 허물은 모른다. 설령 깨달음을 얻었다 한들 그것이 깨달음일지 망상일지 그것도 모른다. 그러나 반년 넘게 눈부신 알몸만으로 무엇인가 찾는 허물에 중요한 것은 깨달음이 아니라 존재한다는 게 아니었을까. 허물만 남은 생일지라도 끊임없이 존재하며 삶을 숙고 중이라는 것 말이다.

　숲에 난 길과 길 사이의 낯선 길에서 우연히 마주친 매미 허물은, 내 안에 갇힌 나에게 허물을 찢고 날아오르라고 말하는 것 같다. 동구불출(洞口不出), 즉 불가에서는 수행하는 선방이나 토굴, 절 밖으로 나

가지 않는 수행을 으뜸으로 여긴다지만 동구출립(洞口出立)이다. 문 밖으로 나가 나를 세우는 일은 허물을 찢고 비상하는 일이니 꿈만 만 지작거리지 말고 매미처럼 날아보라는 말일 게다. 나 또한 허물의 적 막한 독무를 알고 있다. 바람을 껴안고 자늑자늑 흔들리면서도 중심 의 괴로움일랑 잃지 않고 삶을 응시하는 변함없는 자세야말로 존재 에 대한 성찰이란 것을 나도 알고 있다. 그러나 언젠가 속수무책으로 바람에 날려가 잃어버린 무덤 같은 내 모습.

 잃어버린 시간을 찾기로 했다. 허물은 매미가 존재했던 기억의 집 이면서 삶이 부재한 공간이다. 세상에는 불가사의한 것이 많다는데 해가 바뀌도록 여섯 개의 발톱을 나무 깊숙이 박고 삶을 사유 중인 허 물을 본다. 가시적인 세계만이 전부는 아니고 이데아 같은 곳이 존재

하지 말란 법도 없는 걸 보면 허물은 사라져버린 매미의 또 다른 생을 사는 것인지 모른다. 지상에 산 모든 것은 사라져가지만 영원 회귀하는 생도 있다. 이것은 허물이 아니다. 비록 껍데기만 남은 생일지라도 허물처럼 꿈을 꾸는 한 그것은 지금을 숭고하게 사는 것이다. 나는 길과 길 사이의 낯선 길을 걸으며 허물 속의 진실을 보았다.

나의 디오게네스 나무

나무와 나무 사이를 걸어가면 비로소 나는 사람이 된다.

나무 냄새를 맡지 못하고 나무를 만지지 못하는 시간에는 더 이상 별을 낳을 수 없었다. 나무들 사이에 있으면 톱니바퀴 같은 세상에서 작은 톱니로 맞물려 살 때처럼 더 이상 동경의 화살을 쏘지 않아도 좋았다. 숲에 가면 다람쥐나 새처럼 순한 짐승이 되는 것은 누군가에게 무엇이든지 되어주는 나무 곁에서 세상을 보기 때문이다. 무리 지어 있으면서도 저마다 독특한 방식으로 존재하는 나무는 인간적인 것과 '초인'(위버멘쉬Übermensch)적인 것을 지니고 있다. 변함없는 수직성으로 서서 하늘을 우러르고, 아무런 목적 없이 내 몸과 영혼을 비스듬히 기댈 수 있는 나무는 서로를 위해 존재한다는 점에서 인간적이다. 인간은 극복해야 할 어떤 것인데, 나무야말로 스스로 극복해야 할 어떤 것을 극명하게 보여준다는 점에서 초인적이다. 폭설이 내려 꽁꽁 언 밤, 영하 이십 구도가 넘는 산중에서 겨울을 나는 나무들은 초인적으로 자신을 극복하지 못하면 나무가 될 수 없다. 나무들에 초현실적인 희망이란 존재하지 않으며, 오직 숭고한 지금을 버텨내며 삶의 지혜를 발휘할 뿐이다.

그해 봄, 산기슭에 아파트 단지가 들어서자 우리 별에서
안드로메다 나무별로 이사 간 나의 디오게네스 나무.

원시의 나무 빼곡한 길을 걷던 네안데르탈인에게 숲이 공포의 대상이었다면 나에게 숲은 심미적 경이의 대상이다. 한적한 산이 있는 남녘마을로 이사해 십 년 넘게 살며 매일 오후 2시면 나무를 찾아간 것은 나를 만나기 위해서다. 나무를 찾으면서 나무가 거울이라는 사실을 알았다. 나무는 사람의 생을 여러 개의 거울로 비춰주는 만화경(萬華鏡) 같았다. 뒷산 언덕 외진 곳에 사는 아주 오래된 산벚나무는 나의 친구다. 고독하거나 외로움의 끝을 알 수 없어 누군가에게 하소연하고 싶을 땐 아름드리 벚나무를 찾아 산으로 갔다. 사람의 위로는 들을 때뿐이고 또 누군가의 위로가 필요해지면 전화번호를 뒤져 끝없는 위로의 순례를 떠났지만, 그 많은 말들은 산산이 부서져 흔적조차 찾을 수 없었다. 고목이 된 산벚나무는 폐허였다. 줄기는 갈기갈기 찢긴 듯 수피가 떨어져 나갔고, 시간에 해지거나 비바람에 뜯겨 상처투성이다. 그러나 봄이 오면 찬란한 벚꽃을 피워 산을 환하게 했다. 슬플 때나 외로울 때면 어김없이 산으로 가서 벚나무를 쓰다듬으며 속마음을 털어놓았다. 신기한 것은 그럴 때마다 마음이 후련해지는 것이 나무가 말을 걸어왔다. "친구, 외로운 게 삶이라네. 나를 봐! 난 외로울 때면 중심이 흔들리지 않으려고 땅속 깊이 한 뼘 더 뿌리를 뻗거든." 산벚나무가 그렇게 말할 때마다 흙 위로 굵은 뿌리를 드러낸 나무를 보며 여름이나 겨울이나 누더기만 걸치고 살았다는 그리스의 철학자 디오게네스 이름을 나무에 붙여주었다. 오, 나의 친구 디오게네스 나무!

　어느 해 여름, 산에서 내려오는 데 노을이 숲을 물들이고 있었다. 불그스레 변신하는 나무들이 장엄하게 보였고 숲의 정령 같다고 생각했다. 인간 정신을 지극히 높은 곳으로 인도하기 위하여 지상에 내려온 선한 원소가 나무라는 사물로 탄생한 것 같았다. 숲 오솔길에서 발길을 멈춘 건 역광이 비치는 산벚나무 가지에 직박구리가 앉아서 노을에 물들고 있었기 때문이다. 새는 노을 속 신에게 날아갈 생각도 없이 가만히 풍경이 되어갔다. 지는 볕에 그을린 가무스름한 역광 속 나무와 새는 영원의 순간에 새겨진 정물화처럼 고요했다. 이런 광경은 처음이고 이날 이후 본적도 없다. 터지지 못하는 탄성을 삼키며 꼼짝달싹 못 하고 있는데, 나의 친구 디오게네스 나무가 말을 걸어왔다. "이보게 친구, 이 세계가 무엇인지 아는지? 세계는 엄청난 회귀의 시간 속을 여행하며 영원을 지나가고 있지. 한 번 지난 시간, 한 번 지난 삶은 사납게 휘몰아치는 시간의 격랑을 빠져나올 수 없으니 현재에 집중하시게. 외롭다고 마음 상하지 말고 광휘로운 시간이 지나가는 저 아름다운 풍경을 보시게. 인생이란 문틈 사이로 지나간 말 갈기를 보는 것처럼 지나고 보면 모든 게 순간! 역광 속 나뭇가지에 앉은 새도 해 질 녘이 되면 날개를 펴고 날아갈 것이니."

내 안을 울리는 나무의 말이 끝나자마자 새는 허공을 딛고 날아갔다. 산에서 내려와 나무를 생각하며 홍차를 우려내는 시간 내 안에서 등불 하나가 걸어오는 걸 느꼈다.

딱따구리가 나무 쪼는 소리는 언제 들어도 청아한 울림을 준다. 신선한 초록 햇빛에 실려 오는 그 소리는 당신의 고정관념에 구멍을 뚫어보라는 외침 같기도 하고, 당신이 이미 알고 있는 것 이상을 들어보라는 전언 같기도 하다. 숲에 생명의 진동을 일으키는 딱따구리 소리를 가만가만 따라가면 나무를 움켜쥐고 구멍을 내는 녀석을 볼 수 있다. 꼼짝 않고 서서 고개를 올려 들고 쳐다보니 나무 파편이 튀고 있었다. 우박처럼 떨어지는 나무 조각을 머리에 목덜미에 맞으니 딱따구리와 교감하는 것 같다. 저 딱딱한 나무에 부리로 구멍을 뚫는 일은 살아야 한다는 본능이지만, 그 본능 속에는 두려움도 있을 것이다. 나에게도 본능이 품고 있는 두려움이 있다. 딱따구리는 빳빳한 꼬리 깃털을 받침대 삼아 억센 발로 갈고리 모양의 날카로운 발톱으로 줄기를 움켜쥐고 수직으로 매달려 나무를 쪼고 있다. 딱따구리가 나무를 쫄 때마다 부리를 통해 머리에 가해지는 충격이란 상상하기 어려울 만큼 클 것이다. 나무를 한 번 쪼는 데 천분의 1초도 안 걸리고, 1초에 열다섯 번에서 열여섯 번 나무를 쪼고 있다는데, 하루에 나무를 쪼는 게 1만 2000번 정도 된다는데, 우주선이 발사될 때 비행사가 받는 힘의 250배에 달하는 압력을 딱따구리는 그 조그만 머리로 견뎌낸다는데, 본능 속의 두려움을 일상의 삶으로 치환시켜 존재하는 새가 새삼 위대해 보였다. 산다는 것은 본능 속의 두려움을 해체하며 온몸으로 밀고 나가야 한다는 것을 딱따구리에게서 보다니!

나무와 나무 사이를 한가하게 걷다 보면 산다는 게 간격을 두어야 하는 일 같다. 나무들은 숲을 이루어 살아가지만 저마다 적당한 간격을 두고 있다. 숲을 빼곡히 채운 것 같은 나무들도 가까이 가보면 서로 전망을 가리지 않기 위해 바람과 별과 햇빛과 노루와 사람이 다닐 수 있게 떨어져 있다. 멀지도 가깝지도 않지만, 서로에게 신호를 보내며 존재하는 나무 사이에서 나도 무언의 신호를 보내본다. 나무와 사람 사이에 신호가 통하려면 영(靈)이 맑아야 할 텐데 나의 마음이 나무에 이르려면 까마득하니 나무와 나무 사이를 산책하며 나를 나무에 비춰보는 수밖에 없다. 그렇게 산길을 걸으며 나무를 닮으려다 보면 내 몸에서도 연둣빛 새순이 돋을지 모를 일이다. 유리 거울에 나를 비추면 얼굴의 바깥만 보이지만 나무에 나를 비추면 정신이 보인다는 걸 알게 된 건 큰 즐거움이다. 나무와 나무 사이에 사람이 있는 풍경과 사람과 사람 사이에 나무가 있는 풍경은 언제 보아도 아름답다. 심미적인 것은 나를 침잠과 망아의 지경으로 안내하게 마련인데 나무가 있는 그 정경은 명상의 공간을 체험하게 하기 때문일까. 오늘도 나의 친구 디오게네스 나무 곁을 어슬렁거리는 건 나무가 사랑의 신호를 보내서이기도 하지만, 나무가 그 산에 있기 때문이다. 디오게네스 나무가 나에게 말을 한다

"친구, 나무처럼 살기를!"